Michael Krüggeler
Karl Gabriel
Winfried Gebhardt (Hrsg.)

Institution Organisation Bewegung

Sozialformen der Religion im Wandel

Leske + Budrich, Opladen 1999

Gedruckt auf säurefreiem und altersbeständigem Papier.

ISBN 3-8100-1986-0

Druck: Druck Partner Rübelmann, Hemsbach
Printed in Germany

Inhalt

III. Dilemmata der Organisierung von Religion

Michael Krüggeler, Karl Gabriel, Winfried Gebhardt

Einleitung

Die aktuelle religionssoziologische Forschung ist – sowohl in ihrer empirischen wie theoretischen Ausprägung – durch eine doppelte Akzentsetzung gekennzeichnet. Zum einen wird Religion regelmässig auf die Gesellschaft als ganze bezogen. Es geht um die klassischen Funktionsbestimmungen von Integration, Kompensation oder Kontingenzchiffrierung, also um die Frage nach Fortbestand und Wandel der Religion innerhalb der funktional differenzierten Gesellschaft. Die auf dieser Ebene entwickelten – und in unterschiedlichen Formulierungen vorliegenden – Säkularisierungstheorien setzen Religion dementsprechend in Beziehung zur modernen, differenzierten Gesellschaft insgesamt. Religion wird hier ersichtlich primär *makrosoziologisch* thematisiert. Zum anderen wird Religion – insbesondere die moderne Religion – nur noch als Religiosität wahrgenommen, als Phänomen also, das nur auf einer individuellen Ebene beschreib- und analysierbar ist. Wenn man den Rückgang kirchlich gebundener Religion als eine Tendenz zur religiösen Individualisierung interpretiert, wie es diese Forschungsperspektive nahelegt, dann erscheint Religion heute vor allem in der Form einer „unsichtbaren Religion" (Thomas Luckmann) – befreit von institutionellen oder organisatorischen Vorgaben und Vermittlungen. Die Forderung, Religion müsse deshalb vor allem *mikrosoziologisch* thematisiert werden, ist – so gesehen – nur konsequent.

Was bei diesem Vorgehen aktueller religionssoziologischer Forschung ganz offensichtlich zu kurz kommt, ist die Beobachtung der Veränderungen, die sich auf einer *mesosoziologischen* Ebene vollziehen: die Analyse des religiösen Wandels im Blick auf überindividuelle, kollektive Akteure – also im Blick auf Phänomene der Organisation und Organisierung auch im Bereich des gesellschaftlichen Teilsystems der Religion. Dieser augenscheinlichen Forschungslücke möchte die vorliegende Publikation abhelfen, indem sie Religion primär *organisationssoziologisch* thematisiert. Es scheint den Herausgebern – auch zum Verständnis wichtiger faktischer Entwicklungen im Bereich der Religion – von grosser Bedeutung, die Entwicklung der Religion entscheidend auch aus dieser Perspektive zu beleuchten, entsprechenden Fragestellungen die nötigen Impulse zu verleihen und das Thema der religiösen Organisation wieder ins Zentrum der religionssoziologischen Aufmerksamkeit zu rücken.

1.

In der jüngeren Religionssoziologie ist das Thema religiöser Organisierung vor allem an drei Orten zur Sprache gekommen: in der Katholizismusforschung, in der Kirchenmitgliedschaftsforschung und in der religiösen Bewegungsforschung. In der Katholizismusforschung spielt das Thema religiöser Organisation eine wichtige Rolle in Form der These, dass in der katholischen Kirche der Prozess bürokratischer Zentralisierung im 19. Jahrhundert zum Höhepunkt und zum Abschluss gekommen sei; seitdem präsentiere sich die Kirche als „zentral geleitete und bürokratisch durchstrukturierte Grossorganisation" (Gabriel 1980, 214). Zur Organisierung der katholischen Kirche gehöre dabei entscheidend eine Sakralisierung der Organisationsstruktur: Durch die Entfaltung einer spezifischen „Kirchenfrömmigkeit" (Kaufmann 1979, 48) werde die nüchtern-bürokratische Organisierung der bewussten Wahrnehmung durch die Kirchenmitglieder entzogen und noch einmal religiös interpretiert.

Auch im Rahmen massenstatistischer Umfragen findet das Konzept religiöser Organisation Verwendung, wenn etwa – wie in den Mitgliederbefragungen der EKD (Hild 1974) oder in einer schweizerischen Repräsentativbefragung (Dubach 1993; Dubach, Lienemann 1997) – Kirche als Mitgliedschaftsorganisation thematisiert wird. Hier wird davon ausgegangen, dass der

> „Druck zur Organisierung auch für das System Kirche besteht. Für ihren Bestand wären dann um so günstigere Prognosen zu stellen, je mehr sie sich dem Strukturtyp Organisation annähert, weil dieser den Funktionserfordernissen des neuzeitlichen Gesellschaftssystems am meisten entspricht" (Hild 1974, 36).

In Verbindung mit diesem (optimistischen) Interesse an der Bestandssicherung des Systems Kirche wird die Fragestellung dann operationalisiert über das Merkmal der Kirchenmitgliedschaft und ihrer Motive: Ist das Verhältnis der Mitglieder zur Kirche analog zur Wahrnehmung der Mitgliedschaft in anderen Organisationen zu konzeptualisieren und lassen sich seine Merkmale von daher besser verstehen und erklären? Transformiert sich Kirchenmitgliedschaft insbesondere von einem „zugeschriebenen" in ein „erworbenes" Merkmal und wird damit zunehmend von einer Entscheidung abhängig?

Schließlich wird Organisation noch im Zusammenhang der Erforschung der „Neuen Religiösen Bewegungen" thematisiert. So spricht Otto Kallscheuer in seiner Beschreibung der innerkatholischen Bewegung „Communione e Liberazione" (CL) von deren „organisierte(m) Bewegungscharisma" (Kallscheuer 1993, 163). Wenn auch nicht weiter expliziert, so wird hier doch darauf hingewiesen, dass auch in religiösen Bewegungen ein Trend zur Organisation festzustellen ist. Bleiben Bewegungen auch stärker an Motiven und Interessen ihrer Mitglieder orientiert, so bilden sie nach einer informell strukturierten Anfangsphase gleichwohl organisatorische und hierarchische

Strukturen aus; Führungsstrukturen werden routinisiert und komplexe Kommunikationsnetze und Machtstrukturen treten an die Stelle der ehedem direkt interaktiven Verbindung unter den Mitgliedern. Auch Eiben und Viehöfer (Eiben, Viehöfer 1993) weisen in ihrer Analyse der „Neuen Religiösen Bewegungen" darauf hin, dass diese nicht ausschließlich den informellen Charakter eines unstrukturierten Prozessierens von Bewegung tragen, sondern vielmehr einen Netzwerkcharakter besitzen, der Professionalisierung und organisatorische Konstituiertheit zu einem entscheidenden Merkmal der „Neuen Religiösen Bewegungen" werden läßt, die damit zum Konzept der „Bewegungsorganisation" vorstossen (vgl. ebd. 52f.). Was das heisst, zeigt sich vor allem im ökonomischen Bereich, in dem auch „Neue Religiöse Bewegungen" eine unternehmensähnliche Organisationsform ausbilden, womit das religiöse Angebot in der Form von Dienstleistungen professionalisiert und ökonomisiert wird (ebd. 61).

2.

Vor diesem Hintergrund soll in der vorliegenden Publikation Religion als soziales System im Spannungsfeld der Sozialformen „Institution – Organisation – Bewegung" thematisiert werden. Institutionen gelten soziologisch als durch Habitualisierungen verdichtete, von einer sinnstiftenden „idée directrice" getragene, objektive Wirklichkeiten, die ihre Geltung aus ihrer unbefragten Faktizität beziehen.

> „Als gesellschaftliche Normensysteme vermitteln Institutionen den Interaktionen Sinn und Dauerhaftigkeit, und dazu sind sie mit der Aura des Unantastbaren, des fraglos Geltenden ausgestattet" (Krüggeler, Voll 1993, 23).

Eine erfolgreiche Institutionalisierung hängt davon ab, ob jene von Hartmann Tyrell genannten vier institutionellen Leistungen erbracht werden: (a) Legitimierung, (b) exklusive Monopolstellung, (c) motivationale Fundierung und (d) soziale Kontrolle (Tyrell 1988). Versteht man Institutionen in diesem Sinne, dann kann nicht nur das antik-mittelalterliche Christentum – und andere sogenannte Weltreligionen innerhalb der Grenzen eines relativ geschlossenen Kulturraumes – als religiöse Institution gelten, sondern auch die nachreformatorische Geschichte der christlichen Konfessionen lässt sich als religiöse Institutionalisierung begreifen (Tyrell 1993): Hier gelingt, trotz der beginnenden gesellschaftlichen De-Institutionalisierung der christlichen Religion, eine erfolgreiche Mischung von institutionellen und organisatorischen Mechanismen – der katholischen Kirche im Rahmen eines kirchlich geprägten Sozialmilieus und den evangelisch-reformierten Kirchen durch Anlehnung an die moderne Staatenbildung.

Institutionen sind freilich keine naturgegebenen Entitäten. Sie müssen – wie die neuere soziologische Institutionentheorie gezeigt hat – als sich im steten Wandel befindende, sich im alltäglichen, teilweise verdeckten Kampf zwischen dem „Instituierten“ und dem „Instituierenden“ laufend verändernde Gebilde begriffen werden (Gebhardt 1994, 179ff.). Damit kommt der Begriff der „Bewegung“ ins Spiel. Bewegungen lassen sich in Anschluß an Joachim Raschke als mobilisierende kollektive Akteure verstehen, die mit einer gewissen Kontinuität auf der Grundlage hoher symbolischer Integration und geringer Rollenspezifität mittels variabler Organisations- und Aktionsformen das Ziel verfolgen, einen grundlegenden Wandel der Verhältnisse herbeizuführen, zu verhindern oder rückgängig zu machen (Raschke 1985, 77). Bewegung und Institution sind keine sich gegenseitig ausschließenden Begriffe, sie stehen vielmehr in einer dialektischen Beziehung.

Dies zeigt sich insbesondere in der Geschichte der (jüdisch-)christlichen Religion. Als charismatische Bewegung entstanden, entwickelt sich das Christentum über dauerhafte Gemeindebildung hin zur Kirche. Die Institutionalisierung von Religion als Kirche kann als eine spezifische Modalität der Christentumsgeschichte verstanden werden. Immer war dieser Institutionalisierungsprozess aber begleitet von den unterschiedlichsten religiösen Gegen-„Bewegungen“ (Asketen- und Eremitentum, koinobitische Lebensformen, Ketzerbewegungen, inner- wie ausserkirchliche Reformbewegungen etc.). Fast alle diese Bewegungen orientierten sich am Vorbild der christlichen Urgemeinde und konfrontierten die Institution Kirche mit den Idealen der Ursprungsbewegung. Teilweise gelang der Institution die Integration der Bewegungen, teilweise bewahrten diese Bewegungen ihren oppositionellen Anspruch und fanden eigene, exklusive Organisationsformen. Fast immer aber wirkten sie als Ferment innerkirchlicher Reformen und organisationeller wie theologischer Rationalisierungsprozesse (Gebhardt 1994).

Die Gegenwart scheint – vor allem im westlichen Europa – gekennzeichnet durch eine De-Institutionalisierung der christlichen Konfessionskirchen als Folge der Erosion konfessioneller Sozialmilieus, der Entfremdung von Kirche und Staat sowie durch die Entstehung alt-neuer religiöser Bewegungen innerhalb wie ausserhalb der christlichen Kirchen. In dieser Situation verlieren die Kirchen als religiöse Institutionen ihre bisher unhinterfragte Geltung: Sie übernehmen unter dem Druck einer sich erfolgreich organisierenden Umwelt und zur Erhaltung von Ressourcen mehr und mehr den Charakter religiöser Organisationen – eine Entwicklung, die übrigens auch nicht an neueren, inner- wie ausserkirchlichen religiösen Bewegungen vorbeigeht. Denn diese pluralisieren sich nicht nur zunehmend und relativieren sich damit in ihrem Anspruch eine Alternative zu den etablierten Konfessionskirchen darzustellen (Barker 1993), sie verlieren in der modernen Organisationsgesellschaft auch ihre „charismatische Unschuld“, weil sich gesinnungsethische Normativität soziale Geltung nur verschaffen kann unter Einsatz hochstrukturierter Mechanismen. Das heisst nicht, dass religiöse Bewegungen in bestehenden religiösen Organisationen aufgehen oder sich in eigenständige Organisationen umwandeln. Sie erweitern aber die semantische und organisationelle Landschaft als „Bewegungsorganisationen".

Organisationen im Sinne überindividueller, kollektiver Akteure gelten „als konstitutive Strukturdimension moderner Gesellschaften" (Geser 1982, 113) und die moderne Gesellschaft wird als „Organisationsgesellschaft" begriffen. Insbesondere Niklas Luhmann hat die Bedeutung des sozialen Systemtyps der Organisation in der funktional differenzierten, komplexen Gesellschaft herausgestellt, indem er auf die vertikale Differenzierung zwischen Gesellschaft, Organisation und Interaktion in ihrem Zusammenhang mit der funktional-horizontalen Differenzierung hinweist (Luhmann 1977, 277f.). Man kann Organisationen

> „als durch Entscheidungen konstituierte und gesteuerte Sozialsysteme (...) charakterisieren, die weitgehender als andere Kollektive ihre Entstehung einem expliziten Entscheidungsakt („Gründung") verdanken, ihre inneren Strukturparameter, Zielsetzung und Handlungsprogramme mittels autoritativer Entscheidungen in Geltung setzen und dauerhaft in der Lage bleiben, ihre täglichen Handlungsabläufe (z.B. die Verteilung von Arbeit oder die Rekrutierung von Personal) durch laufende Entscheidungsarbeit zu steuern" (Geser 1982, 113f.).

Organisationen grenzen sich damit von gemeinschaftlichen, traditionalen oder informell-spontanen Komplementärbeziehungen ab, erhöhen aber gerade durch die Schaffung von „künstlichen" Sozialbeziehungen mit nahezu unbegrenzter Reichweite die soziale Leistungsfähigkeit der modernen Gesellschaft.

Die Zusammenhänge zwischen dem sozialen Systemtyp Organisation und dem gesellschaftlichen Teilbereich der Religion sind bisher (zu) wenig systematisch erforscht worden. Das dürfte zunächst damit zusammenhängen, dass auf den ersten Blick einige Ungereimtheiten, Widersprüche und Ambivalenzen im Verhältnis von Religion und Organisation ans Licht gebracht werden können. Einerseits war es die institutionelle Religion, die in älteren Gesellschaften neben Staat und Armee organisatorische Strukturen im Sinne religiöser Autorität und Hierarchie ausdifferenzierte; so stellt insbesondere die katholische Kirche mit ihrer hochentwickelten Amtshierarchie das historische Vorbild für „Bürokratisierung" schlechthin dar. Auch in der allgemeinen Wahrnehmung gelten die Kirchen heute als Grossorganisationen, bei denen eher ein Zuviel an Bürokratie und Organisierung in zumeist kritischer Absicht verzeichnet wird. Andererseits aber erheben sich Fragen nach der Kompatibilität von Organisation und Religion generell: Sind Kirchen und Religionen in ihren Programmen und Mitgliedschaftsformen derart mobil und flexibel, dass sie diese nach Massgabe jeweils aktueller Entscheidungen bewusst steuern können und wollen? Kann insbesondere Mitgliedschaft in Kirchen und Religionen auf Entscheidung eingestellt werden, wenn die Religion den Menschen immer als Ganzen in Anspruch nimmt, während Organisationen typisch nur den Teilbereich der Persönlichkeit beanspruchen, der mit den Organisationszielen in Verbindung steht? Und ist nicht die Wirklichkeit der Religion selbst betroffen, wenn Organisationen sich durch laufende Entscheidungsarbeit steuern und somit das Gewicht von Reflexivität und Kontingenz erhöhen, während die Funktion der Religion mit Niklas Luhmann gerade in der Chiffrierung von Kontingenz gesehen werden kann?

3.

Das Gewicht dieser unterschiedlichen Fragen und Probleme kann nur durch konkrete Forschungsarbeit ausgemessen werden. Dazu wollen die Beiträge in diesem Band Anregungen geben und Perspektiven vermitteln. Der erste Teil soll die theoretischen Perspektiven entfalten, aufgrund derer das Verhältnis von Organisation und Religion in analytischen Kategorien erfasst zu werden vermag. Der Beitrag von *Karl Gabriel* rückt Religion – am Beispiel der christlichen Kirchen – konsequent in eine organisationssoziologische Perspektive. Er stellt zum einen die Widersprüche und Dilemmata heraus, in welche die kirchliche Religion unter dem Organisationsdruck und den Organisationszwängen der Moderne gerät. Zum anderen aber entwickelt er ein Konzept der Kirchen als „intermediäre Organisationen", die typischerweise mit unterschiedlichen Umwelten umzugehen haben: mit der vorgelagerten Sozial- und Wertestruktur ihrer Mitglieder, mit dem Netz der sie umgebenden Organisationen und – im Fall der Kirchen – mit der Logik ihres Ursprungs und ihrer Tradition.

Auch *Hans Geser* konzeptualisiert in seinem Beitrag die moderne Sozialform der Religion als kollektiven Akteur in der mesosozialen Sphäre der Organisation. Dabei richtet sich Gesers Aufmerksamkeit weniger auf die Dilemmata, welche sich aus der Organisierung von Religion – und aus der spannungsreichen Struktur von Organisation selbst – ergeben, vielmehr hebt Geser ab auf die gesteigerte Leistungsfähigkeit organisierter Religion, und zwar sowohl für ihre endogene Dynamik wie auch für ihre Einflusslogik in der gesellschaftlichen Umwelt. Gesers These lässt sich unschwer seinem eigenen „Progressionsmodell" zuordnen, welches besagt,

> „Religionen würden durch ‚organisatorische Aufrüstung' ein neues Niveau innerer Dynamik und äusserer Aktivität erreichen, das es ihnen ermöglicht, in verstärktem Umfang gesellschaftlich präsent zu sein und in kompetenter, vielseitiger und wirkungsvollerer Weise auf die gesellschaftliche Umwelt Einfluss zu nehmen" (in diesem Band, 66).

Der Beitrag von *Franz-Xaver Kaufmann* richtet sich nun in antithetischer Weise auf die organisationssoziologische Thematisierung von Religion, indem er davon ausgeht, dass religiöse Phänomene nur in einem „mehrebenenanalytischen Raster" angemessen zur Sprache gebracht werden können. In dieser Hinsicht setzt Kaufmann hier seine Arbeit an einer angemessenen Konzeptualisierung von „Religion" für heutige theoretische und empirische Belange fort. Wenn er dabei der makrosoziologischen Perspektive im Blick auf die meso- und mikrosoziologische Ebene eine strukturierende Bedeutung zumisst, so macht er damit darauf aufmerksam, dass die mesosoziologische Ebene der Organisation immer gedacht werden muss auch im Blick auf Komplementärbeziehungen zu den beiden anderen Ebenen, von deren (Vor-) Leistungen sie abhängig bleibt. Die organisationssoziologische Perspektive auf Religion steht also auch immer schon in vielfältiger Beziehung zu den oben vorgestellten Konzepten der „Institution" und der „Bewegung".

Im zweiten Teil wird die soziologische Kategorie des Charisma in Beziehung zum Thema der Organisation von Religion gesetzt. Ausgangspunkt ist dabei Max Webers Konzept des Charisma, das, wie die neuere Max Weber-Forschung gezeigt hat, nicht auf das Theorem des charismatischen Führers zu reduzieren ist, sondern eine ausgearbeitete Theorie des sozialen und religiösen Wandels beinhaltet, der Institutionalisierungs- und Organisierungsprozesse des „ursprünglichen Charisma" immer beinhaltet. *Winfried Gebhardt* zeichnet diese Institutionalisierungs- und Organisierungsprozesse des Charisma nach, entwickelt in Anschluß an Max Weber eine Typologie der Formen des institutionalisierten Charisma, beschreibt diese in ihrer Eigenart und Funktion und überträgt sie auf die Geschichte des Christentums. Dabei wird deutlich, daß Charisma und Organisation in einem für die christlichen Kirchen geradezu typischen Spannungsverhältnis stehen, das bis heute andauert und dessen „Lösung" – historisch gesehen – ganz unterschiedliche Formen (wie beispielsweise das Amtscharisma) angenommen hat.

Wolfgang Lipp fordert in direkter Auseinandersetzung mit Gebhardts Thesen zum einen eine genauere Analyse der Entstehungsbedingungen charismatischer Beziehungen, zum anderen eine differenziertere Betrachtung jener institutionellen „Lösungsversuche", die das grundsätzliche Spannungsverhältnis von Charisma und Organisation auf Zeit überwinden und bietet dafür den von ihm entwickelten Ansatz einer „dramatologischen Soziologie" an. *Michael N. Ebertz* schließlich untersucht das fundamentale Spannungsverhältnis von Charisma und Organisation am Beispiel des „Urchristentums". Detailliert und quellenbezogen kann er zeigen, daß nicht nur das „ursprüngliche Charisma" der Jesus-Bewegung, sondern auch die für sie konstitutive Praxis der Selbststigmatisierung in den ersten drei Jahrhunderten in spezifischer Weise institutionell umgeformt und umverteilt wurde. Charisma und Stigma, so seine These, werden in den Prozeß der Veralltäglichung des „Ursprungscharisma" hineingezogen und erfahren ein ähnliches Schicksal: zunächst als kollektives Sekten-Charisma und kollektives Sekten-Stigma, dann – positionell usurpiert beziehungsweise institutionell temperiert – auch als Amtscharisma und Amtsstigma.

Im dritten Teil werden schliesslich einige Dilemmata der Organisierung von Religion – zum Teil auch mit empirischer Abstützung – beleuchtet. Die ersten drei Beiträge belegen die Dilemmata am Beispiel der christlichen (Volks-) Kirchen, während zwei weitere Beiträge religiöse Bewegungen ins Auge fassen und der letze Beitrag eine Initiative innerhalb der katholischen Kirchen auf ihren Bewegungscharakter hin überprüft. *Knut Walf* beleuchtet die Spannung von Recht und Religion zunächst in religionsvergleichender Perspektive zwischen West und Ost. Institutionalisierung der Religion heisst im Westen vor allem Verrechtlichung, gegen die immer wieder zahlreiche Reformbewegungen, die sich zumeist auf die „Ideale des Ursprungs" berufen haben, angetreten sind. Das Planungsdilemma in der Volkskirche, das diese mit allen anderen Organisationen gemeinsam hat, beschreibt *Peter Höhmann* als die Schwierigkeit, dass einerseits Planungsanforderungen erzeugt werden, die andererseits mit Hinweis auf den nicht-gesellschaftlichen Charakter der Kirchen jederzeit zurückgewiesen werden können. *Ulrich Bätz* macht in einer empirischen Studie auf die Paradoxien aufmerksam, die auftreten, wenn eine Steigerung glaubensreligiösen Engagements durch die Ausweitung theologisch-professionellen Handelns erreicht werden soll, und umschreibt diese Problematik mit dem Begriff der „Professionalisierungsfalle".

Stellvertretend auch für andere religiöse Bewegungen zeigt *Jörg Stolz* am Beispiel des Evangelikalismus charakteristische Dilemmata hinsichtlich des hier bestehenden Rekrutierungsproblems. Wenn der Evangelikalismus vor allem junge Leute aus schon bekehrten Familien rekrutiert, so stellt sich immer ein Anpassungsproblem in seiner Mission: Vermehrte Öffnung macht die Selbstrekrutierung schwieriger, vermehrte Schliessung verhindert Fremdrekrutierung. *Michael Hochschild* entwickelt die These, dass die innerkatholischen „Neuen geistlichen Bewegungen" – als institutionell geprägte spirituelle Erneuerungsaufbrüche – sich zwischen Kirche als Organisation und Religion als Ort geistlicher Kommunikation situieren lassen und somit in der Lage wären, diese doppelte Umweltreferenz der Kirchen – nämlich zwischen Organisation und Religion – vermittelnd zu bearbeiten. Schliesslich verfolgt *Hermann Denz* die Frage, ob und inwieweit das „Kirchenvolks-Begehren" in Österreich als eine soziale und religiöse Bewegung betrachtet werden. Er kommt zu dem Ergebnis, dass das „Kirchenvolks-Begehren" eine eher punktuelle Initiative darstellt, die aber von innerkirchlichen Protest- und Basisbewegungen massgeblich getragen worden ist.

4.

Der vorliegende Band dokumentiert eine Tagung der Sektion Religionssoziologie, welche vom 7. bis 9. März 1997 in der Katholischen Akademie Rabanus Maurus in Wiesbaden-Naurod stattgefunden hat. Die Herausgeber sind sich der Tatsache bewusst, dass das Thema der Organisierung von Religion hier so gut wie ausschliesslich am Beispiel der westlichen, christlichen Religion entwickelt worden ist. Diese Konzentration auf die christliche Religion lässt sich nur rechtfertigen mit dem Hinweis auf die intrikaten Verflechtungen zwischen christlicher Religion einerseits und westlicher Modernisierung andererseits, die das Thema Religion und Organisation erst zu einem – nicht nur für Soziologen – spannenden Thema werden ließ.

Eine darüber hinausgehende Perspektive könnte sich der Frage stellen, inwieweit mit dem Begriff der „religiösen Organisation" ein Allgemeinbegriff zur Verfügung steht, unter den sich andere und ältere Typologien (etwa die von Kirche, Sekte und Mystik) subsumieren oder sogar ersetzen ließen. Damit wäre für das Religionssystem – auch in internationaler Ausrichtung – eine Terminologie zu gewinnen, gemäss der sich die Strukturierung religiöser Kommunikation nach dem Ausmass ihrer Organisierung sowie nach den durch Organisierung eingehandelten Leistungen und Dilemmata typologisch unterscheiden lassen würde. Eine solche Perspektive für die weitere Erforschung der Organisierung von Religion hofft der vorliegende Band anzuregen.

Literatur

Barker E. (1993): Neue religiöse Bewegungen. Religiöser Pluralismus in der westlichen Welt, in: Bergmann J. u. a. (Hrsg.): Religion und Kultur (KZfSS-Sonderheft 33) Opladen 231-248

Dubach A. (1993): Bindungsfähigkeit der Kirchen, in: Dubach A., Campiche R. J. (Hrsg.): Jede/r ein Sonderfall? Religion in der Schweiz, Zürich, Basel (2. Aufl.), 133-172

Dubach A., Lienemann W. (Hrsg.) (1997): Aussicht auf Zukunft. Auf der Suche nach der sozialen Gestalt der Kirchen von morgen, Basel, Zürich

Eiben J., Viehöfer W. (1993): Religion und soziale Bewegungen. Zur Diskussion des Konzepts der „Neuen religiösen Bewegungen", in: Forschungsjournal Neue Soziale Bewegungen 6, 51-75

Gabriel K. (1980): Die neuzeitliche Gesellschaftsentwicklung und der Katholizismus als Sozialform der Christentumsgeschichte, in: Gabriel K., Kaufmann F.-X. (Hrsg.): Zur Soziologie des Katholizismus, Mainz, 201-225

Gebhardt W. (1994): Charisma als Lebensform. Zur Soziologie des alternativen Lebens, Berlin

Geser H. (1982): Gesellschaftliche Folgeprobleme und Grenzen des Wachstums formaler Organisationen, in: Zeitschrift für Soziologie 11, 113-132

Hild H. (Hrsg.) (1974): Wie stabil ist die Kirche? Bestand und Erneuerung, Gelnhausen

Kallscheuer O. (1993): Katholischer Integralismus als postmoderne Bewegung. „Communione e Liberazione" in Italien, in: Bergmann J. u. a. (Hrsg.): Religion und Kultur (KZfSS-Sonderheft 33), Opladen, 150-168

Kaufmann F.-X. (1979): Kirche begreifen. Analysen und Thesen zur gesellschaftlichen Verfassung des Christentums, Freiburg i.Br.

Krüggeler M., Voll P. (1993): Strukturelle Individualisierung. Ein Leitfaden durch's Labyrinth der Empirie, in: Dubach, A., Campiche, R. J. (Hrsg.): Jede/r ein Sonderfall? Religion in der Schweiz, Zürich, Basel (2. Aufl.), 17-50

Raschke J. (1985): Soziale Bewegungen. Ein historisch-systematischer Grundriss, Frankfurt a. M.

Tyrell H. (1988): Ehe und Familie - Institutionalisierung und Deinstitutionalisierung, in: Lüscher K., Schultheis F., Wehrspaun M. (Hrsg.): Die ‚postmoderne' Familie. Familiale Strategien und Familienpolitik in einer Übergangszeit, Konstanz, 145-156

Tyrell H. (1993): Katholizismus und Familie - Institutionalisierung und Deinstitutionalisierung, in: Bergmann J. u.a. (Hrsg.): Religion und Kultur (KZfSS Sonderheft 33), Opladen,126-149

I. Religion und Organisation

Karl Gabriel

Modernisierung als Organisierung von Religion[1]

1. Einleitung

Moderne Gesellschaften sind Organisationsgesellschaften. Als Organisationsgesellschaften lassen sie sich insofern bezeichnen, als Organisationen in faktisch allen gesellschaftlichen Funktionsbereichen eine zentrale Rolle spielen. Für moderne Gesellschaften läßt sich konstatieren: Je dominierender ein Funktionsbereich, desto ausgeprägter erscheint in ihm das Strukturprinzip Organisation verankert. Dies gilt für die betrieblichen Organisationen im Hinblick auf die Wirtschaft, für Staatsbürokratien und Parteien im Bezug auf die Politik und für Forschungsorganisationen und Universitäten im Hinblick auf die Wissenschaft. Wie die Existenz und Bedeutung von Märkten in der Wirtschaft, der öffentlichen Meinung in der Politik und der Reputation in der Wissenschaft belegen, bleiben aber Organisationen auch in den hochorganisierten Funktionsbereichen moderner Gesellschaften nur ein Teilelement. Die Teilsysteme moderner Gesellschaften – auch die hochorganisierten – haben es mit Grenzen und Schranken der Organisierbarkeit zu tun. Moderne Gesellschaften kennen zudem einen ausdifferenzierten Funktionsbereich, in dem das Strukturprinzip Organisation offensichtlich kaum Fuß fassen kann und so gut wie keine Rolle spielt: die Familie bzw. das System privater Lebensformen (Kaufmann 1995, 32).

Niklas Luhmann hat für die Beobachtung, daß in modernen Gesellschaften Organisationen eine immer größere Rolle spielen, diese aber gleichzeitig immer weniger insgesamt als Organisationen begreifbar sind, ein differenzierungstheoretisches Analyseangebot unterbreitet. Er kennt als Merkmal moderner Gesellschaften nicht nur die funktional-horizontale Differenzierung in unterschiedliche Kommunikationssysteme wirtschaftlicher, politischer, wissenschaftlicher, religiöser Kommunikation etc., sondern auch eine vertikale Differenzierung unterschiedlicher Ebenen der Systembildung des Sozialen. So geht er davon aus, daß sich der Prozeß gesellschaftlicher Modernisierung auch als Ausdifferenzierung einer eigenständigen, mittleren Systembil-

1 In überarbeiteter Form ist in diesen Text Gabriel (1997) eingegangen.

dungsebene „Organisation“ zwischen den Ebenen der Interaktion unter Anwesenden und der Gesellschaft als umfassendem Kommunikationssystem begreifen läßt (Luhmann 1994). In modernen Gesellschaften schieben sich – so Luhmann – zwischen Interaktion und Gesellschaft mit unterschiedlicher Intensität und Ausprägung Sozialsysteme, die auf entscheidbarer Mitgliedschaft wie auf entscheidbaren Strukturen beruhen und beide Entscheidungsbereiche aufeinander beziehen, beziehungsweise aneinander limitieren (Luhmann 1975).

Die soziale Wirklichkeit moderner Gesellschaften erhält damit eine komplexe Mehrschichtigkeit. Die Ebene der Organisation und das Netzwerk miteinander interagierender Organisationen bilden eine eigenständige Dimension sozialer Wirklichkeit. Für sie ist der Aufbau von Handlungsketten weit über die Grenze der Anwesenheit und Vertrautheit von Personen charakteristisch. Aus ihren gewachsenen Bezügen gelöste, „künstliche“ Sozialbeziehungen mit weltweiter, praktisch unbegrenzter Reichweite lassen sich kreieren, stabilisieren und verändern (Giddens 1995, 32ff.). Sie zwingen der Gesellschaft als Wirklichkeitsebene überhaupt möglicher kommunikativer Erreichbarkeit – gegenwärtig als Trend zur Globalisierung artikuliert – die Form der Weltgesellschaft auf. Gleichzeitig kontrastieren Organisationen scharf zur Steuerung der Kommunikation und des Handelns mittels Interaktion unter Anwesenden als einer eigenständigen Wirklichkeitsebene des Sozialen (Kaufmann 1996, 21ff.).

Moderne Organisationsgesellschaften geben auch für die Religion einen spezifischen, bisher wenig bedachten Kontext vor. Zuerst fällt die besonders ausgeprägte Artikulation von Ambivalenzen im Verhältnis von Organisation und Religion auf. Die Wirklichkeitsebene der Organisationen und ihrer Vernetzung scheint für die Existenz wie für die Wahrnehmung der Religion in der Moderne eine prominente Rolle zu spielen. Kirchen weisen die typischen Merkmale von Großorganisationen auf und werden auch als solche wahrgenommen. Gleichzeitig wird die prekäre Lage der Religion in der Moderne auch mit ihrem hohen Grad an Organisation beziehungsweise Bürokratie in Verbindung gebracht (Schluchter 1988, 532). Als Organisationen scheinen sich Kirchen selbst im Wege zu stehen, ohne daß eindeutig klar würde, worauf der Widerspruch tatsächlich zurückgeht. Ist man auf der einen Seite geneigt, das Problem der Kirchen in einem zuviel an Organisation zu sehen, so gibt es auch Stimmen, die eher auf ein zuwenig hinweisen. Den Kirchen fehle die für Organisationen typische unbegrenzte Flexibilität und Mobilität in ihren Programmen und Strukturen (Luhmann 1972). Sie seien noch zu sehr verhaftet in Vorstellungen eines korporativen Gesellschaftsaufbaus, die gerade die mit dem Strukturprinzip Organisation einhergehende Mehrdimensionalität der sozialen Realität nicht angemessen zu würdigen in der Lage seien.

Will man im Für und Wider bezüglich des Verhältnisses von Organisation und Religion zu einer differenzierteren Einschätzung gelangen, wird man das Thema in den Kontext des westlichen Sonderwegs der Modernisierung stellen müssen. Vor die Problemstellung der Folgen eines hohen Organisationsgrads für die Religion schiebt sich hier im ersten Schritt die Frage nach dem Beitrag der christlichen Religion zur Entstehung der modernen Organisationsgesellschaft. Die Religion besonders eng mit dem Organisationsphänomen in Verbindung gebracht zu haben, gehört offenbar zu den Besonderheiten des westlichen Wegs der Modernisierung. Die Tradition des westlichen Christentums kennt wie keine andere die Ausformung einer organisierten Religionspraxis. Sie hat damit zum Werden der modernen Organisationsgesellschaft beigetragen. Überlegungen zum Verhältnis des westlichen Christentums zum Strukturprinzip der Organisation und seiner spezifische Ausprägung im europäischen Modernisierungspfad sollen deshalb den ersten Abschnitt der folgenden Analyse bilden.

2. Der Beitrag des Christentums zur Entstehung der modernen Organisationsgesellschaft

Religion hat eine primäre Tendenz zur Gemeinschafts- nicht zur Organisationsbildung. Dies läßt sich etwa am unterschiedlichen Interesse von Religion und Organisation an der menschlichen Person ablesen (Coleman 1992, 360ff.). Religion und religiöse Gemeinschaften sind in erster Linie am Menschen als Ganzem interessiert. Sie verfolgen das Ziel, ihn zu einem verantwortlichen Handlungszentrum heranzubilden. Ihnen geht es um die Internalisierung von Normen und die motivfähige Übernahme religiöser Traditionen. Organisationen dagegen beziehen sich in elementarer Weise nicht auf den Menschen als Ganzen, sondern auf jene Aspekte und Ausschnitte von Personen, mit denen sie zur Organisation beitragen. Die Stabilität von Organisationen beruht gerade auf ihrer Eigenschaft, sich von der menschlichen Person als Quelle von Unsicherheit und Irritation prinzipiell lösen bzw. unabhängig mahen zu können. In diesem Sinne sind Organisationen keine Systeme natürlicher Personen, sondern von Ämtern, Stellen oder Rollen. Sie beruhen auf der Annahme kollektiver Handlungsfähigkeit. Das Recht stellt dafür die Fiktion der juristischen Person als eine zweite, handlungsfähige Größe neben den natürlichen Personen zur Verfügung.

Wenn wir in diesem Sinne von einer ursprünglichen Distanz der Religion zur Organisation auszugehen haben, was hat dann die spezifische Nähe des Christentums zur Organisationsbildung ermöglicht bzw. bewirkt? Organisationen überschreiten die Grenzen natürlicher Gemeinschaftsbildung von Familie, Clan und Volk durch eine möglichst unbegrenzte Zugänglichkeit und Mobilität der Mitgliedschaft. Organisationen betrachten die Mitgliedschaft prinzipiell nicht als etwas natürlich Gegebenes bzw. Vorgegebenes, sondern unterstellen ihr ein Moment der zurechenbaren Entscheidung und des Erwerbs. Organisation setzt in dieser Dimension die Lockerung enger Blutsbande und die Öffnung hin zu universalistischen Kriterien der Zugehörigkeit voraus. Der christliche Universalismus enthält nachhaltige Impulse zur Entmachtung aller natürlich vorgegebenen, partikularen Kriterien der Zugehörigkeit (Luhmann 1977, 288ff.). Gegenüber Gottes Heilswillen und der universellen Erlösungsbedürftigkeit aller Menschen werden alle Kriterien der Geburt, der Familienzugörigkeit und des Volkstums zweitrangig. So wird man den christlichen Universalismus zu den kulturellen und mentalitätsbezogenen Voraussetzungen des modernen Organisationsphänomens zu rechnen haben.

Neben der universalistischen Öffnung der Mitgliedschaft ist es die Ausbildung des Amtsgedankens, der auf eine Nähe des Christentums zur Organisationsbildung verweist (Dreier 1972). Nach dem Ausbleiben der Parusie begibt sich die christliche Glaubensgemeinschaft auf den Weg hin zur Vorstellung einer amtlichen und anstaltsmäßigen Präsenz und Repräsentanz des Heils. Das religiöse Charisma wird durch den Gedanken des Amts auf Dauer zu stellen gesucht. Das setzt die prinzipielle Möglichkeit der Trennung von Amt und Person voraus. Im Amt, beziehungsweise im System der Ämter in Differenz zu Personen und ihrer Summe wird das Heil den Unsicherheiten und Irritationen von Einzelpersonen entzogen und in einem überpersönlichen, kollektiven Akteur sichergestellt. Bis zur Ausbildung der Vorstellung der Kirche als einer handlungsfähigen Körperschaft mit eigenen Besitzrechten hat es allerdings bis in das 12. Jahrhundert gedauert (Coleman 1992, 281). Erst zu diesem Zeitpunkt entsteht im Westen im Anschluß an die Kirchenreform Gregors VII. ein eigener kirchlicher, von der feudal-laikalen Herrschaft getrennter Sozialkörper. Mit Rückgriff auf das römische Recht erhält er eine rechtliche Verfassung. Der Umbruch des 11./12. Jahrhunderts – in der Kirchenstruktur wie in der Ekklesiologie – stellt nicht nur eine Zäsur auf dem Weg zur funktionalen Differenzierung moderner Gesellschaften dar, sondern markiert auch ein Ursprungsmoment der modernen Organisationsgesellschaft (Berman 1991; Kaufmann 1989).

Am religiösen Ursprung des Hierarchiegedankens läßt sich dabei die Nähe wie die spezifische Distanz und Grenze von Christentum und moderner Organisationsgestalt besonders anschaulich exemplifizieren (Eicher 1991). Bei Dionysios Areopagita taucht der Begriff der Hierarchie – wahrscheinlich an der Wende zum 6. Jahrhundert im syrischen Raum – als theologischer Begriff zum ersten Mal auf. Dionysius Areopagita benutzt die Vorstellung einer „himmlischen Hierarchie“ zur Legitimation der Überordnung der gestuften Klerusordnung von Bischof, Priester und Diakone über alle anderen kirchlichen Ordnungsstufen. Dabei geht es Dionysios nicht um eine juridische Ordnung, sondern um die Behauptung einer hierarchisch abgestuften Selbstmitteilung Gottes und einer entsprechend abgestuften Heiligung. Die Hierarchie dient der gegliederten, exklusiven Vermittlung des Heils und ermöglicht die Einigung mit Gott mittels eines Systems heiliger, sakramental repräsentierter Klassen.

Erst als im 12. Jahrhundert auf Betreiben der päpstlichen Reformer im Westen kirchliche und weltliche Herrschaft sich voneinander trennen, wird der Grundstein für eine folgenreiche Sakralisierung der neu enstehenden, eigenständigen kirchlichen Organisationsstrukturen gelegt. Der dionysische Hierarchiegedanken wird verrechtlicht und steht zur rechtstheologischen Legitimation eines hierarchisch abgestuften Systems kirchlicher Ämter zur Verfügung. Schon seit Gregor VII. und Innozenz III. geht der Hierarchiegedanke dabei eine enge Verbindung mit dem monarchischen Prinzip einer über der Hierarchie stehenden, päpstlichen Spitze ein. Was am Ursprung des westlichen Wegs der Modernisierung in der „päpstlichen Revolution" (Rosenstock-Huessy 1931) des 11. Jahrhunderts angedacht erscheint, wird erst in der katholischen Kirche des 19. Jahrhunderts unter spezifischen historischen Bedingungen tatsächlich Realität: eine sakrale kirchliche Organisationshierarchie mit einer absoluten, über der Hierarchie stehenden Spitze. Die Kirche des 19. Jahrhunderts kann sich dabei an die absolutistischen politischen Herrschaftssysteme der frühen Neuzeit anlehnen. Sie sind es, die unter Rückgriff auf den aus dem religiösen Bereich entlehnten Hierarchiegedanken mit monarchischer Spitze die mittelalterliche Ständegesellschaft mit ihren vielfältigen Zwischenmächten aus den Angeln zu heben suchen (Bahrdt 1968).

Über Staat und Kirche dringt der Hierarchiegedanke – von seinen religiösen Gehalten gelöst – in die sich ausbildende Organisationsgesellschaft und in das Organisationswissen ein. Wie die katholische Kirche zeigt, verschränken sich im westlichen Christentum eine besonders ausgeprägte Organisationsneigung und -fähigkeit mit engen Grenzen der Organisierbarkeit. Diese sind vornehmlich dort zu suchen, wo Organisationsstrukturen als ein Element der Heilsordnung einen sakralen Charakter annehmen. Organisation kann sich erst dort voll entfalten, wo Entscheidungen im Bereich einer universell möglichen Mitgliedschaft in Bezug gesetzt werden können zu Wahlentscheidungen über angemessene, prinzipiell als verfügbar gedeutete Strukturen. Wenn heute der Hierarchiegedanke, zumal der pyramidale, seine organisationstheoretische Plausibilität immer mehr verliert, tritt das „Zuwenig" an Organisation sakral gedeuteter kirchlich-hierarchischer Strukturen schärfer ins Bewußtsein. Mit der Erfindung und Legitimation des Hierarchieprinzips hat die christliche Kirchentradition zur Durchsetzung der modernen Organisationsgesellschaft beigetragen. Heute steht sich eine Kirche mit einer hierarchisch-sakralen Organisationstradition – organisationstheoretisch betrachtet – selbst im Wege.

Das Christentum hat – so läßt sich zusammenfassen – mit folgenden Elementen einen Beitrag zur Durchsetzung der modernen Organisationsgesellschaft geleistet:

1. Der christliche Universalismus hob die Letztgültigkeit aller partikularen, natürlichen Lebensgemeinschaften auf und eröffnete den Raum für Sozialgebilde auf der Grundlage des prinzipiell freien, unbegrenzten Zugangs zur Mitgliedschaft.

2. Die Idee der amtlichen und anstaltsmäßigen Repräsentanz und Vermittlung des Heils beförderte die Vorstellung eines handlungsfähigen, die Summe der Einzelpersonen überschreitenden kollektiven Akteurs.

3. Die Gewißheit des Heilsbesitzes und der Missionsbefehl drängten unentwegt zum weltweit ausgreifenden kollektiven Handeln (Tenbruck 1977; 1993).

Im westlichen Christentum erhielt auf römisch-rechtlicher Grundlage der kollektive Akteur eine eigenständige, juridisch verfaßte soziale Struktur. Die hierarchisch gedachte Heilsvermittlung begründete und legitimierte ein hierarchisch strukturiertes System arbeitsteiliger, vom persönlichen Charisma der Amtsinhaber prinzipiell unabhängiger Ämter beziehungsweise Stellen. Die kirchliche Hierarchie mit der Idee einer sie transzendierenden monarchischen Spitze wurde wiederum zum Vorbild für das frühmoderne absolutistische Staatsgebilde, das den hierarchischen Organisationsgedanken gegenüber einer Hierarchie der Stände erst voll zur Geltung brachte. Die europäischen Konfessionskirchen entstanden im Kontext der absolutistischen Staatenbildung und dienten der Legitimation hierarchisch-bürokratisch strukturierter staatlicher Herrschaft. Die katholische Kirche des 19. Jahrhunderts wiederum suchte sich dem zu entziehen, indem sie – an die eigene Tradition hierarchischer Organisationsbildung anknüpfend – dem staatlichen Absolutismus den Anspruch auf einen eigenen, geistlich begründeten verschärften Absolutismus mit hierarchischer Organisationsstruktur entgegenstellte. Sie erneuerte und radikalisierte dabei auch die Sakralisierung der eigenen, nach der französischen Revolution neu aufgebauten, zentralistischen Organisationsstrukturen (Gabriel 1980; 1997).

Staatliche Organisation, militärische Hierarchie und katholische Kirche lieferten auch das Vorbild für die Bildung von Großorganisationen in den übrigen Funktionsbereichen, allen voran des Großbetriebs in der sich industrialisierenden Wirtschaft, aber auch der Großklinik in der Medizin. Mit dem Vordringen organisatorischer Systemstrukturen in faktisch allen Funktionsbereichen außerhalb der privaten Lebensformen differenzierte sich im Laufe der letzten beiden Jahrhunderte die Ebene der Organisation als eigene System- und Wirklichkeitsebene heraus und ließ die komplexe Mehrebenenrealität der modernen Organisationsgesellschaft Wirklichkeit werden.

Heute sind die Kirchen mit der Vervielfältigung der Wirklichkeitsebenen im Modernisierungsprozeß in besonderer Weise konfrontiert. Sie kommen aus einer Tradition, die noch eine einheitliche soziale Repräsentanz der Religion über alle Ebenen sozialer Wirklichkeit hinweg erlaubte. Als Teil der Christenheit waren sie ein gesellschaftliches Phänomen, mit der Ausprägung einer Ämterhierarchie gaben sie dem Strukturprinzip der Organisation früh breiten Raum und als Gemeinschaft der Gläubigen waren sie in die natürlich gewachsenen, lokalen Sozialzusammenhänge vor Ort integriert. Die Strukturprinzipien von Gesellschaft, Organisation und Interaktion mischten sich so in ihnen auf vielfältige Weise und bildeten eine verschränkte Einheit. Im Kontext der modernen Organisationsgesellschaft haben sich die christlichen Kirchen – die katholische wie die protestantische Tradition – der Sozialgestalt organisierter Sozialsysteme angenähert, ohne daß sie sich gänzlich auf die Sozialform der Organisation beschränken könnten. Ihr Organisationscharakter gehört heute mehr denn je zu ihren Existenzbedingungen, erzeugt aber gleichzeitig prinzipielle wie historisch spezifische Spannungen und Konfliktlagen.

3. Organisation als soziale Erfindung und die Religion

Organisation stellt eine folgenreiche soziale Erfindung dar, die das menschliche Zusammenleben seit eineinhalb bis zwei Jahrhunderten erkennbar revolutioniert. Worin besteht der Kern dieser Erfindung und welches systematische Verhältnis zur Religion besitzt sie? Um die Bearbeitung dieser beiden Fragen soll es in den beiden folgenden Abschnitten gehen.

Die Substanz der Organisation besteht im Aufbau langer und komplexer Handlungsketten und ihre Ausrichtung auf spezifische, nur arbeitsteilig realisierbare Zwecke, Ergebnisse, Ziele (Girschner 1990, 56ff.). Organisation beruht auf einer relativen Vorhersagbarkeit, Prognostizierbarkeit und Integrierbarkeit von Handeln und Interaktion von hunderten und tausenden von Menschen, die sich von Angesicht zu Angesicht kaum oder gar nicht kennen und deren wechselseitige innere Bindung begrenzt und zufällig bleibt. Was hält die moderne Organisation zusammen? Das Geheimnis steckt in dem, was Luhmann mit dem Terminus Formalisierung auf den Begriff zu bringen versucht (Luhmann 1972a, 29ff.). Die Strukturierung und Stabilisierung komplexer, langer und unwahrscheinlicher Handlungsmuster und Handlungsketten gelingt dadurch, daß sie ihren tragenden Bezugspunkt nicht in den wechselseitigen Dispositionen, Motiven und Interessen der handelnden Personen aneinander haben, sondern im generellen Interesse der Beteiligten am Erwerb und der Aufrechterhaltung der Organisationsmitgliedschaft. Die Formalisierung steckt einen aus- und abgegrenzten Bereich von Regeln ab, die ihre Geltung aus der prinzipiell „freien", kontingenten Mitgliedschaft beziehen.

Die Entscheidung über die Mitgliedschaft macht – solange sie aufrecht erhalten bleibt – das Verhalten der Mitglieder auf neue Weise erwartbar, prognostizierbar und steuerbar. So erst wird es möglich, daß sehr viele Menschen mit sehr unterschiedlichen persönlichen Interessen, Motiven, Dispositionen, Vorlieben und Qualifikationen relativ dauerhaft, arbeitsteilig und zielgerichtet miteinander kooperieren können. Über die Mitgliedschaft konstituiert sich die Organisation als ein schillerndes „Vexierbild" (Girschner 1990, 72). Auf der einen Seite besteht sie aus Menschen, die mit ihren Interessen, Motiven, Intentionen etc. in der Organisation handeln und die Organisation ausmachen. Was wäre die Organisation ohne die Menschen? Auf der anderen Seite entsteht über die Formalisierung ein kollektiver Akteur, der etwas anderes, neues darstellt gegenüber den Einzelpersonen in der Organisation wie auch gegenüber ihrer Summe.

Die Formalisierung begründet ein neuartiges Verhältnis von Individuum und Organisation, von Person und Sozialsystem. Während etwa in den privaten Lebensformen die Menschen sich als „ganze" Personen begegnen, die Liebe tendenziell nichts am anderen auszuschließen vermag, bleiben Menschen als „Ganze" prinzipiell außerhalb der Grenzen der Organisation. Organisationen beschränken sich im Zugriff auf Personen auf Ausschnitte, Teile bzw. Facetten. In Organisationen und im Kontakt mit Organisationen begegnen sich Menschen unter der Vor- bzw. Maßgabe, die privaten, persönlichen Aspekte ihres Lebens der Interaktion entziehen zu dürfen, ja zu müssen. Die Formalisierung dient gewissermaßen als Puffer zwischen individualisierter Person und all dem, was zu ihrer Logik gehört einerseits, und dem nur aspekthaft die Person beanspruchenden System andererseits. Sie sorgt dafür, daß die Logik der Person und die Logik des Systems auf unterschiedliche Gleise gesetzt werden können (Luhmann 1972a, 389).

Trotz ihres Charakters als prekäre, künstliche Gebilde sind Organisationen zwar nicht unbedingt rational, aber in besonderem Maße „lebensfähig" (Ortmann 1995). Wie kein anderes soziales Gebilde sind sie in der Lage, generellen und dauerhaften Regeln gegenüber allen Schwankungen persönlichen Wohls und Wehs Geltung zu verleihen und damit komplexe Handlungsketten zu begründen und auf Dauer zu stellen. Sie überschreiten an entscheidenden Stellen die Endlichkeit der einzelmenschlichen Existenz (Girschner 1990, 72ff.). Sie können – ohne ihre Identität zu verlieren – viele Generationen von Menschen überleben. Sie beruhen auf der Möglichkeit und Fähigkeit, die begrenzte Kapazität jedes einzelnen Menschen, Informationen aufzunehmen, zu verarbeiten und rationale Entscheidungen zu fällen, auszuweiten und zu potenzieren. Sie tun dies, indem sie den Handelnden arbeitsteilig Informationen und Entscheidungsprämissen in einer Qualität an die Hand geben, die sie sich als Einzelpersonen nicht erarbeiten könnten. In ein System von Handlungs- und Entscheidungsprämissen einbezogen, sind die Menschen in der Lage, ihre begrenzte Rationalität als Einzelpersonen um ein Vielfaches zu überschreiten. Sie transzendieren die räumlich, zeitlich wie sozial begrenzten Erfahrungsmöglichkeit und Lernprozesse der einzelmenschlichen Existenz, indem sie in ihrer Struktur gewissermaßen als kollektives Gedächtnis geronnene Erfahrungen und Lernergebnisse aufzubewahren vermögen. Sie sind aber auch in der Lage, ständig neues, wissenschaftlich produziertes Wissen handlungswirksam werden zu lassen (Giddens 1995, 52ff.).

Wie wir gesehen haben, läßt sich für das Christentum, insbesondere in seiner westlichen Ausprägung, historisch eine besondere, wenn auch immer ambivalente Nähe zur Organisationsbildung konstatieren. Unter den heutigen Bedingungen einer etablierten Organisationsgesellschaft erscheint die Existenz- und Lebensfähigkeit wie die Wirksamkeit jedweder Religion vollends an die soziale Errungenschaft „Organisation" gebunden. Religion und Organisation, der Organisationsdruck und die Organisationszwänge moderner Religion verweisen aber auf Widersprüche und Dilemmata, in die die organisierte Religion zunehmend gerät.

4. Organisation und Religion im Widerspruch

Für James S. Coleman haben sich in modernen Industriegesellschaften zwei parallele gesellschaftliche Strukturen herausgebildet: eine ursprüngliche, auf die Familie gegründete Struktur und eine neue, aus zielgerichteten Organisationen zusammengesetzte, von der Familie völlig getrennte Struktur (Coleman 1992, 340ff.). Zur ursprünglichen Struktur rechnet Coleman die Familie, die erweiterte Familie, die Nachbarschaft und religiöse Gruppen. Die zielgerichtet Struktur besteht für ihn aus wirtschaftlichen Organisationen, für einen bestimmten Zweck gegründeten freiwilligen Vereinigungen und Regierungen. Im Zentrum der Differenz der beiden parallelen Struktruren in modernen Gesellschaften sieht Coleman das gegensätzliche, wechselseitige Interesse der Handelnden aneinander. In der zielgerichteten Struktur entsteht der Zusammenhalt aus dem Interesse von Organisationen an Dienstleistungen oder anderen Ressourcen von Personen einerseits und durch das Interesse von Personen an Gegenleistungen der Organisationen andererseits.

„Die Körperschaft (Organisation, K. G.) kann ein Geschäftsunternehmen, eine Regierungsbehörde oder eine freiwillige Vereinigung sein, und das Individuum kann als Arbeitnehmer, Klient oder Kunde oder als Mitglied agieren. In jedem Fall besitzt jeder der Akteure ein Interesse an etwas, das der andere bieten kann, jedoch nicht ein Interesse am anderen als Person" (Coleman 1992, 358).

Religion erscheint aber – in der Moderne mehr denn je – an die Person gebunden. Im religiösen Erleben schiebt sich das Persönliche in den Vordergrund. Die persönlich geprägte Biographie wird zu einem bevorzugten Bezugspunkt religiöser Erfahrung und Kommunikation (Nassehi 1995; Gabriel 1996). Die Religion ist in ihrer Vermittlung auf die Identifikation mit Personen angewiesen, um ein motivfähiger Faktor der Orientierung und des Handelns zu werden (Kaufmann 1979, 147ff.). Religion hat es mit der Internalisierung von Wertmomenten zu tun. Ihre Tradierung setzt dichte, dialogische Sozialbeziehungen voraus. Schon Max Weber sprach davon, daß es kein Zufall sei, daß heute „nur innerhalb der kleinsten Gemeinschaftskreise, von Mensch zu Mensch, im pianissimo" das prophetische Pneuma noch zu pulsieren vermöge (Weber 1968, 112). Religion – so läßt sich zusammenfassen – ist auf Sozialbeziehungen angewiesen, in denen es um mehr als spezifische Beiträge, Dienstleistungen oder sonstige Ressourcen von Personen geht; um mehr als um einen Tausch von Leistung und Gegenleistung; um mehr als um eine Interaktion zwischen Rollenträgern und Agenten kollektiver Akteure. Religion impliziert vielmehr Sozialbeziehungen mit dem Interesse am anderen als Person.

In modernen Organisationsgesellschaften gerät die Religion damit in eine ähnlich schwierige Lage wie die Familie und in ein strukturelles Dilemma. Mit dem Wachstum von Organisationen verschieben sich in modernen Gesellschaften nach Zahl wie Bedeutung die Formen bzw. Typen der Interaktion. Die Interaktionsform, in der es eine Person mit einer anderen Person zu tun hat, tritt zugunsten zweier anderer Typen zurück: dem Typus der Interaktion zwischen Person und Organisation und zwischen zwei Organisationen. Coleman betont, daß überall dort, wo sich Person und Organisation gegenüberstehen, mit einer elementaren Asymmetrie in Gestalt eines Machtgefälles zugunsten der Organisation gerechnet werden muß (Coleman 1992, 292). Agenten kollektiver Akteure erweisen sich natürlichen Personen gegenüber strukturell als überlegen an langfristiger Interessenperspektive und -durchsetzung, Wissen, Informationsverarbeitung, Lernleistungen und Möglichkeit rationaler Alternativenwahl. Die Machtasymmetrie betrifft die Beziehung zwischen Kunden und Geschäft, zwischen Unternehmen und seinen Angestellten, zwischen Bürger und Regierungen, zwischen Klient und sozialer Einrichtung wie auch zwischen Gläubigem und der als Organisation agierenden Kirche. Die Machtasymmetrie muß als kontraproduktiv für das Zustandekommen religiöser Kommunikation und Vermittlung eingeschätzt werden.

Ähnliches gilt für Interaktionen, in denen sich zwei oder mehr Menschen nicht als Personen, sondern als Rolleninhaber, als Agenten kollektiver Akteure gegenüberstehen. Mit dem Anwachsen der Zahl von Organisationen und ihrer Verknüpfung zu weitverzweigten Organisationsnetzwerken hat gerade dieser Interaktionstyp außerordentlich zugenommen. Wie der Hinweis auf die wachsende Zahl von Single-Haushalten nahelegt, muß immer häufiger damit gerechnet werden, daß Menschen beinahe nur noch Interaktionsbeziehungen des Typs 2 (Person-Organisation) und 3 (Organisation-Organisation) im Sinne Colemans besitzen, während der Interaktionstyp 1 (Person-Person) für sie beinahe keine Rolle mehr spielt (Coleman 1992, 291ff.). Nicht nur für das Heranwachsen neuer Generationen in der modernen Sozialstruktur – wie Coleman betont (1992, 335ff.) –, sondern auch für die Religion wird damit die Situation in der Organisationsgesellschaft prekär.

Für die in Kirchen organisierten Religionen tut sich damit leicht ein Dilemma auf, das sie möglicherweise ungewollt selbst verschärfen. Kirchen sind ihrem Selbstverständnis nach Glaubens- und Gesinnungsgemeinschaften. Sie berufen und beziehen sich auf eine transzendente Wirklichkeit, die sie symbolisch und rituell zur Darstellung bringen. Ihre Botschaft hat notwendigerweise Personen als Adressaten und betrifft diese in all ihren unterschiedlichen Lebensvollzügen. In der Organisationsgesellschaft werden sie aber in eine Sozialform hineingedrängt, die sie kollektiven Akteuren mit ausschnitthaften Beziehungen und Ansprüchen an die Menschen immer ähnlicher macht. Kirchen können dann zwar für Vielerlei nützlich sein und bleiben, sie können auch für den Dienst an den Armen und Kranken in der Gesellschaft für unentbehrlich gehalten werden, sie werden sich aber schwertun, authentisch für einen Glauben und seine Förderung und Weitergabe zu stehen. Nur allzu leicht kann ein Zirkel in Gang kommen: Die Schwächung des Glaubens und seiner gemeinschaftsstiftenden Kraft kann zu erhöhten organisatorischen Anstrengungen Anlaß geben und diese wiederum zu einer latenten Verschärfung der Krise – und so weiter.

Wie das Beispiel der katholischen Kirche verdeutlicht, verlieren heute historisch wirksame und erprobte Mittel, mit dem Dilemma umzugehen, ihre Überzeugungskraft. Wie wir oben gesehen haben, verband die katholische Tradition von Anfang an mit der Organisierung eine Sakralisierung ihrer empirischen Strukturen. In ihrer Reaktion auf den Durchbruch der industriegesellschaflichen Moderne im 19. Jahrhundert weitete sie ihren Organisationscharakter aus, verknüpfte ihn aber mit einer ausgeprägten Traditionalisierung ihres neu aufgebauten Rollengefüges wie mit einer verschärften Sakralisierung ihrer Ämterstruktur von der päpstlichen Spitze bis zum einfachen Priester (Ebertz 1980:101ff.; Gabriel 1980:216ff.). So gelang es der katholischen Kirche rund hundert Jahre, die Vorteile einer straffen, zentralistisch-bürokratischen Organisationsstruktur für sich zu verbuchen, ohne daß den Gläubigen der Organisationscharakter der Kirche und die damit verbundenen Ambivalenzen überhaupt bewußt wurden. Wie sich heute zeigt, war dies aber an den Aufbau und das Funktionieren spezifischer, konfessionell geprägter Sozialmilieus gebunden. Ihre rasche Auflösung seit Mitte der 60er Jahre hat die Organisationsstruktur gewissermaßen „nackt" hervortreten lassen und die Kirchenwahrnehmung und -bindung der Katholiken tiefgreifend verändert. Wie Franz-Xaver Kaufmann hervorhebt, treten damit die ambivalenten und destruktiven Wirkungen eines hohen Organisationsgrades hervor:

„Die hoch organisierte, hierarchische Struktur unseres gegenwärtigen territorialen Kirchentums scheint wenig geeignet, jene Motivationen der Glaubensbereitschaft zu fördern, auf denen erst ein gleichzeitig individueller und sozial verankerter Glaube wachsen kann" (Kaufmann 1996a, 28).

Die gemeinsame Herkunft wie die strukturelle Ähnlichkeit mit der staatlichen Bürokratie sorgen zumindest in West- und Nordeuropa dafür, daß auch die protestantischen Kirchen – ohne die Tradition der spezifisch katholischen Sakralisierung – mit den ambivalenten Folgen ihres Organisationscharakters konfrontiert werden. Zudem entsteht gerade in den kirchlich eher distanzierten Bevölkerungsgruppen ein konfessionsübergreifendes Kirchenbild, das die missionarische Glaubwürdigkeit beider konfessioneller Traditionen heute in ähnlicher Weise beeinträchtigt.

5. Kirchen als intermediäre Organisationen

Nach wie vor steht kein allgemein anerkanntes organisationstheoretisches Paradigma zur Verfügung, auf das man bei der Analyse der Kirchen als Organisationen wie selbstverständlich zurückgreifen könnte. Kirchen in der Tradition Max Webers als Bürokratien bzw. bürokratisch strukturierte Heilsanstalten zu untersuchen, hat weiter seine Berechtigung (Ebertz 1987), läßt aber angesichts der wachsenden Anpassungszwänge der Kirchen gegenüber ihrer pluralisierten Mitgliedschaft zu viele Fragen offen. Selbstverständlich lassen sich die Kirchen unter den Typus der normativen Organisation im Sinne Etzionis einordnen (Etzioni 1975; Dubach 1993, 144), aber viel mehr als die Maßgabe, Kirchen könnten in extenso weder auf Zwang noch auf Tausch zurückgreifen, läßt sich daraus nicht gewinnen. Noch weniger hilft es, wenn man mit Heidrun Abromeit von einem „Mischtyp" spricht und mit dem Blick auf die Kirchen zu dem Schluß kommt:

„Zusammengenommen ergibt dies – das mag etwas hilflos klingen – das Bild einer Institution ‚sui generis', deren organisationssoziologische Erforschung im übrigen leider noch aussteht" (Abromeit 1989, 256).

Auf diesem Hintergrund soll hier der Versuch gemacht werden, die gegenwärtige Wirklichkeit der Kirchen über den Typus der „intermediären Organisation" der Analyse zugänglich zu machen (Streeck 1987; 1994; Olk 1995).

Für intermediäre Organisationen ist es typisch, daß sie zu gleicher Zeit Mitglieder haben und Mitglieder sind. Auf der einen Seite haben sie es mit einer mehr oder weniger freiwilligen Mitgliedschaft zu tun. Die Mitglieder bilden gewissermaßen eine der Organisation vorgelagerte „‚primäre' Sozial- und Wertestruktur" (Streeck 1987, 473). Auf der anderen Seite haben die intermediären Organisationen aber nicht nur Mitglieder, sondern sie sind es gleichzeitig auch, nämlich Mitglieder im Netz der sie umgebenden Organisationen. Intermediäre Organisationen haben es mit zwei sehr unterschiedlichen Umwelten gleichzeitig zu tun: Nach unten stehen sie in Interaktion mit einer sich wandelnden Mitgliedschaft, nach oben sind sie mehr oder weniger eingebunden in das expandierende Netz der Organisationen in der Organisationsgesellschaft. Intermediäre Organisationen stehen deshalb unweigerlich im Spannungsfeld zweier gegensätzlicher Logiken: der an sozialer Integration orientierten Mitgliedschaftslogik auf der einen Seite und der an Systemintegration orientierten Einflußlogik auf der anderen Seite (Streeck 1987, 473; Olk 1995, 100). Die Analyse intermediärer Organisationen hat es mit drei Ebenen sozialer Wirklichkeit zugleich zu tun: Neben der mittleren Ebene der organisatorischen Formalstruktur nimmt sie die vorgelagerte Sozial- und Wertestruktur einerseits und die Vernetzung der Organisation in das Institutionensystem andererseits in den Blick. Ausgangspunkt der Analyse ist die Annahme, daß Funktion und Handlungsprobleme intermediärer Organisationen durch komplexe Vermittlungsleistungen zwischen unterschiedlichen Logiken und sozialen Welten geprägt sind.

Kirchen heute als intermediäre Organisationen zu betrachten, bietet bisher wenig genutzte Analysemöglichkeiten. Von unterschiedlichen historischen Ausgangspunkten her haben Kirchen einen mehr oder weniger ausgeprägten Organisationscharakter angenommen. Ohne den Rückgriff auf die soziale Erfindung „Organisation" erscheint ihre Lebensfähigkeit in der Organisationsgesellschaft nicht gesichert. Gleichzeitig ist offensichtlich, daß es die Kirchen mit fundamentalen Veränderungen in der Sozial- und Wertestruktur ihrer Mitgliedschaft zu tun haben. Als Kirchen können sie sich den Veränderungen der religiösen Erfahrung, Kommunikation und symbolischen Gemeinschaftsbildung in ihrer Mitgliedschaft nicht entziehen. Einer Mitgliedschaftslogik Raum zu geben, gehört deshalb zu den konstitutiven Handlungsimperativen von Kirchen. Gleichzeitig haben sie einen doppelten, nicht hintergehbaren Bezug zu Imperativen einer Systemlogik. Zum einen sind sie zur Sicherung der ihnen historisch zugewachsenen empirischen Existenz auf Interaktion, Kooperation und Unterstützung im Organisationsnetz angewiesen. Je mehr sie am Öffentlichkeitsanspruch und Universalismus ihrer Botschaft festhalten, desto ausgeprägter. Die Sozialform Kirche hat es deshalb neben der Mitgliedschaftslogik ebenso konstitutiv mit dem Einlassen auf Elemente einer Einflußlogik zu tun. Kirchliche Organisation setzt der Mitgliedschaftslogik aber notwendigerweise noch durch eine zweite Systembindung Grenzen: durch ihre Verpflichtung auf die eigene Ursprungsbotschaft und Tradition. Will man sich in der Analyse nicht zu weit vom Selbstverständnis der Kirchen entfernen, wird man auch jene Systemlogik einzubeziehen haben, die Tradition und Dogmatik den Kirchen vorgeben. Die Perspektive, Kirchen als intermediäre Organisationen zu analysieren, stellt sie damit in das Spannungsfeld einer dreifachen Logik, das sie ständig auszubalancieren haben: zwischen Ursprungs- und Tradierungslogik, Mitgliedschaftslogik und Einflußlogik. Der Ansatz bei der Intermediarität der Kirchen hat den Vorteil, zwar das theologische Selbstverständnis der Kirchen zu überschreiten, gleichzeitig aber an neuere, ekklesiologische Deutungen einer intermediären Rolle christlicher Kirchen gegenüber Religion und Gesellschaft anschlußfähig zu sein. Möglicherweise eröffnet der Ansatz auch Analysemöglichkeiten und praxisrelevante Einsichten in gegenwärtig drängende Fragen und Probleme kirchlichen Managements zwischen Mitgliedschafts-, Tradierungs- und Einflußlogik bzw. zwischen der neuen Vielfalt in ihrer Mitgliedschaft, den Problemen einer „anamnetischen Kultur“ (Metz 1997, 152) und der wachsenden Interdependenz in ihrer gesellschaftlichen Umwelt.

6. Die Krise der westeuropäischen Kirchen – organisationstheoretisch betrachtet

Die Kirchen in Westeuropa haben in den letzten drei Jahrzehnten einen fundamentalen Wandel ihrer Mitgliedschaft erlebt. Mehr noch als andere Institutionen sehen sich die Kirchen mit einer Explosion der Vielfalt in ihrer Mitgliedschaft konfrontiert (Jagodzinski, Dobbelaere 1993; Dubach, Campiche 1993). Konnten sie auf Grund der Einbettung des überwiegenden Teils ihrer Mitgliedschaft in konfessionell geprägte sozial-moralische Milieus mit einer relativ homogenen Mitgliedschaft rechnen, so setzte im Modernisierungsprozeß der letzten 30 Jahre ein Prozeß der Enthomogenisierung ein (Gabriel 1996a, 141ff.). Die Kirchenmitglieder wurden aus ihren herkömmlichen sozialen Bindungen von Familie und Verwandtschaft, Region, Schicht und auch vorgegebener Kirchenbindung herausgelöst. Die Selbstverständlichkeit der tradierten Lebens- und Weltdeutungen verlor ihre Plausibilität. Die Folge war eine vom strukturellen Wandel erzwungene stärkere Zentrierung der Orientierung auf die individuelle Person und ihren biographisch geprägten Weg durch Lebenslauf und Institutionengeflecht. Für die Kirchen als Organisationen bedeutet dies eine bisher ungewohnte Verunsicherung ihrer Mitgliedschaftsverhältnisse. Die Bindung an die Kirche war bisher Teil der vororganisatorischen sozialen Lebenswelt. Sie war eingebettet in einen symbolischen Gemeinschaftsbezug mit einer Ausprägung kollektiver Identität mit Ausstrahlung auf individuelle Identitätsmuster (vgl. Peters 1993, 197ff.) Zwischen der Ausprägung individueller religiöser Identität und kirchlich-kollektiver Identität bestand ein relativ hohes Korrespondenzverhältnis.

Heute haben es die Kirchen in Westeuropa mit einem tiefgreifend veränderten Bindungsverhalten ihrer Mitglieder zu tun. Aus der Gemeinschaftsbindung an eine Wertgemeinschaft – so läßt sich der Trend verkürzt formulieren – ist in stärkerem Maße eine Organisationsbindung geworden. Wie Alfred Dubach am Beispiel der Schweizer „Sonderfall-Studie“ zeigt, überwiegt bei der Mehrheit der Schweizer Kirchenmitglieder die für Organisationen typische Bindung über Leistung und Gegenleistung (Dubach 1993, 159ff.). Die Organisation tritt als kollektiver Akteur zwischen den einzelnen und die Gemeinschaft und sichert die kontingent gewordene Mitgliedschaft über Muster von Leistung und Gegenleistung. Nur eine Minderheit von knapp 20% zeigt eine ausgeprägt normative Bindung an die Kirche. Die Organisationsbindung beeinträchtigt vornehmlich die religiöse Rolle der Kirchen. In ihrem Gottesglauben und in ihrem Christsein sehen sich die Schweizer in ihrer übergroßen Mehrheit von der Kirche unabhängig (Dubach, Campiche 1993, 348; Dubach 1993, 161). Nur rund die Hälfte der Schweizer (43%) rechnet für den Fall, es gäbe die Kirchen nicht mehr, mit einem Aussterben der christlichen Religion, eine Mehrheit von 71% prognostiziert vielmehr für diesen Fall einen Zuwachs an kleineren Christengemeinschaften (Bovay 1993, 196). Nicht so sehr die Existenz von Religion und Christentum sehen die Befragten in einer Schweiz ohne die beiden großen Kirchen gefährdet, als vielmehr die soziale und ethische Dimension des Zusammenlebens (Bovay 1993, 189ff.): „Alte und Kranke würden noch mehr unter ihrer Situation leiden“ (87%), „Die Menschen am Rand der Gesellschaft (Flüchtlinge, Drogenabhängige) würden noch mehr sich selber überlassen“ (71%), „Viele Menschen wüßten nicht mehr, welchen Sinn ihr Leben hat“ (67%) und „Es würde weniger für die Entwicklungshilfe getan“ (61%).

Wie ist diese frappierende Differenz zwischen der schwachen und ambivalenten religiösen Rolle der Kirchen einerseits und ihrer so starken sozialethischen Rolle andererseits zu erklären? Im Rahmen des hier gewählten Ansatzes von Kirchen als intermediäre Organisationen bietet sich folgender Interpretationszusammenhang an: Den Kirchen ist die Balance zwischen Mitgliedschaftslogik einerseits und Einflußlogik andererseits verlorengegangen. Ein sich „selbstverstärkender Zirkel“ (Streeck 1987, 492) ist in Gang gekommen. Die Erosion der konfessionellen Milieus im Kontext struktureller Individualisierung hat ihren Organisationscharakter schärfer hervortreten lassen. Die Kirchen haben ihrerseits den Prozeß verschärft, indem sie mit organisatorischen Mitteln der neuen Vielfalt in ihrer Mitgliedschaft Herr zu werden versuchten. Die strukturellen Spannungen zwischen Organisation und Religion machten sich in einer Verschiebung der primären Rollenbezüge der Kirche von religiösen zu sozial-ethischen Funktionen bemerkbar. Letztere sperren sich der organisatorischen Einflußlogik nicht in derselben Weise wie die religiösen Funktionen und bieten deshalb Kompensationschancen für Schwächen gemeinschaftlich-normativer Integration der Kirchen. In ihrer primären Wahrnehmung gerieten die Kirchen in das Netz wichtiger und unverzichtbarer Organisationen für spezifische soziale und ethische Problemlagen in der Gesellschaft. Dies wiederum mußte die affektive Bindung an die Kirche als symbolische Gemeinschaft schwächen und die Distanz zur verstärkt individuell und biographisch erfahrenen persönlichen Religiosität erhöhen. In der institutionell freigesetzten Religiosität entwickelten sich auch spezifisch religiös fundierte Ablehnungen religiös-kirchlicher Bindungen.

Das Bild, das die christlichen Kirchen in Westeuropa gegenwärtig abgeben, läßt sich in die Logik von aus der Balance zwischen Mitgliedschafts- und Einflußlogik geratenen intermediären Organisationen relativ zwanglos einzeichnen. Wenn auch vergleichbare neuere Daten nicht zur Verfügung stehen, spricht einiges dafür, daß sich die skizzierte Problemlage für die vergleichsweise hoch organisierten und zentralisierten deutschen Kirchen in noch schärferer Ausprägung als für die Schweizer Kirchen stellt. In Deutschland ist durch das flächendeckende und zentral organisierte Kirchensteuersystem und die Betonung des öffentlich-rechtlichen Status die Einbindung der Kirchen in die Einflußlogik des öffentlichen Organisationsnetzes besonders augenfällig. Dies hat dazu beigetragen, daß in den (west-)deutschen Kirchen mit der Erosion der konfessionellen Milieus eine enorme Ausweitung des Organisations- Professions- wie des Sozialcharakters der Kirchen einherging. Seit den 60er Jahren haben sich die kirchlichen Kernverwaltungen von kleinen Einrichtungen zu großen, differenzierten Apparaten mit hunderten von Mitarbeitern entwickelt. Mit Blick auf die paradoxen Folgen, glaubensreligiöses Engagement durch theologisch-professionelles Handeln steigern zu wollen, spricht Ulrich Bätz in einer aufschlußreichen Fallstudie am Beispiel der Umsetzungsversuche pfarrgemeindlicher „Verlebendigungsprogrammatiken" durch Laientheologen von einer „Professionalisierungsfalle" (Bätz 1994 und in diesem Band). Besonders augenfällig läßt sich am Deutschen Caritasverband zeigen, wie die explosionsartige Ausweitung seiner Einrichtungen sowie der Zahl seiner (Laien-)Mitarbeiter in den 70er Jahren gerade in einen Zeitabschnitt fällt, der ansonsten als Säkularisierungsschub gekennzeichnet zu werden pflegt (Gabriel 1996b). Der Überorganisation „oben" korrespondiert die seit den 70er Jahren anhaltende Entwicklung zur Desorganisation „unten". Es liegt nahe, beide Trends als sich wechselseitig verstärkend zu interpretieren. Die Kirchen in Westeuropa lassen damit ein Muster erkennen, das – als Legitimations-, Vermittlungs- und Regierbarkeitskrise artikuliert – über den Institutionsbereich der Kirchen hinaus weitere Konflikt- und Problemkonstellationen anzeigt (Streeck 1987, 492).

Es gehört zu den Vorteilen des Ansatzes, Kirchen als intermediäre Organisationen zu begreifen, nicht beim Konstatieren einer quasi zwanghaften und unhintergehbaren Aporie der Kirchen in der modernen Organisationsgesellschaft stehenbleiben zu müssen, sondern auch vorsichtige Perspektiven und Handlungsmöglichkeiten zu eröffnen. Nicht im heute unvermeidlichen Organisationscharakter der Kirchen besteht der Kern des Problems, sondern im Verfehlen und Mißlingen einer Balance und eines schwierigen und konfliktreichen Interdependenzproblems. Die Kirchen in Westeuropa müssen aus dem Zirkel herausfinden, in den sie infolge des plötzlichen Einbruchs von Vielfalt in ihrer Mitgliedschaft und von Interdependenz in ihrem Organisationsnetz hineingeraten sind. Der sich scheinbar anbietende und aufdrängende Rat, die Kirchen müßten sich einfach wieder auf ihr „Kerngeschäft“ – die Religion – konzentrieren und ihre „Nebenleistungen“ radikal aufgeben, erweist sich als zu einfach und zu kurz gegriffen.

Eine Zielperspektive könnte vielmehr darin bestehen, ein gelingendes Management der Vermittlung zwischen der eigenen Basis und der Rolle im Organisationsnetz der gesellschaftlichen Umwelt wie der eigenen Tradition zu praktizieren und zu institutionalisieren. Dazu reicht die einfache Rücknahme von Organisation nicht aus, vielmehr wird es um eine intelligente und reflexive Selbstbeschränkung des kirchlichen Organisationscharakters gegenüber einer ihr vorgelagerten Sphäre der individuellen und gemeinschaftlichen religiösen Erfahrung und Interaktion gehen. Der beschriebene Zirkel ist wohl am ehesten dort zu durchbrechen, wo es gelingt, die Achtung vor der persönlich-individuellen Religiosität mit erlebbaren Gemeinschaftsbezügen von der Familie bis zu symbolischen Bindungen an eine lebendige Deutungstradition und -gemeinschaft zu verknüpfen. Dies legt etwa der Blick auf Entwicklungen im US-amerikanischen Katholizismus nahe, dem es gelungen zu sein scheint, über neue Milieubildungen den Abwärtstrend zu stoppen (Zöller 1995, 210ff.). Eine Ekklesiologie, die unter Verzicht auf institutionelle Exklusivitätsansprüche den intermediären Charakter kirchlicher Organisation theologisch plausibel zu explizieren vermöchte, könnte die Umorientierung sicherlich erleichtern. Eine für die Probleme von Vielfalt und Interdependenz kirchlicher Organisation sensible „Vermittlungs-Theologie“ könnte an einer Stelle praktisch werden, wo die Theologie die Kirchen bisher weitgehend im Stich läßt.

Literatur

Abromeit H. (1989): Sind die Kirchen Interessenverbände?, in: dies., Göttrik W. (Hrsg.): Die Kirchen und die Politik, Opladen, 244-260

Bätz U. (1994): Die Professionalisierungsfalle. Paradoxe Folgen der Steigerung glaubensreligiösen Engagements durch professionelles Handeln - dargestellt am Beispiel der Verwirklichung pfarrgemeindlicher „Verlebendigungsprogrammatiken“ durch hauptamtliche Laientheologen, Freiburg/Schweiz

Bahrdt H. P. (1968): Die Krise der Hierarchie im Wandel der Kooperationsformen, in: Mayntz R. (Hrsg.), Bürokratische Organisation, Köln, Berlin, 127-134

Berman H. J. (1991): Recht und Revolution. Die Bildung der westlichen Rechtstradition, Frankfurt a. M.

Bovay C. (1993): Religion und Gesellschaft in der Schweiz, in: Dubach A., Campiche R. J. (Hrsg.): Jede/r ein Sonderfall? Religion in der Schweiz, Zürich, Basel, 173-211

Coleman J. S. (1992): Grundlagen der Sozialtheorie, Band 2. Körperschaften und die moderne Gesellschaft, München

Dreier R. (1972): Das kirchliche Amt: Eine kirchenrechtstheoretische Studie, München

Dubach A. (1993): Bindungsfähigkeit der Kirchen, in: ders., Campiche R. J. (Hrsg.): Jede/r ein Sonderfall? Religion in der Schweiz, Zürich, Basel, 133-172

Dubach A., Campiche R. J. (1993): Jede/r ein Sonderfall? Religion in der Schweiz. Ergebnisse einer Repräsentativerhebung, Zürich, Basel

Ebertz M. N. (1980): Herrschaft in der Kirche. Hierarchie, Tradition und Charisma im 19. Jahrhundert, in: Gabriel K., Kaufmann F.-X. (Hrsg.): Zur Soziologie des Katholizismus, Mainz, 89-111

Ebertz M. N. (1987): Die Bürokratisierung der katholischen „Priesterkirche", in: Hoffmann P. (Hrsg.): Priesterkirche, Düsseldorf, 132-163

Eicher P. (1991): Hierarchie, in: ders. (Hrsg.): Neues Handbuch theologischer Grundbegriffe. Erweiterte Neuausgabe, Band 2, München, 330-349

Etzioni A. (1975): A Comparative Analysis of Complex Organizations, New York

Gabriel K. (1980): Die neuzeitliche Gesellschaftsentwicklung und der Katholizismus als Sozialform der Christentumsgeschichte, in: ders., Kaufmann F.-X. (Hrsg.): Zur Soziologie des Katholizismus, Mainz, 201-225

Gabriel K. (Hrsg.) (1996): Individualisierung oder Säkularisierung? Biographie und Gruppe als Bezugspunkte moderner Religiosität, Gütersloh

Gabriel K. (1996a): Christentum zwischen Tradition und Postmoderne, Freiburg, Basel, Wien, 5. Aufl.

Gabriel K. (1996b): Caritas angesichts fortschreitender Säkularisierung, in: Gatz E. (Hrsg.): Geschichte des kirchlichen Lebens in den deutschsprachigen Ländern seit dem Ende des 18. Jahrhunderts, Band V: Caritas und soziale Dienste, Freiburg, Basel, Wien, 438-455

Gabriel K. (1997): Organisation als Strukturprinzip der Kirchen: Spannungen, Zwänge, Aporien, in: Dubach, A., Lienemann, W. (Hrsg.): Aussicht auf Zukunft. Auf der Suche nach der sozialen Gestalt der Kirchen von morgen, Zürich, Basel, 15-35

Giddens A. (1995): Konsequenzen der Moderne, Frankfurt a. M.

Girschner W. (1990): Theorie sozialer Organisationen, Weinheim, München

Jagodzinski W., Dobbelaere K. (1993): Der Wandel kirchlicher Religiosität in Westeuropa, in: Bergmann J. u.a. (Hrsg.): Religion und Kultur. Sonderheft 33 der Kölner Zeitschrift für Soziologie und Sozialpsychologie, Opladen, 68-91

Kaufmann F.-X. (1979): Kirche begreifen. Analysen und Thesen zur gesellschaftlichen Verfassung des Christentums, Freiburg, Basel, Wien

Kaufmann F.-X. (1989): Religion und Modernität. Sozialwissenschaftliche Perspektiven, Tübingen

Kaufmann F.-X. (1995): Zukunft der Familie im vereinten Deutschland. Gesellschaftliche und politische Bedingungen, München

Kaufmann F.-X. (1996): Zur Einführung: Probleme und Wege einer historischen Einschätzung des II. Vatikanischen Konzils, in: ders., Zingerle A. (Hrsg.): Vatikanum II und Modernisierung. Historische, theologische und soziologische Perspektiven, Paderborn, 9-34

Kaufmann F.-X. (1996a): Kirche und Moderne - eine Skizze, in: Weiß W. (Hrsg.): Zeugnis und Dialog. Klaus Wittstadt zum 60. Geburtstag, Würzburg, 15-28

Krüggeler M., Voll P. (1993): Strukturelle Individualisierung – ein Leitfaden durchs Labyrinth der Empirie, in: Dubach, A., Campiche, R. J. (Hrsg.): Jede/r ein Sonderfall? Religion in der Schweiz, Zürich, Basel, 17-49

Luhmann N. (1972): Die Organisierbarkeit von Religionen und Kirchen, in: Wössner J. (Hrsg.): Religion im Umbruch: Soziologische Beiträge zur Situation von Religion und Kirche in der gegenwärtigen Gesellschaft, Stuttgart, 245-285
Luhmann N. (1972a): Funktionen und Folgen formaler Organisation, Berlin, 2. Aufl.
Luhmann N. (1975): Interaktion, Organisation, Gesellschaft, in: ders., Soziologische Aufklärung 2. Aufsätze zur Theorie der Gesellschaft, Opladen, 9-20
Luhmann N. (1977): Funktion der Religion, Frankfurt a. M.
Luhmann N. (1994): Die Gesellschaft und ihre Organisationen, in: Derlien, H.-U., Gerhardt U., Scharpf, F.W. (Hrsg.): Systemrationalität und Partialinteresse. Festschrift für Renate Mayntz, Baden-Baden, 189-201
Metz J. B (1997): Zum Begriff der neuen politischen Theologie, Mainz
Nassehi A. (1995): Religion und Biographie. Zum Bezugsproblem religiöser Kommunikation in der Moderne, in: Wohlrab-Sahr M. (Hrsg.): Biographie und Religion. Zwischen Ritual und Selbstsuche, Frankfurt, New York, 103-126
Olk T. (1995): Zwischen Korporatismus und Pluralismus: Zur Zukunft der Freien Wohlfahrtspflege im bundesdeutschen Sozialstaat, in: Rauschenbach, Th., Sachße, Ch., Olk, Th. (Hrsg.): Von der Wertgemeinschaft zum Dienstleistungsunternehmen, Frankfurt a. M., 98-122
Ortmann G. (1995): Formen der Produktion. Organisation und Rekursivität, Opladen
Peters Bernhard (1993): Die Integration moderner Gesellschaften, Frankfurt a. M.
Rosenstock-Huessy E. (1931): Die europäischen Revolutionen, Jena
Schluchter W. (1988): Religion und Lebensführung, Band 2. Studien zu Max Webers Religions- und Herrschaftssoziologie, Frankfurt a. M
Streeck W. (1987): Vielfalt und Interdependenz. Überlegungen zur Rolle von intermediären Organisationen in sich ändernden Umwelten, Kölner Zeitschrift für Soziologie und Sozialpsychologie 39, 471-495
Streeck W. (Hrsg.) (1994): Staat und Verbände. Sonderheft 25 der Politischen Vierteljahresschrift, Opladen
Tenbruck F. H. (1977): Wahrheit und Mission, in: Baier H. (Hrsg.): Freiheit und Sachzwang. Beiträge zu Ehren Helmut Schelskys, Opladen, 49-86
Tenbruck F. H. (1993): Die Religion im Maelstrom der Reflexion, in: Bergmann J. u.a. (Hrsg.): Religion und Kultur. Sonderheft 33 der Kölner Zeitschrift für Soziologie und Sozialpsychologie, Opladen, 31-67
Weber M. (1968): Gesammelte Aufsätze zur Wissenschaftslehre, hrsg. von Johannes Winckelmann, Tübingen, 2. erweiterte Aufl..
Zöller M. (1995): Washington und Rom. Der Katholizismus in der amerikanischen Kultur, Berlin

Hans Geser

Zwischen Anpassung, Selbstbehauptung und politischer Agitation. Zur aktuellen (und zukünftigen) Bedeutung religiöser Organisationen

The consensus among historians is that science won the nineteenth century. Religion appears to be winning the twentieth, but doubts exist about the quality of that religion.

Ernest L. Fortin 1994, 163

1. Einleitung

Dem modernen Individuum, das sich in fast allen seinen Lebensbereichen (Arbeit, Politik, Medizin, Bildung u.a.) freiwillig von den Produkten und Dienstleistungen grosser Organisationen abhängig macht, ist es nicht im selben Masse selbstverständlich, im religiösen Bereich den grossen Kirchen eine ähnlich überlegene Leistungskompetenz zuzusprechen (vgl. Wuthnow 1993, 5f.; Bellah 1991b). Genau umgekehrt hat sich hier seit der Reformation eine gewisse Regression auf undifferenziertere Strukturformen (z.B. lokale Kongregationen oder bibellesende „Selbsthilfegruppen") vollzogen – oder gar ein Rekurs auf „kleinhandwerkliche" Individualproduktionen, wie sie in den berühmten Dikta Thomas Jeffersons „I am a sect myself" und Thomas Paines „My mind is my temple" ihren (frühbürgerlichen) Ausdruck finden.

Andererseits gilt – nicht nur für Deutschland – uneingeschränkt der Satz Karl-Fritz Daibers, dass „Religion ohne die Präsenz der christlichen Kirchen (...) nicht denkbar" sei (Daiber 1995, 41). Noch mehr als das: man darf davon ausgehen, dass die meisten Gläubigen (und auch Indifferente) die gesellschaftliche Präsenz der Religion durch die religiösen Organisationen hinreichend gewährleistet finden, und dass sie es den Repräsentanten dieser Anstalten überlassen, im öffentlichen Diskurs explizit religiöse Argumente zur Geltung zu bringen.

Ebenso trifft auch für Europa die von Wallis und Bruce in den USA gemachte Feststellung zu, dass sich explizit religiöses Handeln (insbesondere kultischer Art) immer ausschliesslicher auf Gottesdienste und andere kirchlich organisierte Veranstaltungen beschränkt (Wallis, Bruce 1992). Auch die Katholiken haben sich diesem im Protestantismus schon immer vorherrschenden Trend angeschlossen, indem sie im Vergleich zu den 50er Jahren sehr viel seltener Tisch- und Nachtgebete sprechen, Kreuzwege abschreiten, an Zimmerwänden Kruzifixe mit geweihten Palmzweigen befestigen, sich mit Weihwasser bekreuzigen oder in irgendeiner anderen privaten Weise ihre konfessionelle Kultur zum Ausdruck bringen (vgl. z.B. Lübbe 1986, 91ff.).

A fortiori gilt für nichtpraktizierende Gläubige, dass sie nur noch anlässlich äusserst formeller institutioneller Veranstaltungen (Taufen, Heiraten, Beerdigungen) mit Religion in Berührung kommen und in religiöses Handeln einbezogen werden.

Im folgenden wird argumentiert, dass – zumindest im christlichen Bereich – die religiöse Sphäre heute immer ausschliesslicher zu einer mesosozialen Sphäre wird, innerhalb der formale Organisationen eine wachsende Determinationskraft entfalten. Es wird zu zeigen versucht, dass dadurch einerseits konservierende und stabilisierende, andererseits aber auch dynamisierend-innovative Auswirkungen auf die Religion und ihr sozio-kulturelles Umfeld entstehen.

2. Organisationen als mesosoziologische Akteure

Organisationen sind Sozialsysteme mit der Fähigkeit, ihre inneren Strukturbildungen und Prozesse sowie ihr äusseres Handeln zumindest teilweise durch kollektiv verbindliche Entscheidungen zu steuern und dadurch den Status eines überindividuellen Akteurs zu gewinnen (vgl. Geser 1990). Diese Leistung setzt normalerweise eine Beschränkung auf ein mesosoziales Niveau der Systembildung voraus, das sich von der Makroebene der Gesellschaft (und ihrer in stitutionellen Ordnungen) einerseits und der Mikroebene der Individuen (und ihrer informellen Gruppen) andererseits gleichermassen deutlich differenziert.

Die Distanzierung von der *Makroebene* geschieht etwa dadurch, dass Organisationen ihre Jurisdiktion auf spezifische Mitgliederbestände begrenzen und ihre Ressourcen auf spezifische Zielsetzungen fokussieren. Und zur Abschirmung gegenüber der *Mikroebene* dienen formalisierte Regel- und Sanktionsstrukturen, die den Teilnehmern partialisierte Rollen zuweisen und gewährleisten, dass individuelle Teilnahmemotivationen und kollektive Systemziele relativ unabhängig voneinander variieren (vgl. z.B. Türk 1978, 125ff.).

Trotzdem sind Organisationen „ianusgesichtig“ in dem Sinne, dass sie in ihrer Legitimierung und Ressourcenbeschaffung auf eine Hinordnung zur einen und/oder anderen Ebene zwingend angewiesen bleiben.

Wenn sie sich vorrangig „abwärts“ (zur Mikroebene hin) orientieren, erhalten sie den Charakter von *Assoziationen*, die ihr Ziel vorrangig in der Förderung der Mitglieder interessen sehen. Bei Vorherrschen der Aufwärtsorientierung (auf die Makroebene)werden sie umgekehrt zu *Institutionen*, die sich in den Dienst übergreifender gesellschaftlicher Werte und Zielorientierungen (Bildung, Wissenschaft, nationale Verteidigung u.a.) stellen und im Extremfall mit einer institutionellen Ordnung koinzidieren (z.B. die Armee mit dem Militär oder der Staat mit dem herrschenden Regime und dessen Verwaltung).

Diese beiden Spannungsverhältnisse (zwischen Autonomie und Abhängigkeit einerseits und zwischen assoziativer und institutioneller Orientierung andererseits) bewirken, dass Organisationen grundsätzlich relativ inkonsistente und unkalkulierbare Akteure sind, die im Parallelogramm widerstrebender Kräfte hin- und hergerissen werden. So weiss man von Gewerkschaften, dass sie von einer assoziativ-bewegungshaften zu einer institutionell-korporatistischen Orientierung wechseln können (vgl. z.B. Streeck 1981); und Grosskonzerne sehen sich von der kritischen Öffentlichkeit plötzlich in eine beschwerliche Rolle gesamtgesellschaftlicher Mitverantwortlichkeit gedrängt (vgl. z.B. Miles 1987).

Moderne Gesellschaften beziehen unzweifelhaft einen grossen Teil ihrer endogenen Dynamik daraus, dass sie besonders zahlreiche und potente Organisationen besitzen, die sich in den erwähnten Ambivalenzlagen befinden. Die Risiken werden dadurch erhöht, dass viele Organisationen als „juristische Personen“ analog zu Individuen mit zahlreichen verfassungsmässigen Grundrechten ausgestattet sind und sich – vor allem wenn sie international tätig sind – aus der makrosozialen Kontrolle des Territorialstaats zunehmend emanzipieren (vgl. z.B. Coleman 1974; Geser 1990).

3. Die besondere Affinität des Christentums zur Mesoebene und zu formalen Organisationen

Im religiösen Bereich nun ist es keineswegs selbstverständlich, dass zwischen Makro- und Mikroebene überhaupt genügend Raum für die Entfaltung formal organisierter Sozialsysteme zur Verfügung steht, oder dass die bestehenden Religionen überhaupt Kollektivierungen entstehen lassen, die disponiert sind, sich in solch mesosozialen Zonen anzusiedeln.

In den Termini Robert Bellahs ist dazu ein fortgeschrittener Zustand religiöser Evolution erforderlich, der dadurch gekennzeichnet ist, dass die Sphäre des Sakralen aus dem Totum der Natur und der menschlichen Lebenswelt hinreichend ausdifferenziert ist und die numinosen Mächte nicht mehr als weltimmanente, sondern als transzendente Wesenheiten wahrgenommen werden. In dem Masse, wie dies zutrifft, wird die Kommunikation mit dem Sakralen sowie die Gewinnung religiösen Heils schwierig und risikoreich – so dass intervenierende Instanzen wie z.B. Priester und Kirchen notwendig werden (vgl. Bellah 1991a).

In die gleiche Richtung wirkt die Tendenz, den Weg zum religiösen Heil immer ausschliesslicher als einen rein individuellen Weg zu konzipieren, der am besten (bzw. überhaupt nur) ausserhalb aller bestehenden Lebensgemeinschaften begangen werden kann; denn dies gibt religiösen Organisationen unter gewissen Bedingungen die Chance, über den Zugang zum Sakralen gar eine monopolistische Kontrolle zu gewinnen.

Aber auch mit dem Erscheinen der grossen Universalreligionen ist kein einheitlicher Zuwachs an religiöser Organisiertheit verbunden, weil diese sich in ihren Affinitäten zur sozialen Mikro-, Meso- und Makroebene fundamental voneinander unterscheiden.

So ist die religiöse Organisationsbildung innerhalb des *Islams* dadurch beschränkt, dass dieser von seinem Ursprung her dazu konzipiert war, als Medium makrosozialer Integration (zwischen arabischen Beduinenstämmen) zu dienen. Dementsprechend richtet sich auch der moderne islamische Fundamentalismus darauf, den Staat als Implementationsorgan für die Errichtung einer religiösen Gesellschaftsordnung in Anspruch zu nehmen, in der sich das religiöse, kulturelle, moralische und rechtliche Leben integral am selben konstitutiven Prophetenschrifttum orientiert (Bellah 1991b, 146ff.).

Am anderen Extrempunkt befindet sich der *Buddhismus*, wo im Zentrum des religiösen Lebens höchst mikroskopische Lehrer-Schüler-Verhältnisse vorherrschend geblieben sind, und wo der eskapistische Heilsweg es letztlich erfordert, aus allen realen sozialen Beziehungen innerlich zu emigrieren.

Zwischen diesen beiden Polen nimmt das *Christentum* eine interessante, überaus komplizierte Mittelstellung ein. Zum einen gehört es sicher zu den „akkomodativen" Religionen, weil es – im diametralen Gegensatz zum Islam – im stabilen institutionellen Rahmen des IMPERIUM ROMANUM entstanden ist und von Anfang an nie darauf ausgegangen ist, kompetitiv oder substitutiv zu dieser Ordnung eine umfassende gesellschaftsbildende Kraft zu entfalten (Fortin 1994, 147ff.). In Erwartung des nahenden Reiches Gottes hat Jesus es sowieso nie nötig gefunden, der Römischen eine christliche Rechtsordnung und der autochthonen jüdischen eine alternative christliche Lebenspraxis gegenüberzustellen. Stattdessen hat er sich auf die Elaboration eher weltenthobener ethischer Prinzipien (Bergpredigt) konzentriert, die sich später nicht nur für eine flächendeckende Implementierung in gesellschaftlichen Moral- und Rechtsordnungen, sondern auch als normative Leitprinzipien christlicher Kirchenorganisation und pastoraler Seelsorge als wenig praktikabel erwiesen haben.

Vielmehr liegt der Schwerpunkt der christlichen Liebesethik einerseits im *Mikrokosmos lokaler Lebensgemeinschaften*, wie sie etwa im Urchristentum zum Erblühen kamen, und andererseits im universalen *Makrokosmos der gesamten Menschheit*, der die Reichweite aller territorialen Herrschaftssysteme – und aller denkbaren Organisationen ohnehin – bei weitem transzendiert.

Auf der anderen Seite hat gerade diese Spannweite zwischen Lokalismus und Kosmopolitismus jenen Raum geschaffen, in dem sich die Kirche entfalten konnte, ja entfalten musste, um die Vermittlung zwischen diesen denkbar weit auseinanderliegenden Sphären zu übernehmen.

So hat sich die katholische Kirche als eine äusserst polymorphe und polyvalente Organisation ausgebildet, die gleichzeitig immer ganz „Lokalkirche" und ganz „Weltkirche" sein will – und es darüber versäumte, im ähnlichen Vollsinne jemals bedingungslos „Staatskirche" (bzw. die Kirche spezifischer Klassen, Stände oder Ethnien) zu werden.

Im Vergleich zu den konstitutiven Schriften der meisten anderen Religionen (Koran, Talmud u.a.) ist die Textbasis des Neuen Testaments also vergleichsweise wenig instruktiv: so dass immer zusätzliche selektive Interpretationsleistungen und Gewichtungen notwendig sind, um eine konkrete christliche Glaubenslehre und Lebenspraxis zu begründen.

Diese Selektionen sind darauf ausgerichtet:

- die idealisierte christliche Liebesethik mit der Realität irdischer Rechts- und Moralvorstellungen zu vermitteln, und

- die spannungsvoll-widersprüchlichen Imperative nach zentripetaler lokaler Gemeinschaftlichkeit und nach zentrifugalem universalem Kosmopolitismus miteinander in ein Verhältnis zu setzen.

Diese doppelte Indeterminiertheit und Ambiguität der Offenbarungsschriften erzeugt also einen sehr weiten Spielraum für die Entfaltung

- von Einzelpersonen, die eine von ihnen selbst erzeugte Interpretation christlichen Daseins artikulieren;

- von religiösen Vereinigungen, die regelmässig den Charakter von Organisationen erhalten, weil sie versuchen, eine bestimmte Version von Christlichkeit im Medium kollektiv verbindlicher Entscheidungen zu definieren und zu implementieren.

Des weiteren ist dafür gesorgt, dass sich häufig eine Mehrzahl christlicher Vereinigungen mit unterschiedlichen Deutungsmustern gegenüberstehen und sich in ihrer wechselseitigen Wahrnehmung und Interaktion der Kontingenz (d.h. der Nichtselbstverständlichkeit, bzw. Revidierbarkeit) ihrer Selektionen noch deutlicher innewerden. Dadurch wiederum steigt das Ausmass, in dem sie zu Organisationen werden, weil durch autoritative Entscheidungen in Geltung gesetzt werden muss, was nicht mehr als Tradition in unbefragt-alternativloser Weise gilt.

Und drittens schliesslich ist damit zu rechnen, dass allen christlichen Organisationen eine gewisse Disposition zur endogenen Dynamik und zu unberechenbaren Wandlungen eigen ist, weil einmal getroffene Selektionen nur unvollständig gegen alternative Interpretationen (die biblisch gleich gut begründbar sind) abgeschirmt werden können.

Daraus folgt, dass selbst christliche Kirchen mit universalem Integrationsanspruch nicht zuverlässig zur Legitimierung politischer Herrschaft (oder sonstwie zur Stabilisierung der Gesamtgesellschaft) beitragen können, sondern die ihnen zugehörige Nische eher auf der Mesoebene vorfinden, wo sie über hinreichend Raum für pluralistische Vervielfältigung verfügen und zu einem (mittelmässig bedrohlichen) Faktor gesellschaftlicher Dauerbeunruhigung werden können.

Charakteristischerweise hat es die Kirche nur zu Zeiten mangelhafter politischer Zentralgewalt (d.h. im Früh- und Hochmittelalter) vermocht, substitutiv dazu eine gewisse makrosozial-territoriale Ordnungsrolle zu entfalten – immer mit Anleihen am Römischen Recht und anderen Normbeständen, die nicht aus biblischen Ursprüngen hergeleitet waren. Mit dem Erstarken des (absolutistischen und später bürgerlichen) Staates sind hingegen die frühchristlichen Akkommodationstendenzen wieder in den Vordergrund getreten und haben zu jenen relativ konformistischen Arrangements geführt, wie man sie im Staatschristentum des Protestantismus und im Cäsaropapismus der orthodoxen Kirche besonders deutlich sieht. In diesem Kontext hat auch die Augustinische „Zwei-Reiche-Theologie", die eine scharfe Aussegregation der religiösen Sphäre innerhalb einer grundsätzlich säkularen Natur und Gesellschaft statuiert, bei Luther eine historisch überaus folgenreiche Reaktualisierung erfahren.

Aber unabhängig von konfessionellen Glaubensschattierungen ist allein schon mit der organisatorischen Konstitutionsform (d.h. auch in der katholischen Kirche) eine Selbstlimitierung der religiösen Sphäre mitgesetzt, als deren Korrelat dann die übrige Welt (=Natur, Mensch und Gesellschaft) jenen Grad vollkommener Säkularität zugewiesen erhält, der für die Modernisierungsprozesse der vergangenen 400 Jahre die basale Voraussetzung bildet (vgl. z.B. Dupré 1994; Gabriel 1989, 52ff.; Stark, Bainbridge 1985, passim).

Während mit dem Begriff „Staatskirchentum" ein Zustand bezeichnet ist, in dem die Kirchen nach wie vor in die institutionelle Makrostruktur einer Gesellschaft eingebettet sind (und deshalb gegenüber den Anliegen ihrer Mitgliederbasis nur mässig responsiv sind), hat sich in den USA eine „assoziative Kirchlichkeit" entwickelt, die – selbst bei episkopal strukturierten Denominationen – letztlich auf kongregationalistischen Konstitutionsprinzipien beruht. Vielleicht repräsentieren die USA dadurch einfach den Finalzustand einer Entwicklung, die auch in anderen christlichen Ländern in den nächsten Jahren immer wahrscheinlicher wird: dass religiöse Organisationen völlig auf die Mesoebene zurückgebunden werden, indem sie keine staatliche Protektion und keine politischen Mitbestimmungsrechte mehr geltend machen können.

In den USA wird diese Zurückbindung wohl dadurch erleichtert, dass auf der Makroebene eine gegenüber allen Konfessionen verselbständigte nationale Zivilreligion existiert, die aufgrund ihrer konsensualen Basis keiner kirchlichen Organisation (auch keiner „Institutionskirche" im Sinne Daibers) bedarf (Bellah 1991c). In Europa wird sie demgegenüber dadurch behindert, dass die „offiziellen Volkskirchen" mangels einer davon unabhängigen Zivilreligion nach wie vor stark als Träger gesamtgesellschaftlich relevanter Werte (und Dienstleistungen) in Anspruch genommen werden. Anders gesagt: ein seiner „offiziellen" Kirchen entledigter Staat würde als areligiöse Institution zurückbleiben, die auf eine völlige Positivität ihrer Normsetzungen (mit allen Risiken, die man aus der Geschichte des 20. Jahrhunderts kennt) verwiesen wäre (vgl. z.B. Koch 1995).

Generell ergibt sich der Schluss, dass sich die unbestritten hohe Bedeutung formaler Organisation im Christentum nicht aus einer primären positiven Einstellung zur Mesoebene, sondern eher indirekt

- aus dem Zwang zur Mediatisierung mikro- und makrosozialer Orientierungsformen (bzw. deren Eingrenzung),

- aus dem Zwang zur Spezifizierung einer nicht hinreichend strukturierten Offenbarungsgrundlage ergibt.

Damit scheint das Christentum die ihm gemässe gesellschaftliche Präsenz in einem dauerhaft unstabilen Zustand „mittlerer mesosozialer Institutionalisiertheit" zu finden, der im nordamerikanischen Pluralismus der Kirchen, Denominationen und Sekten seine historisch bisher klarste Realisierungsform gefunden hat.

Der doppelte Vorteil einer derartigen Strukturform besteht darin, dass das Christentum

- in mesosozialen „Rückzugsnischen" immer noch gute Überlebenschancen findet, wenn es als staats- und gesellschaftsintegrierende Institution keine Anerkennung mehr geniesst;

- aus den immensen Leistungskapazitäten moderner Organisationsformen und dem Rechtsschutz, den juristische Personen in unserer Gesellschaft geniessen, vielfältigen Nutzen ziehen kann, um auf neue Weise seine Tradition zu sichern und gegenüber dem gesellschaftlichen Umfeld Autonomie und Einflusschancen zu gewinnen.

4. Die „organisatorische Hochrüstung" moderner Religionen

Im Zuge der gesellschaftlichen Modernisierung gewinnen auch die Religionen bessere Möglichkeiten, ihre identitätsstiftenden Merkmale, inneren Strukturverhältnisse und äusseren Aktivitäten im Medium formalisierter Organisation zu verankern und sich dadurch von der Spontaneität informeller Prozesse und der alternativenlosen Einbindung in Traditionen zu emanzipieren. Immer drastischer werden dadurch die Unterschiede zwischen strukturarmen (z.B. mystisch-introvertierten) Vereinigungen, die jedes Eindringen formaler Organisation als Bedrohung und Entfremdung empfinden, und den grossen Kirchen, die sich im Medium der Bürokratie neue Dimensionen ihrer Innenkonsolidierung und gesellschaftlichen Präsenz erschliessen.

Während beispielsweise adventistische Sekten angesichts der bald bevorstehenden Ankunft des Reichs Gottes wenig Bedarf nach stabiler Organisationsbildung verspüren (vgl. Burkart 1980), scheint die katholische Kirche umgekehrt mehr als 1500 Jahre auf die modernen Instrumente formaler Organisation „gewartet" zu haben, um sich endlich in der ihr gemässen Weise verwirklichen zu können. So hat sie erst im Zuge ihrer Vollbürokratisierung (im Laufe des 19. Jahrhunderts) jene Grade an päpstlicher Führungsautorität und an weltweiter Homogenität ausprägen können, der im Mittelalter und der frühen Neuzeit zwar proklamiert werden konnten, aber technisch und soziostrukturell noch nicht realisierbar waren (vgl. z.B. Gabriel 1989). Ebenso hat sie erst durch die Gründung vieler neuer Bistümer und Ortspfarreien, durch den Einsatz moderner Massenmedien sowie durch die Förderung zahlloser konfessioneller Vereinigungen (Parteien, Gewerkschaften, Jugendverbände, Frauenvereine u.a.) erstmals jene flächendeckende Präsenz in allen Regionen und jene umfassende Eingliederung aller Volksschichten realisiert, die ihrem universalen volkskirchlichen Integrationsanspruch nun endlich einigermassen entsprach (vgl. Altermatt 1989 u.ö.).

Nur durch den Einsatz moderner Kommunikations- und Transporttechnologien schliesslich hat sie in diesem Jahrhundert den Status einer Weltorganisation erreicht, die an internationalen Konferenzen verbindlich ihre Stimme geltend machen kann und nur darauf wartet, um als handlungsfähiger „Global Player" an den weltweiten Unternehmungen des 21. Jahrhunderts zu partizipieren.

Viele andere christliche Vereinigungen haben im Aufbau formaler Organisation ein Mittel gefunden, um den biblischen Auftrag der Missionierung wirksamer zu erfüllen. Das vielleicht erfolgreichste Beispiel dafür bilden die Vereinigten Staaten, wo es eindeutig den Rekrutierungsaktivitäten zahlreicher religiöser Organisationen zu verdanken ist, dass der Anteil der Kirchenmitglieder von ca. 10% am Ende des 18. Jahrhunderts bis über 60% um 1980 stieg (vgl. Caplow, Bahr, Chadwick 1983) und der Grad an religiöser Partizipation ein Niveau erreicht hat, das nur noch mit demjenigen Irlands oder Polens verglichen werden kann (vgl. Warner 1993).

Diese Expansion und zunehmende kausale Bedeutung des Faktors „Organisation" legt nahe, für die Erklärung des neueren religiösen Wandels ein theoretisches *„Angebotsmodell"* heranzuziehen, das dem *„nachfrageorientierten"* Denken gängiger Säkularisierungstheorien widerspricht.

So liesse sich beispielsweise argumentieren, dass das, was als „Säkularisierung" registriert wird, in Wahrheit nicht auf sinkendem religiösem Interesse, sondern auf einem wachsenden (Über-)Angebot religiös-organisatorischer Teilnahmemöglichkeiten beruht, das keine im gleichen Mass gesteigerte Nachfrage findet. Konkreter gesprochen: Wenn vorindustrielle Gesellschaften als „tief christlich" angesehen werden, wird meist vergessen, dass die faktischen Grenzen der Christlichkeit damals kaum sichtbar werden konnten, weil für grosse Teile der (insbesondere ruralen) Bevölkerung kein Angebot an Gottesdiensten oder religiöser Unterweisung bestand (vgl. z.B. Brown 1992; Altermatt 1989, passim). Erst seit es überall Kirchen und Gottesdienste gibt, kann religiöse Nichtpartizipation dem Individuum als freiwillige Handlung (bzw. Unterlassung) zugerechnet (und allenfalls als Indikator für subjektive religiöse Indifferenz) gedeutet werden.

Ebenso bedenkenswert ist die Vermutung, dass nicht der Verlust an religiösen Überzeugungen der Grund ist, warum die religiöse Partizipation in Zeiten rascher Industrialisierung und Urbanisierung oft sinkt, sondern die Tatsache, dass religiöse Organisationen Zeit brauchen, um mit neu immigrierten Bevölkerungen Kontakte zu knüpfen und Angebote zu entwickeln, die ihren veränderten Lebensumständen und Bedürfnislagen Rechnung tragen (Brown 1992). Schliesslich stellt sich die Frage, ob vielleicht auch die virulenten modernen Erscheinungen des Antiklerikalismus und Agnostizismus gar nicht aus einer wachsenden Religions- und Kirchenferne entstanden sind, sondern aus dem verständlichen Streben, der wachsenden organisatorischen Präsenz und Handlungspotenz der Kirchen ein Korrektiv entgegenzusetzen.

Anders gesagt: wenn sich die organisatorische Hochrüstung der Kirchen auf der Konsensbasis einer ungebrochenen mittelalterlichen Frömmigkeit vollzogen hätte, hätten sie eine in keiner anderen historischen Periode erreichte Einflussstellung erhalten und gar die Gefahr einer theokratischen Herrschaftsform (z.B. nach dem von Calvin vorgeführten Modell) heraufbeschworen. Oder noch anders gesagt: heute sind bewusste Anstrengungen forcierter Säkularisierung (sowohl auf der Ebene der Politik und des Rechts wie auch auf dem Niveau individueller Gesinnungen) notwendig, um den kirchlichen Einfluss in jenen Grenzen zu halten, die sich in vormoderner Zeit allein schon aus den quantitativen Begrenzungen und den qualitativen Leistungsschwächen der technischen und organisatorischen Mittel ergab.

5. Effekte innerer und äusserer religiöser Stabilisierung

Mittels formaler Organisationen gewinnen Religionen bessere Möglichkeiten innerer und äusserer Stabilisierung, die in dem Masse, wie sich der soziokulturelle Wandel beschleunigt, von immer grösserer Bedeutung werden.

Die innere Stabilisierung geschieht dadurch, dass die Mitgliedschafts- und Teilnahmemotivationen der Mitglieder immer weniger auf deren konsensualer Zustimmung zu den formalen Glaubensinhalten, Zielsetzungen und Aktivitäten des Gesamtsystems, sondern auf einer Vielzahl davon unabhängiger Interessen und Werthaltungen beruhen (vgl. z.B. O'Dea 1961).

In dem Masse, wie konfessionelle Glaubensunterschiede an Relevanz verlieren, scheint immer mehr die partikuläre religiöse Organisation selbst (bzw. deren lokale Filialstelle) der Fokalpunkt zu sein, um den sich subjektive Gefühle der Zugehörigkeit und kollektive Formen der Gemeinschaftlichkeit kristallisieren (vgl. z.B. Demerath, Hammond 1969, 196).

In historischer Sichtweise fällt auf, dass die christlichen Konfessionen ihre Transformation in „Organisationskirchen" ausgerechnet in jenen Zeitepochen (zwischen dem 17. und dem 19. Jahrhundert) vorangetrieben haben, als es infolge der Säkularisierung und des sich generell beschleunigenden soziokulturellen Wandels immer weniger möglich wurde, sich auf glaubensmässig abgestützte (d.h. auf Konsens mit den Systemzielen beruhende) Mitgliedschaftsmotivationen zu verlassen (vgl. Daiber 1995; van Dülmen 1994).

Wie soziologische Studien regelmässig zeigen, verbergen sich hinter der erstaunlichen zeitlichen Stabilität der kirchlichen Mitgliederbestände immense Verschiebungen in den Motivationslagen, die in kürzlichen Prozessen des Wertewandels und den gesellschaftlichen Megatrends der „Individualisierung" und „Pluralisierung" ihre Ursache haben (vgl. z.B. Zulehner 1993).

„Between 1924 and 1977 the given reasons for church attendance and involvement shifted markedly from obedience to pleasure. Middletownians go to church because it is personally rewarding rather than because God commands it" (Wallis, Bruce 1992, 20).

Methodologisch folgt daraus, dass Kirchenaustrittsziffern (und selbst Quoten des Gottesdienstbesuchs) relativ uninformative Indikatoren darstellen, die keine validen Rückschlüsse auf Wandlungen auf der Ebene religiöser Einstellungen gestatten.

Die äussere Stabilisierungswirkung religiöser Organisationen entsteht dadurch, dass es ihnen durch Diversifikation gesellschaftlich relevanter Aktivitäten und Leistungen gelingt, auch bei Aussenstehenden (bzw. in der allgemeinen Öffentlichkeit) in verschiedenster Weise Legitimation zu gewinnen (vgl. Geser 1995).

„Infolge von Bürokratisierung und Differenzierung wird die Kirche zu einem gesellschaftlichen Teilsystem, das relativ unabhängig von der Motivation der Mitglieder seine Leistungen erbringt. Von daher entsteht eine Form der Akzeptanz der Kirchen, die sich relativ ausschliesslich auf deren gesellschaftliche Funktionalität abstützt, ohne dass eine persönliche christliche Motivation vorzuliegen braucht“ (Daiber 1995, 75).

So wurde beispielsweise die jüngste Volksinitiative zur Trennung von Kirche und Staat im Schweizer Kanton Zürich (im Herbst 1995) wohl deshalb mit grosser Mehrheit verworfen, weil breite kirchenferne Bevölkerungskreise geneigt waren, den Kirchen zumindest aufgrund ihrer diakonischen Wohlfahrtsleistungen oder ihres Beitrags zur Wahrung wertvoller kultureller Traditionen Respekt zu zollen (und ihre traditionelle Alimentierung mit allgemeinen Steuermitteln gerechtfertigt zu finden).

6. Funktionen der Traditionssicherung und Konservierung

Es ist eine generelle Erfahrung, dass alte, aus der alltäglichen Lebenswelt verschwindende Formen der Kultur und des sozialen Umgangs immer mehr auf den schützenden Kontext formaler Organisation angewiesen sind, um überhaupt noch zu überleben. So kommt es, dass das Latein heute praktisch nur noch im Literargymnasium (und an eher ärmlich ausgestatteten Universitätsinstituten) eine Nischenexistenz fristet, und dass die untergegangene Welt des traditionellen Handwerks nur noch in Volkskundemuseen erlebbar wird.

In der Religion ist das nicht anders: Je weniger darauf Verlass ist, dass religiöse Glaubenslehren, Moralvorstellungen und Lebenspraktiken über informelle Mechanismen (z.B. familiärer Sozialisation) reproduziert werden, desto ausschliesslicher kommt den Kirchen die Funktion zu, diese Tradierung sicherzustellen. Dies bedeutet dann logischerweise, dass die Chancen erfolgreicher religiöser Tradierung immer enger mit den Leistungskapazitäten der entsprechenden konfessionellen Kirchenorganisationen korrelieren.

Immer grösser werden hier die Unterschiede zwischen den hochdifferenzierten Kirchen reicher Länder, die zur Bewahrung ihres (kunsthistorischen, intellektuellen und liturgischen) Erbes gigantische materielle und organisatorische Ressourcen einsetzen können, und den zahlreichen strukturarmen und unbemittelten religiösen Vereinigungen (aller Länder), deren Überleben und Überlebenschancen direkt von ihrer Verankerung in informellen Lebenswelten abhängig bleiben.

Als Bewahrer religiöser Traditionen verfügen die heutigen Kirchen – ähnlich wie Museen oder universitäre „Orchideenfächer“ – über eine neue gesellschaftlichen Legitimationsgrundlage, die für unser extrem „historistisches“ Zeitalter spezifisch ist (vgl. z.B. Lübbe 1986) und sich – ähnlich wie die Anerkennung diakonischer Leistungen – auch auf religiös indifferente Bevölkerungssegmente erstreckt.

Im Vergleich zu Museen kommt hinzu, dass Kirchen sich ja keineswegs nur auf die schiere Konservierung abgestorbener Kulturmuster beschränken, sondern selber immer noch funktionsfähige Repräsentanten dieser alteuropäischen Kultur darstellen, die es als ihre Aufgabe ansehen, solche Traditionen lebendig zu halten und mit den Bedingungen der modernen Gesellschaft zu vermitteln.

Weil die noch verbleibende religiöse Alltagserziehung (z.B. in Familien) meist durch einen diffusen „alltäglichen Ökumenismus" (Urs Altermatt) gekennzeichnet ist, hängt vor allem die Transmission *konfessionsspezifischer* Eigenheiten heute praktisch völlig von kirchlichen Anstrengungen ab. Im Fall der katholischen Kirche erweist sich der dramatisch zunehmende Priestermangel hier als besonderes Handikap, weil er es erschwert, genau diese fundamentale Aufgabe zu erfüllen.

7. Funktionen religiöser Strukturierung und Standardisierung

Beim diffusen Gerede von der „Individualisierung" und der „Pluralisierung der Lebensstile" wird häufig vernachlässigt, dass die dabei anwachsende persönliche Autonomie sich weitgehend darauf beschränkt, zwischen vorgefertigten Produkten und Dienstleistungen von Organisationen (z.B. Konsumgütern, Parteilisten, Fernsehprogrammen) eine Wahl zu treffen – und nicht darin, solche Angebote durch selbstfabrizierte Schöpfungen zu konkurrenzieren oder zu ersetzen (vgl. z.B. Meyer 1986; Buchmann 1989, 22ff.). Je vielfältiger und wechselhafter meine Aktivitäten und sozialen Milieus, desto mehr bin ich in jedem Bereich auf standardisierte Leistungsangebote und Verhaltensmuster angewiesen, die ohne grossen Informationsaufwand kognitiv identifizierbar und ohne besondere Kenntnisse und Fähigkeiten praktizierbar sind.

So entsteht auch im religiösen Bereich allein schon aus der zunehmenden Diversifikation der Rollensets und der anwachsenden Variabilität persönlicher Biographien (vgl. z.B. Berger, Berger, Kellner 1975) eine zunehmende Disposition, sich auf die formalisierten Glaubensweisen, Rituale und normativen Verhaltensrezepte religiöser Organisation abzustützen, anstatt aus eigener Kraft zu einer persönlich geprägten Gottesbeziehung vorzustossen.

Anstelle des (vor allem im Protestantismus geforderten) „vollmündigen Gesinnungschristen" entsteht deshalb viel häufiger der „Auswahlchrist", der sich nach eigenem Gusto mit Versatzstücken aus verschiedenen Konfessionen versorgt oder zusätzlich auch Elemente aus dem „New Age", der Scientology oder der Hare Krishna in sein synkretistisches Religionsverständnis integriert (vgl. z.B. Bibby 1987; Roof 1993; Altermatt 1989; Barker 1994).

Verliert das Religiöse überdies zugunsten anderer Rollenfelder an Gewicht, profitieren die Kirchen doppelt, weil sie dann weniger qualifizierte (d.h. theologisch ernstzunehmende) Kritik befürchten müssen und es ihnen deshalb selbst ohne besondere Anpassungsleistungen leicht gelingt, mit ihren traditionellen (überwiegend aus vormoderner Zeit stammenden) Angeboten konkurrenzlos zu bleiben.

So ziehen religiöse Organisationen paradoxerweise Nutzen daraus, dass immer mehr Menschen immer weniger religiöse Sozialisation erfahren und als Erwachsene weder fähig noch motiviert sind, sich eigenaktiv mit religiösen Glaubenslehren auseinandersetzen und sich in ihren alltagsweltlichen Aktivitäten an religiösen Normen und Verhaltenspraktiken zu orientieren. Sie regredieren dadurch zu religiösen Konsumenten, die in gewissen Zentralbereichen ihrer (individuellen und sozialen) Existenz immer unausweichlicher von den rituell schematisierten, niederschwellig zugänglichen Angeboten der etablierten Kirchen abhängig sind. Wenn das religiöse Engagement nur zu einem festtäglichen passiven Gottesdienstbesuch ausreicht, liegt es beispielsweise nahe, eine traditionell-katholische Orchestermesse zu besuchen. Oder wenn man seiner Hochzeit über das trockene zivile Ritual hinaus Glanz und Würde verleihen will, gibt es kaum eine Alternative, als eine traditionell-kirchliche Eheschliessung stattfinden zu lassen.

So zeigen selbst sehr areligiöse Bevölkerungen (wie z.B. in den neuen Bundesländern Deutschlands) eine ungebrochene Tendenz, zumindest bei ihrer Beerdigung (erstaunlich häufig aber auch bei Hochzeit und Kindstaufe) die Dienstleistungen der Kirchen in Anspruch zu nehmen (vgl. z.B. Daiber 1995). Im Bereich solcher Basisriten können die Kirchen davon profitieren, dass sich zu ihren traditionellen Ritualen bisher kaum säkulare Konkurrenzangebote herausgebildet haben. Insbesondere fehlt es an nichtkirchlichen Umgangsformen mit Sterben und Tod: mit der Folge, dass die meisten Toten ungeachtet ihrer vorgängigen Distanz zu Kirche und Religion nach wie vor kirchlich bestattet werden.

Ähnlich bequem ist es, die Kirchen zur Entlastung eigener moralischer Verantwortlichkeiten in Anspruch zu nehmen, indem man mühevolles ethisches Handeln an sie delegiert. So haben die kirchlichen Hilfswerke nicht zuletzt deshalb ihre Bedeutung bewahrt, weil sie es den durchschnittlichen Katholiken oder Protestanten ermöglichen, sich bei ihren philanthropischen Engagements mit der anspruchslosen Rolle des Geldspenders zufriedenzugeben und sich im Vertrauen darauf, dass es für gute Zwecke verwendet wird, ohne aktiveres Engagement ein gutes Gewissen zu verschaffen.

Ebenso können sowohl natürliche wie auch juristische Personen das Gefühl bekommen, ihrer umfassenderen „sozialen Verantwortung" allein schon durch die – erzwungene – Ablieferung ihrer Kirchensteuer Genüge zu tun – und daraus die Berechtigung ableiten, sich im übrigen umso kompromissloser an ihren eigenen Individual- oder Unternehmensinteressen zu orientieren.

Interessanterweise machen sich gerade fundamentalistische Kreise ein ausgesprochen funktionalistisches Religionsverständnis zu eigen, wenn sie den zunehmenden „Werteverlust" unserer Gesellschaft beklagen und mit der Begründung, dass die Kirchen für den moralischen Zusammenhalt der modernen Sozialordnung unverzichtbar seien, für eine Stärkung kirchlich-religiöser Präsenz und Mitsprache kämpfen.

8. Ausschöpfung endogen-religiöser Quellen gesellschaftlicher Autonomie

Wenn religiöse Organisationen in modernen Gesellschaften als Quelle unberechenbar-eigensinnigen Handelns und als Agenzien sozio-kulturellen und politischen Wandels in Rechnung zu stellen sind, beruht dies grossenteils darauf, dass sie in einer Zeit, wo praktisch alle anderen Akteure entweder dem Schwerefeld staatlicher Kontrolle und Subventionierung oder der Abhängigkeit von der Wirtschaft unterliegen, nach wie vor eine gewisse Unabhängigkeit besitzen (vgl. Zald, McCarthy 1987, 77).

Generell verfügen alle Religionen über eine schwer angreifbare Autonomiebasis, die nicht von der Kontrolle über Herrschaftsmittel oder materielle Ressourcen (und auch nur beschränkt von immateriellen Prestigefaktoren) abhängig ist. Vielmehr beruht sie auf ihrem Potential, gewisse Prämissen des Handelns oder Unterlassens (Weltbilder, Werte, Normen u.a.) mit *endogen erzeugten Letztbegründungen* auszustatten und sie damit externen Rechtfertigungs- und Legitimationszwängen zu entziehen. Daraus entstehen solange wenig Probleme, als diese externen Begründungszwänge ohnehin fehlen, weil die Religion mit dem kulturellen System der Gesamtgesellschaft koinzidiert. In diesem Falle kann sie bekannterweise eine gesellschaftsintegrative Funktion erfüllen, indem sie die Legitimation von Setzungen verstärkt, die bereits von anderen Sphären (z.B. seitens der politischen Herrschaft) mit inappellabler Geltung ausgestattet sind.

Ganz anders ist es im modernen liberalen Rechtsstaat, der mit seinen Prinzipien der Glaubens- und Gewissensfreiheit Raum schafft, damit sich auf mesosozialer Ebene neben einander verschiedenste religiöse Gruppen entfalten (und miteinander in Beziehung treten) können. Hier kann es leicht geschehen, dass beispielsweise politische Diskurse blockiert werden (oder in offene Handgreiflichkeiten übergehen), weil jede beteiligte Gruppierung auf ihren je eigenen – untereinander inkommensurablen – Letztbegründungen insistiert.

Unzweifelhaft gibt es in unserer Gesellschaft eine generalisierte Tendenz, religiös begründeten Meinungen und Handlungen mit Respekt und einem Vorschuss an Vertrauen zu begegnen: vielleicht weil wir Religiosität – trotz vielfältiger historischer und aktueller Gegenbeispiele – mehr mit Moral als mit Unmoral, mehr mit Menschlichkeit als mit Unmenschlichkeit, und mehr mit Friedfertigkeit als mit Kampf und Krieg in Verbindung bringen. Dies kommt auf rechtlicher Ebene darin zum Ausdruck, dass wir im Katalog der Grundrechte eine allgemeine „Religionsfreiheit" statuieren, ohne explizit zu umgrenzen, auf welche religiösen Bekenntnisse sie sich erstreckt.

Ebenso werden beispielsweise Militärdienstverweigerer, die „religiöse" Gründe geltend machen, moralisch weniger verurteilt als jene, die „ethische" oder gar „politische" Motive angeben. Schliesslich werden Einkommen und Vermögen religiöser Vereinigungen und Kirchen häufig von der Steuer befreit, weil man ihnen irgendeine Form von „Gemeinnützigkeit" unterstellt. Mit anderen Worten: die Hochschätzung für das Religiöse überträgt sich in einen pauschalen Respekt für Handlungen, die von den Akteuren als „religiös motiviert" gekennzeichnet werden.

Naheliegenderweise versuchen viele Individuen, problematische oder vollends deviante Handlungen als „religiös" auszugeben, um den Schutz der Religionsfreiheit in Anspruch zu nehmen oder wenigstens der vollen Schärfe des Strafgesetzes (und der öffentlichen Ächtung) zu entgehen. Aus denselben Gründen muss dauernd mit dem Aufkommen dubioser Gruppierungen gerechnet werden, die ungerechtfertigterweise den attraktiven Status einer „religiösen Vereinigung" anstreben, um aus dem allgemeinen Respekt, der allen Religionen gezollt wird (und/oder aus den handgreiflichen rechtlichen Privilegien wie z.B. Steuerfreiheit, die damit verbunden sind) Nutzen zu ziehen (Zald, MacCarthy 1987, 77).

So bedurfte es eines Urteils des Deutschen Verfassungsgerichts, um der Church of Scientology die Qualifikation einer religiösen Gemeinschaft abzusprechen, als die sie sich selbst versteht und nach aussen gern darstellen möchte. Die etwas hilflos-diffuse Begründung dafür lautet, es reiche nicht aus, sich selbst zur Religionsgemeinschaft zu erklären; sondern der „geistige Gehalt" und das „äussere Erscheinungbild" müsse einer solchen Gemeinschaft entsprechen. Diese Begründung ist – insbesondere aus angelsächsischer Sicht – deshalb problematisch, weil sie ein Vorrecht des Staates impliziert, aus seinem (an der Aufrechterhaltung öffentlicher Ordnung orientierten) Blickwinkel über innere und äussere Merkmale, die eine Religion aufweisen müsse, zu entscheiden: ein Standpunkt, der wohl das Auftreten zahlreicher historisch bedeutsamer Religionen erschwert oder verunmöglicht hätte.

Dank ihrer privilegierten Sonderstellung können religiöse Gemeinschaften auch leicht instrumentalisiert werden, um über korrupte Praktiken einen Schleier zu legen. So sind in Japan praktisch alle politischen Parteien eng mit religiösen Sekten verflochten, weil diese dank ihrer rechtlichen Sonderstellung (Steuerfreiheit, Schutz vor judikativer Kontrolle u.a.) als „Waschanlagen" für illegale Geldzuwendungen benutzt werden können. Das Interesse der Parteien an der Existenz derart autonomer religiöser Gruppierungen hat dazu geführt, dass 1995 etwa 184‘000 (!) Sekten aufgrund des Religionsgesetzes Steuerfreiheit genossen. Selbst im Falle der hochkriminellen AUM-Sekte mussten zuerst vielerlei gesetzliche Hemmnisse aus dem Weg geräumt werden, um sie für ihren Giftgasanschlag auf die U-Bahn von Tokio zur Rechenschaft zu ziehen.

Zumindest in den Vereinigten Staaten stellt man fest, dass religiöse Organisationen verschiedenster Provenienz die den religiösen Sektor generell zustehenden Privilegien solidarisch verteidigen, wenn sie einer einzelnen Gruppe verweigert werden:

> „Thus, when Reverend Sun Myung Moon appealed his tax fraud conviction to the Supreme Court, many mainline religious groups supported his appeal since they did not relish losing their ability to shield their financial dealings from government intervention“ (Zald, McCarthy 1987, 77).

So kommt es, dass sich auch höchst konservative religiöse Kräfte für die Erhaltung jener Freiräume verwenden, innerhalb denen sich dann auch Gruppierungen mit durchaus progressiven Zielsetzungen entfalten können.

Generell operieren die meisten religiösen Organisationen (und damit assoziierten Amtsträger, Amtsstellen u.a.) unter der beneidenswerten Voraussetzung, dass ihnen sowohl Anhänger wie Aussenstehende ein hohes Vertrauen entgegenbringen. Dadurch wird es ihnen erleichtert, nach innen ohne grossen Kontrollaufwand ein hohes Niveau an innerer Kooperation zu entfalten und nach aussen hin in sehr autonomer Weise tätig zu werden. Dazu gehört beispielsweise, dass sie nach eigenen Gesichtspunkten oft relativ umfangreiche Finanzmittel verwalten, ohne darüber nach innen oder nach aussen Rechenschaft ablegen zu müssen. So kontrollieren allein die 26 katholischen Bischöfe Deutschlands Vermögenswerte von insgesamt ca. 80 bis 100 Mio. DM, ohne an einen formellen Etat gebunden zu sein und ohne dass eine transparente Rechnungslegung und ein qualifiziertes Controlling erfolgt. Ebenso wird den Ortspfarrern häufig die Kompetenz zugestanden, die Einnahmen sonntäglicher Gottesdienstopfer oder andere Spendenmittel ad personam zu verwalten – um ad hoc in völlig unbürokratischer Weise Bedürftigen unter die Arme zu greifen oder um beliebige kirchennahe Vereinigungen punktuell zu unterstützen.

Aus analogen Gründen sind schliesslich auch die internationalen kirchlichen Hilfswerke in der Lage,

- sehr autonom über die Verwendung der ihnen zugehenden Spendengelder zu befinden;

- mit einem relativ geringen Aufwand an administrativer Kontrolle auszukommen, weil den Mitarbeitern (aufgrund ihrer Zugehörigkeit zur selben Konfession) zugetraut wird, nach bestem Wissen und Gewissen zu handeln und die ihnen anvertrauten Mittel seriös zu verwalten.

Hinzu kommt, dass Gläubigen ihr Spendeverhalten häufig auf eine rein gesinnungsethische oder expressive Motivation abstützen und es völlig der empfangenden Organisation überlassen, in verantwortungsethischer Hinsicht über Festlegung spezifischer Ziele und Mitteleinsätze zu entscheiden. Aus all diesen Gründen gewinnen diese Hilfswerke grosse Spielräume, um sich zum Beispiel bei ihren Engagements in der Dritten Welt von spezifischen Kenntnissen leiten zu lassen, die den Spendern zu Hause nicht zugänglich sind, oder um politische Vereinigungen und Bewegungen zu unterstützen, mit deren Zielsetzungen diese Spender mehrheitlich nicht einverstanden wären. Demgegenüber stehen säkulare Entwicklungshilfswerke unter wachsendem Druck, ihre Engagements und Aktivitäten mit den Präferenzen der Spender in Übereinstimmung zu halten, da sie sonst kaum mehr Zuwendungen erhalten.

Die unabhängige Vertrauensstellung religiöser Organisationen wird naheliegenderweise dort besonders relevant, wo die Legitimation der politischen Zentralgewalt brüchig ist und/oder wo es an alternativen nicht-staatlichen Autoritäten fehlt. Zum Beispiel übernehmen kirchliche Instanzen gegenüber unorganisierten und diskriminierten Bevölkerungsgruppen in der Dritten Welt häufig die Aufgabe, deren politische Interessen und Forderungen zu artikulieren und/oder oder sie beim Aufbau eigener Vereinigungen und Pressure Groups zu unterstützen. Die Kirche kann dabei die Funktion eines idealen Katalysators spielen, weil sie sich in diesem Kollektivierungsprozess nie derart engagiert, dass sie ihre religiöse, d.h. letztlich völlig ausserhalb des säkular-politischen Handelns begründete Identität verliert. Vielmehr behält sie ihre grundsätzliche Unabhängigkeit, die es ihr dann ermöglicht, im von ihr ausgelösten politischen Sturmwind relativ unbehelligt zu bleiben:

> „Im Jahre 1974 organisierte Ruiz auf Aufforderung des damaligen Gouverneurs von Chiapas einen Kongress, in welchem Vertreter von über 300 indianischen Gemeinden ihre Probleme diskutierten. Dieser Kongress spielte eine Schlüsselrolle bei der Organisierung der indianischen Bevölkerung. In den folgenden Jahren begannen die Indios ihre eigenen Organisationen zu bilden, oftmals unter der Führung von Delegierten des Kongresses von 1974, während die Kirche nun eine mehr passive, beratende Rolle einnahm“ (Neue Zürcher Zeitung vom 11. März 1995, 11).

Dank seiner Unabhängigkeit konnte sich Bischof Ruiz über viele Jahre hinweg die Chance wahren, als Vermittler zwischen den Indios und der Regierung Anerkennung zu finden.

Aber auch in der politischen Arena hochentwickelter Länder vermögen religiöse Organisationen dank ihrer allseitigen Unabhängigkeit einen Einfluss zu entfalten, der mit der Begrenztheit ihrer finanziellen und personellen Mittel in einem oft verblüffenden Missverhältnis steht. So gelangt man insbesondere in den USA zum Schluss, dass die meisten grossen Sozialbewegungen der vergangenen Jahrzehnte entweder in religiösen Organisationen ihre Wurzel hatten oder zumindest phasenweise von der Unterstützung solcher Organisationen stark abhängig waren.

Dies gilt einerseits für rechtskonservative Bewegungen wie die „Moral majority“ Jerry Falvells, für die fundamentalistische „Antievolutionsbewegung“ oder das gegen die Liberalisierung der Abtreibung gerichtete „Pro life movement“. Die beiden letzteren werden in hohem Umfang von lokalen Parochialgemeinden getragen und sind dadurch in der Lage, an unzähligen verschiedenen Punkten (z.B. in einzelnen Staaten, Städten, Schulen oder Kliniken) ihren Einfluss geltend zu machen (vgl. Warner 1993, 1068; McLeod 1992; Zald, McCarthy 1987, 77). Ein weiteres Beispiel dafür bildet das amerikanische „Sanctuary movement“, das sich auf die Bereitschaft unzähliger örtlicher Religionsgemeinschaften abstützen konnte, illegal Eingewanderten Kirchenasyl zu gewähren (Yarnold 1991, 17-46).

Andererseits gilt dies genauso für liberal-progressive Bewegungen wie das „Civil Rights Movement“ oder das „Gay Movement“ der Homosexuellen, deren Führer sich überraschend häufig aus protestantischen Pfarrern und Predigern rekrutierten (Warner 1993, 1069):

> „Churches provided the (civil rights) movement with an organized mass base; a leadership of clergymen largely economically independent of the larger white society and skilled in the art of managing people and resources; an institutionalized financial base through which protest was financed; and meeting places where the masses planned tactics and strategies and collectively committed themselves to the struggle“ (Morris 1984, 4).

Mit ihrer Verankerung in religiösen Eliten und Organisationen haben viele dieser Bewegungen eine Legitimitätsbasis erhalten, die es ihnen erleichtert hat, auch ohne Gewaltandrohung bei den säkularen Machtinstanzen Gehör und Respekt zu finden (Yarnold 1991, 29).

Als Agenten kollektiver Mobilisierung, Artikulation und Organisierung haben sich die Kirchen vor allem für jene diskriminierten Bevölkerungsgruppen (wie z.B. Schwarze der amerikanischen Südstaaten) als bedeutsam erwiesen, die über keine anderen Mittel der Selbstorganisation verfügten – und dabei progressive, ja revolutionäre Entwicklungen begünstigt, die mit dem Konservativismus ihrer eigenen Lehren in einem teilweise erstaunlichen Widerspruch standen:

> „Thus numerous empirical studies attest that the black church is historically conservative and a resource for social change, it contributes both to group solidarity and personal well-being“ (Ellison 1991).

In ähnlich paradoxer Weise hat die konservative Baptistenkirche die gewerkschaftliche Organisation Appalachischer Kohlearbeiter begünstigt, weil sie diesen den einzigen Raum zur Verfügung stellte, in dem sie sich unabhängig vom Einfluss ihres Arbeitgebers versammeln konnten (Billings 1990).

Derartige Beispiele zeigen, dass religiöse Organisationen allein schon als Plattformen sozialer Begegnung vielerlei indirekte und ungeplante Wirkungen auf Politik und Gesellschaft ausüben, die mit ihren manifesten Glaubensinhalten und Morallehren in keinem Sinnzusammenhang und Kausalverhältnis zu stehen brauchen (vgl. Sherkat, Ellison 1991). Auch bei ihren bewusst intendierten Unterstützungsaktionen pflegen sich religiöse Organisationen aber meist gegen die von ihnen selbst miterzeugten politischen Kontroversen abzuschirmen, indem sie sich nicht selber in der Bewegung exponieren, sondern eigenständig agierende Bewegungsgruppen initiieren (bzw. mit Hilfe von Sammelaktionen, Bereitstellung von Infrastruktur und andere indirekte Massnahmen unterstützen, (Zald, McCarthy 1987, 70ff.). Mit dem Konzept des „half-way house" umschreiben Zald und McCarthy diese bemerkenswerte Bereitschaft vieler religiöser Organisationen, vielerlei Bewegungsgruppen temporäre Heimstatt und logistische Unterstützung zu gewähren, ohne dadurch selber Teil dieser Bewegungen (und damit: politisch angreifbar) zu werden:

„What is distinctive about movement halfway houses is their relative isolation from the larger society and the absence of a mass base. Such institutions may serve a repositories of information about past movements, strategy and tactics, inspiration and leadership" (Zald, McCarthy 1987, 74).

Im Gegensatz etwa zu Interessenverbänden ist für religiöse Organisationen charakteristisch, dass sie ihre Ressourcen und Handlungskapazitäten wahlweise für eine im Prinzip beliebige Vielfalt verschiedener Ziele und Aktivitäten einsetzen können, weil sie ihre Identität nicht an spezifischen empirischen Zwecken festgemacht haben, sondern auf einem abstrakteren Niveau religiöser Werte und Doktrinen, die mit dem Ob und Wie diesseitsorientierter Aktivitäten in keinem eindeutigen Zusammenhang stehen. Deshalb konstituieren sie eine allgemeine Plattform, von der wechselnde soziale Bewegungen mit unterschiedlichsten (politischen, humanitären oder kulturellen) Zielsetzungen ihren Ausgang nehmen oder ihre Unterstützung beziehen können (vgl. z.B. Geser 1991a).

Bezeichnenderweise stellt man bei christlichen Kirchen, Denominationen und Sekten gemeinhin fest, dass Grad und Richtung politischer Aktivierung ziemlich unabhängig vom Inhalt theologischer Glaubenslehren variieren:

„Recent experiences with black fundamentalists and white evangelicals suggest that groups may very quickly move from a position of strong aversion to involvement in worldly pursuits to a deep involvement. Theological principles are apparently not a very reliable guide to such involvement" (Zald, MacCarthy 1987, 69).

Generell können selbst gut etablierte Kirchen nicht vorbehaltlos zu jenen „entrenched organizations" gerechnet werden, die sich in jeder Hinsicht in ihre säkulare Umwelt einfügen. Vielmehr gehören sie zumindest aspektweise der Sphäre jener „fringe organizations" an, die der positiven staatlichen Rechtsordnung religiös-naturrechtlich fundierte Forderungen gegenüberstellen und durch Parteinahme für randständigere Bevölkerungssegmente eine „inklusivere" Gesellschaftsordnung erzwingen (Yarnold 1991, 17ff.).

Mit ihren autonomen Interventionen können religiöse Organisationen bewirken, dass sich der Aufstieg und Niedergang mancher sozialer Bewegungen relativ unabhängig von Wandlungen in den Werthaltungen, Unzufriedenheiten und Forderungen in der Bevölkerung vollzieht. So hat sich beispielsweise in den 70er Jahren ein Anwachsen antifeministischer Gruppierungen und in den 80er Jahren ein politisch bedeutsamer Einflusszuwachs rechtsevangelikaler Strömungen vollzogen, ohne dass sich das Anhängersubstrat solcher Bewegungen in der Bevölkerung quantitativ verändert hätte (Zald, McCarthy 1987, 74).

9. Management von Dissens und kulturellem Wandel

Religionsgemeinschaften müssen sich in modernen Gesellschaften in wachsendem Masse auf formale Organisation abstützen, weil es anders nicht möglich ist, im Zuge der zunehmenden Heterogenität und Wandelbarkeit religiöser Vorstellungen und Handlungsweisen ihre innere Einheit und äussere Handlungsfähigkeit zu bewahren. Generell sind religiöse Kollektive stärker als die meisten säkularen Sozialsysteme davon bedroht, im Zuge des kulturellen Wandels all ihre Konsens- und Stabilitätsgrundlagen zu verlieren, weil es für sie weniger kulturunabhängig gesicherte Verankerungen gibt, auf die sie ihre Integration abstützen konnten.

Wenn beispielsweise Wirtschaftsunternehmungen oder öffentliche Dienstleistungsbetriebe ihre habitualisierten Werthaltungen und Ideologien aufgeben, wird nicht viel passieren, weil sie bei der Erbringung ihrer empirischen Zwecke nach wie vor an vielerlei objektive Sachgesetzlichkeiten gebunden sind, die eine berechenbare Kontinuierung ihrer technisch-organisatorischen Strukturen und Verfahrensabläufe garantieren. Im Falle von Schulen oder Armeen sind mit einem ähnlichen Traditionsverlust bereits erheblich tiefgreifendere Folgen verknüpft, weil angesichts der problematischen Mittel-Zweck-Beziehungen des pädagogischen Handelns (sowie der geringen Messbarkeit seiner Effekte) sehr viel höhere Freiheitsgrade bestehen, um Ziele und Handlungen von der ideellen Ebene her zu determinieren.

Im religiösen Bereich sind mit der Verabschiedung von Traditionen die grössten Risiken verbunden, weil es angesichts der transzendenten Zwecke und der Unverifizierbarkeit der Mittel-Zweck-Relationen überhaupt keine sachgesetzlich verankerten Normen oder Handlungen gibt, die von derartigen Wandlungen unbetroffen wären. Bereits bescheidene Abweichungen von hergebrachten Traditionen können hier bewirken, dass alle Elemente des Glaubens, der Moral oder der Liturgie in den Strudel beliebiger Um- und Neudeutungen und endloser Kontroversen einbezogen werden.

Daraus folgt unmittelbar, dass die Überlebensfähigkeit und innere Kohärenz religiöser Sozialsysteme in Zeiten erhöhter kultureller Pluralisierung und rascheren kulturellen Wandels in kritischer Weise an den Aufbau von Strukturen gebunden ist, die den Bedarf nach innerem Konsens reduzieren: d.h. an den Aufbau von formeller Organisation. *Ex negativo* zeigt sich dieser Zusammenhang darin, dass sich informelle religiöse Gruppierungen (z.B. Sekten) besonders stark an fundierende Traditionen anzuklammern pflegen: weil sie völlig auf Konsens begründet sind und deshalb jedes Eindringen von Divergenz und Wandel als Reduktion ihrer Kohäsion (bzw. als Grund für Fission oder Selbstauflösung) erfahren (vgl. z.B. Scanzoni 1965).

In diesem Zusammenhang kann der *religiöse Fundamentalismus* als eine Strategie verstanden werden, trotz drohendem Traditionsverlust und fehlender Organisation eine gesicherte Konsensbasis zu gewinnen, indem man auf die buchstabengetreue Auslegung Heiliger Offenbarungsschriften rekurriert. Dieser „Skripturalismus" (Clifford Geertz) garantiert, dass Gläubige unterschiedlicher Provenienz und Vorbildung zu identischen Auslegungen gelangen, weil das adäquate Textverständnis nicht von subtileren Interpretamenten abhängig ist, die einer institutionellen Vermittlung bedürftig wären und dem Risiko kultureller Divergenzen und Wandlungen unterliegen.

So kann der moderne Islam seine – geographisch äusserst extensive – Einheit heute nur aus der Rückwendung zu einer kompromisslos wortgetreuen Koranauslegung gewinnen, weil er über keine Organisationen verfügt, die ihm eine davon relativ unabhängige religiöse Identität verbürgen könnte. Die immensen Risiken einer solchen Strategie bestehen allerdings darin, dass das Überleben der Religion einseitig am Konsens über spezifische Regeln und Verhaltensweisen festgemacht wird, so dass sie ihre Adaptationsfähigkeit an lokale Gegebenheiten und sozio-kulturelle Entwicklungen verliert.

Im diametralen Gegensatz dazu profiliert das Christentum nicht etwa trotz, sondern gerade wegen seiner etablierten Kirchenstrukturen als eine überaus evolutionsfähige Religion, innerhalb der der Umgang mit Dissens und Wandel nicht nur als unvermeidliches Übel toleriert wird, sondern immer stärker gar zur eigentlichen Hauptaufgabe avanciert. Dies hängt damit zusammen, dass die konfessionellen Kirchen

- einerseits ihre Konsenspflichten an relativ abstrakten theologischen Differenzierungen festgemacht haben, die heute als nicht mehr besonders relevant empfunden werden;

- andererseits als Rahmenorganisationen fungieren, die ohne Verlust ihrer institutionellen Identität in der Lage sind, einer Vielzahl divergierender Glaubensformen und Praktiken Heimstatt zu gewähren.

Auf theologischer Ebene kann man beispielsweise feststellen, dass Zeitgeistströmungen wie der Existenzialismus, die Psychoanalyse, der revolutionäre Marxismus, der Ökologismus und Feminismus in manchen kirchlichen Kreisen nicht nur Gehör gefunden haben, sondern sogar in besonders radikaler (z.B. utopistisch überhöhter) Ausprägung vertreten werden – während gleichzeitig die Verpflichtung aufrechterhalten bleibt, sie mit den Grundlagen des

Evangeliums in explizite Verbindung zu setzen und mit den traditionellen Gegebenheiten der Theologie einerseits und der kirchlichen Organisation andererseits konsistent zu integrieren.

Und auf pastoraler Ebene lässt sich konstatieren, dass traditionelle Rollenbilder des Pfarrers (als „Seelsorger", „guter Hirte" u.a.) unter dem Einfluss der modernen Humanwissenschaft und des Wohlfahrtsstaats durch neue Rollenkonzepte (z.B. „professioneller Nachbar" oder „sozialer Betreuer") überlagert worden sind, ohne deswegen ausrangiert zu werden und aus dem Gesichtskreis zu verschwinden (vgl. Hesser 1980).

Drittens fällt auf, dass sich der Schwerpunkt religiöser Aktivitäten immer mehr auf das Niveau der lokalen Pfarrgemeinde verschiebt (Marty 1993, 17ff; Wuthnow 1993, 21), und dass die partikuläre Kultur der ansässigen Bevölkerungsgruppen in der Gottesdienstliturgie (z. B. in Gesang, Kleidung, Tanz, Bildern, Sprachdiktion usw.) immer ungehinderter zur Geltung kommt (Roof 1993b, 159). Die segmentäre Differenzierung in eine Vielzahl relativ unabhängiger Lokalgruppen stellt für eine religiöse Organisation eine sehr bedeutsame Innovationsquelle dar: weil vielerlei Innovationen mit wenig Aufwand und Risiko zuerst in lokalen Subsystemen erprobt werden können, bevor sie – allenfalls – auf der überlokalen Ebene Eingang finden.

Schliesslich besteht kein Zweifel, dass zusätzlich zu den traditionellen Lokal- und Volkskulturen dazu querverlaufende Gruppendifferenzierungen an Bedeutung gewonnen haben, die an zugeschriebenen Merkmalen des Geschlechts (Feminismus!), des Alters („Jugendreligionen") oder des sozioökonomischen Status („Kirche der Armen") festmachen oder sich entlang ideologischer Polarisierungen („Konservative" vs. „Progressive") ausgebildet haben (vgl. z.B. Marty 1993). Die Vielfalt solcher – etwa an der Kunterbuntheit moderner Kirchentage sichtbar werdender – Gruppenbildungen bedeutet, dass die traditionellen interkonfessionellen Spaltungen durch meist sehr viel virulentere intrakonfessionelle Fronten der Auseinandersetzung überlagert werden.

Korrelativ dazu verlieren die *binnenkonfessionell* verbindenden Formen und Inhalte religiösen Lebens an relativem Gewicht. Im Gefolge solcher Entwicklungen könnte die Kirche leicht zu einer schieren Rahmenorganisation werden, deren einzige Aufgabe noch darin besteht, den verschiedenen Subgruppen bei der Durchführung ihrer eigenen Aktivitäten helfend und begleitend zu Seite zu stehen. Ähnlich wie momentan der Sozialhilfesektor könnten in Zukunft auch die Kirchen durch eine Vielzahl informellerer „Selbsthilfe gruppen" kolonisiert werden, die seitens des professionellen Personals zwar eine gewisse „Animation", organisatorische Betreuung oder theologische Artikulationshilfe, nicht mehr aber eine pastorale Führung und Unterweisung im konventionellen Sinne erfahren (möchten).

Als Folge ihrer Disposition, Altes und Neues unvermittelt aufeinandertreffen zu lassen, ohne die dadurch entstehenden Widersprüche im vornherein zu eliminieren, tendieren religiöse Organisationen dazu, auf Dauer

- überdurchschnittlich konfliktive Institutionen zu sein, die damit zurechtkommen müssen, dass gleichzeitig über vielerlei Fragen Meinungsverschiedenheiten grundsätzlichster Art ausgetragen werden;

- überdurchschnittlich explizite Institutionen zu sein: weil die genannten Kontroversen zur Folge haben, dass „Bewahrer“ wie „Reformer“ genötigt sind, ihre Positionen klar zu artikulieren, um sie miteinander in Verbindung zu setzen.

Konfliktivität und Explizität wiederum sind günstige Voraussetzungen für eine dauerhafte endogene Dynamik: allerdings nur unter der Voraussetzung, dass die mit dem Dissens verknüpften Spannungen innerhalb des Systems verbleiben und nicht dadurch verschwinden, dass dissentierende Einzelne oder Gruppen emigrieren. Unter solchen Bedingungen verschärfen sich diese innerkirchliche Spannungen natürlich in dem Masse, als die sozio-kulturellen Wandlungen vielfältiger und rascher werden und die Ansprüche auf unversehrte Bewahrung der identitätsstiftenden religiösen Grundlagen und Traditionen an Intensität gewinnen.

So hat das Zweite Vatikanische Konzil die katholische Kirche keineswegs von einem alten in einen neuen Konsenszustand befördert, sondern einen Dauerkonflikt zwischen konservativeren und progressiveren „Flügeln“ induziert, der quer zur konventionellen Spaltung zwischen Laien und Klerus verläuft und den Anlass bildet, sich der Kontingenz katholischer Glaubens-, Denk- und Handlungstraditionen ständig bewusst innezuwerden (vgl. z.B. Kim 1980; Helbling 1995; Hornsby-Smith 1989, passim).

„Aktiver Katholik“ zu sein bedeutet heute: im Spannungsfeld zwischen „Progressiven“ und „Konservativen“, das Diözesen, Kirchgemeinden und konfessionelle Vereinigungen (ja sogar manche Familien) zu spalten droht, andauernd Stellung beziehen zu müssen – und jene konsensualen „Fundamentals“ immer weniger identifizieren zu können, die mich – über das rein formale Faktum der organisatorischen Mitgliedschaft hinaus – mit allen anderen Katholiken des Erdkreises verbinden.

Diese wachsende Absorption durch Binnenkonflikte hat zur Folge,

- dass die Kirchen jeglicher Provenienz immer mehr „mit sich selber beschäftigt“ sind und immer mehr Mühe bekunden, auch nur in grundsätzlichen Fragen Konsens zu erzeugen und nach aussen „mit einer Stimme“ zu sprechen;

- dass quer zu den Kirchen verlaufende Allianzen (z.B. Jugend- und Frauenvereinigungen) an Bedeutung gewinnen, die zwar keinen generellen Ökumenismus entstehen lassen, immerhin die traditionellen interkonfessionellen Konflikte in den Hintergrund treten lassen.

Die innere Dauerpolitisierung der Kirche verstärkt wiederum auf allen Ebenen die Strukturprinzipien formaler Organisation, weil nun immer mehr Dinge, die früher zu den alternativenlosen Selbstverständlichkeiten zählten, als problematische Entscheidungsfragen behandelt werden müssen, die einer geregelten formalen Beschlussfassung bedürfen und nur mittels formaler Organisationsautorität in Geltung gesetzt werden können.

Als Triebkräfte endogener Selbstdynamisierung und -evolution werden religionsinterne Konflikte vor allem in den organisatorisch gut ausgebauten Kirchen wirksam, die über klar ausdifferenzierte formale Regelwerke, Autoritätsstrukturen und Kontrollmechanismen verfügen. So muss der katholischen Kirche insofern ein überdurchschnittliches Evolutionspotential zugeschrieben werden, als

- angesichts des hohen Formalisierungsgrades der Dogmen und Normen präzis erkennbar ist, welche Festlegungen gelten und in welchem Diskrepanzverhältnis zur kirchen internen Realität und zur gesellschaftlichen Umwelt sie stehen;

- aufgrund der zentralistischen Autoritätsverhältnisse tatsächlich gewisse Hoffnungen berechtigt sind, dass zukünftige Päpste und Bischöfe signifikante Wandlungen bewirken könnten – viel eher als in Kirchen und Sekten mit dezentraler Machtverteilung, wo sich der Wandel ungesteuert als Resultat vieler voneinander unabhängiger Einzelkräfte ergibt.

Selbst Hoffnungen auf grundsätzliche Demokratisierung erscheinen nicht völlig unberechtigt, wenn man bedenkt, dass die Kirche als Folge ihrer Bürokratisierung seit dem 19. Jahrhundert jenen absolutistischen Staatsordnungen ähnlich geworden ist, die sich (wie z.B. England im 17. und Frankreich im 18. Jahrhundert) als fruchtbarer Boden für das Erscheinen erfolgreicher Demokratisierungsbewegungen erwiesen haben. Die dabei wirksame „Dialektik" besteht darin, dass zentralistische Herrschaftssysteme sich als Zielscheiben politischer Reform- oder Umsturzbewegungen besonders gut eignen, weil in ihnen besonders deutlich hervortritt, wer für die unbefriedigenden aktuellen Verhältnisse verantwortlich ist und welche Bastionen der Macht erobert werden müssen, um Veränderungen durchsetzen zu können.

10. Religiöse Organisationen als kultureller „Variety Pool"

Wenn man die grossen kulturellen Ideen, die unsere Gesellschaft prägen, an ihre historischen Ursprünge zurückverfolgt, gelangt man in sehr zahlreichen Fällen zum Schluss, dass sie ihre Geburt und ihre ersten Entwicklungsphasen im Milieu der Religion vollzogen haben. So lässt sich beispielsweise vertreten, dass in der biblischen Vorstellung von der göttlichen Ebenbildlichkeit jedes Menschen (und der persönlichen Beziehung jedes Menschen zu Gott) die Wurzeln jener Werte der *individuellen Selbstbestimmung* und der *unveräusserlichen Menschenrechte* zu suchen sind, die unsere säkulare Gesellschaft seit der Renaissance und der Aufklärung zunehmend durchdringen.

Ebenso erscheint evident, dass gewisse Normen rationalisierter Arbeit und Produktion zuerst in den Klöstern praktiziert wurden, bevor sie im säkularen Industrialisierungsprozess wirksam geworden sind; dass in der universalen christlichen Liebesethik bereits gewisse Ideen kosmopolitischer Solidarität vorweggenommen sind, die heute angesichts wachsender globaler Interdependenzen eine zunehmende reale Bedeutung gewinnen; und dass die englischen Puritaner bei der Entwicklung des demokratischen Liberalismus Pionierdienste geleistet haben.

Umgekehrt gilt auch, dass vielerlei kulturelle Ideen in der Religion ihre letzte Zufluchtsstätte finden, wenn es in der säkularen Gesellschaft (momentan oder für immer) keine Realisierungschancen mehr für sie gibt. In diesem Sinne haben die frühmittelalterlichen Klöster antiken Kulturtraditionen einen „Überwinterungsort" geboten, für die erst im Spätmittelalter wieder ein breiteres, den säkularen Raum einbegreifendes Interesse entstand; vorchristliches Wissen über magisch-alchemistische Praktiken hat sich seit Jahrhunderten in religiöse Geheimbünde zurückgezogen; und in ihrer formalen Autoritätsstruktur konserviert die katholische Kirche bis heute Elemente absolutistischer Herrschaft, die sich in der Politik längst als unhaltbar erwiesen haben.

Unter den unwirtlichen Bedingungen repressiver politischer Herrschaft werden Forderungen nach Freiheit, Menschenwürde und Gerechtigkeit in religiöse Chiffren gekleidet und in dieser vermummten Weise am Leben erhalten; und in der völlig unauffälligen, unangreifbaren Form individueller Frömmigkeit oder friedlicher Gottesdienstversammlungen werden Ideen gehegt, die schon morgen als schreiende öffentliche Anklagen manifest werden und in eine revolutionäre Umsturzbewegung einmünden können.

In dem Masse nun, wie eine Religion formale Organisation ausbildet, nimmt ihre Fähigkeit zu, derartige Funktionen der kulturellen Geburtshilfe und Früherziehung einerseits und der kulturellen Asylierung andererseits zu erfüllen. Der erste Grund dafür liegt darin, dass ihre Toleranz für kulturelle „Extravaganzen" zunimmt, weil weniger Konsens benötigt wird, um ihren inneren Zusammenhalt wie auch ihre externe Legitimation sicherzustellen. Mit anderen Worten: Mit Hilfe von Organisation wächst ihre Fähigkeit, sowohl ihrer gesellschaftlichen Umwelt wie auch ihrer Mitgliederbasis relativ unabhängig gegenüberzustehen und kulturelle Muster zu betreuen, die (momentan) weder in der umliegenden Gesellschaft noch im Kreise ihrer Gläubigen sehr viel Interesse oder Zustimmung finden. Der zweite Grund entsteht dadurch, dass ihre Fähigkeiten zur Pflege vielfältiger (auch exotischer) Kulturmuster anwächst, weil vielerlei interne Rollen, Amtsstellen oder Arbeitsgruppen installiert (und mancherlei externe Instanzen oder Gruppierungen unterstützt) werden können, die auf den Umgang mit spezifischen Topoi ausgerichtet sind.

Schon angesichts der turbulenten heutigen Kirchentage, bei denen die immense Streubreite religiöser Glaubensinterpretationen und religiös inspirierter Werthaltungen, Zielsetzungen und Aktionsformen in einer unübersehbaren Mannigfaltigkeit von Gruppenversammlungen, Poster Sessions, Workshops und Ad-hoc-Zusammenkünften deutlich wird, fällt es nicht schwer, überzeugendes Illustrationsmaterial zu dieser These zu finden. Ähnliche Schlussfolgerungen ergeben sich aus der Beobachtung, dass die sozial-revolutionäre Rhetorik seit dem Niedergang der kommunistischen Bewegung und Staatenwelt fast nur noch in kirchlichen Kreisen (z.B. in der Befreiungstheologie) weitergepflegt wird, und dass fast nur noch in den Missionszeitschriften von jener Solidarität mit den Armen der Dritten Welt die Rede ist, die vor dreissig Jahren noch ein Generalthema der neulinken Jugendbewegung war.

Generell scheint es nach dem Verschwinden alternativer politisch-ökonomischer Gesellschaftsordnungen mehr als jemals gewissen Kreisen innerhalb der Kirchen anheimgestellt, der unumschränkten Dominanz der bürgerlichen Marktwirtschaft Vorbehalte entgegenzusetzen und auch gewisse Traditionen des utopistischen Zukunftsdenkens am Leben zu erhalten, die im kurzfristigen Pragmatismus der säkularen Gesellschaft momentan nur noch auf Unverständnis oder sarkastische Ablehnung stossen. In analoger Weise gilt dies wohl auch für den modernen Islamismus, der teilweise substitutiv zum Kommunismus die Funktion hat, herrschende politisch-wirtschaftliche Eliten mit Forderungen nach sozialer Gerechtigkeit zu konfrontieren.

Ebenso scheinen die Ideologien totalitärer Führung und Kontrolle, die – in ihrer faschistischen und kommunistischen Variante – auf Makroebene sämtlich Schiffbruch erlitten haben, momentan in gewissen religiösen Organisationen eine – bedrohlich erscheinende – Rückzugsbasis zu finden. Vorwiegend in extremen Sekten findet man noch, dass sich Individuen auf die kompromisslose Einhaltung striktester kollektiver Normen verpflichten, ihre Identität in Prozeduren der Gehirnwäsche (z.B. des scientologischen „Auditing") demontieren lassen oder gar auf Geheiss ihres „Führers" gemeinsam Selbstmord begehen.

Vielleicht kommt in unserer zunehmend „postmaterialistischen" Gesellschaft einmal die Zeit, wo sich auch jene Normen strikter ökonomischer Rationalität und Gewinnsucht wieder in den religiösen Umkreis zurückziehen, von dem sie – wenn man Webers These vom protestantischen Ursprung des Kapitalismus folgt – historisch ihren Ausgang genommen haben. Andererseits mögen wir in Zukunft die Entstehung völlig neuer, auf die Transformation unserer Gesellschaftsordnung ausgerichteter sozialer Bewegungen erleben, bei deren Analyse wir dann wiederum zum Schluss gelangen, dass ihre Ideen und Forderungen im religiösen Milieu bereits seit Jahrhunderten vorgenommen worden waren.

Im Sinne der Evolutionstheorie konstituiert die Religion deshalb immer stärker jenen „variety pool“ von Ideologemen, Werten, Normen, Weltbildern, Aktionsformen und sozialen Strukturformen, die in den aktuellen säkularen Lebenswelten und Institutionen der Gesellschaft keinen Platz finden, in Zukunft aber für die Selektion neuer Alternativen zur Verfügung stehen. Jede funktionale Analyse der Religion in der modernen Gesellschaft greift deshalb zu kurz, wenn sie nur deren Leistungsbeiträge zur Aufrechterhaltung der momentan bestehender säkularen Kultur und Gesellschaft einbezieht. Vielmehr muss die Perspektive derart ausgeweitet werden, dass die Religion als Konstitutionsfaktor unserer gegenwärtigen und als möglicher Gestaltungsfaktor unserer zukünftigen Gesellschaft ins Blickfeld rückt.

11. Schlussfolgerungen

Die These, dass christliche Religiosität immer stärker im Medium formaler Organisation stattfinde, lässt sich auf eine Fülle empirischer Beobachtungen und theoretischer Argumentationen stützen. In empirischer Hinsicht fällt beispielsweise auf, wie sehr sich das religiöse Leben in den Vereinigten Staaten heute an organisierte Strukturen bindet: also in einem Land, dessen Immigranten häufig vor den überformalisierten Staatskirchen Europas geflohen sind und ihre religiösen Strukturen in spontan-autonomer Weise *ab ovo* neu gebildet haben. Auf theoretischer Ebene ist die These vor allem deshalb attraktiv, weil sie sich mit völlig verschiedenartigen, ja gegensätzlichen Auffassungen über das Verhältnis zwischen Religion und Gesellschaft (und dessen evolutivem Wandel) als kompatibel erweist.

Je nachdem, ob man eher ein langsames Erlöschen, ein defensives Sicheinfügen, eine autonome Selbstbehauptung oder gar eine offensive Expansion christlicher Religiosität für wahrscheinlich hält, kann zwischen vier Theoriemodellen unterschieden werden:

1) Das *„Rezessionsmodell“* besagt, dass christliche Religiosität zunehmend auf formale Organisation als letzte Rückzugsbasis angewiesen sei, weil sie ausserhalb dieser Kontexte keine Überlebenschancen mehr besitze. Dieses Modell ist gut vereinbar mit der Beobachtung, dass sich ein immer umfangreicherer Anteil religiöser Kult- und Sozialisationshandlungen in organisierten Kontexten vollzieht, und dass religiös passivierte Bevölkerungskreise immer ausschliesslicher nur noch bei hochformalisierten Veranstaltungen mit Religion in Beziehung treten.

2) Das *„Akkommodationsmodell“* geht davon aus, dass Religionen wie alle anderen gesellschaftlichen Institutionen der formalen Organisation bedür-

fen, um unter den komplexen und variablen Umweltbedingungen der modernen Gesellschaft ihren inneren Zusammenhalt und ihre äussere Handlungsfähigkeit zu erhalten. Diese zweite Perspektive beleuchtet vor allem den Aspekt, dass formal organisierte Religionen in der Lage sind, Systemziele und Mitgliedermotivationen voneinander zu dissoziieren und ihre gesellschaftliche Legitimation auf glaubensunabhängige Kriterien (z.B. die Erbringung diakonischer Funktionsleistungen) abzustützen.

3) Das *„Artikulationsmodell"* beruht auf der Prämisse, dass Religionen grundsätzlich autonome Akteure sind und das Medium formaler Organisation dazu benutzen, um ihrer Identität und ihren Zielsetzungen auf neue Weise Ausdruck zu verleihen. Diese dritte Sichtweise macht vor allem verständlich, warum sich verschiedene Konfessionen – je nach den Inhalten ihrer Lehre – im Gebrauch formal-autoritativer Entscheidungsprozeduren und im Grad ihrer Bürokratisierung stark (und tendenziell zunehmend) voneinander unterscheiden.

4) Das *„Progressionsmodell"* schliesslich behauptet, Religionen würden durch „organisatorische Aufrüstung" ein neues Niveau innerer Dynamik und äusserer Aktivität erreichen, das es ihnen ermöglicht, in verstärktem Umfang gesellschaftlich präsent zu sein und in kompetenterer, vielseitiger und wirkungsvollerer Weise auf die gesellschaftliche Umwelt Einfluss zu nehmen. Es kann sich beispielsweise auf die Beobachtung stützen, dass die Kirchen erst nach der Mitte des 19. Jahrhunderts die organisatorischen Mittel erworben haben, um ihre Parochialstrukturen flächendeckend auszudehnen, die unteren (und ruralen) sozialen Schichten hinlänglich zu integrieren und um in den verschiedenen Funktionsbereichen der Gesellschaft (Industrie, Bildung, Wissenschaft, Massenmedien u.a.) ihre Stimme zur Geltung zu bringen. Ebenso liesse sich darauf verweisen, dass religiöse Organisationen in zahlreichen sozialen Bewegungen der letzten Jahrzehnte eine bedeutsame Rolle gespielt haben, und in manchen Ländern – zumindest indirekt – auch vom Vertrauensverlust säkularer Akteure (insbesondere politischer Regimes) profitieren.

Wenn die globale Frage nach der Zukunft der Religion hier unbeantwortet bleiben muss, so sieht der Verfasser immerhin einen konzeptuellen Fortschritt darin, sie überhaupt in dieser differenzierten Weise zu stellen. Es scheint evident, dass insbesondere im christlichen Bereich sowohl mikro- wie makroreligiöse Entwicklungen nur unter Einbezug der reichhaltigen theoretischen Instrumente und empirischen Forschungsergebnisse begreifbar (oder gar prognostizierbar) sind, die in den letzten Jahrzehnten auf mesosozialen Niveaus (insbesondere in der Soziologie formaler Organisationen und sozialer Bewegungen) erarbeitet wurden.

Literatur

Altermatt U. (1989): Katholizismus und Moderne, Zürich
Altermatt U. (1996): Das Fanal von Sarajevo. Ethnonationalimus in Europa, Zürich
Barker E. (1993): Neue religiöse Bewegungen. Religiöser Pluralismus in der westlichen Welt, in: Bergmann J. (Hrsg.): Religion und Kultur, Opladen, 218-230
Bellah R. N. (1991a): Religious Evolution, in: ders., Beyond Belief, Berkeley, 20-50
Bellah R. N. (1991b): Islamic Tradition and the Problems of Modernization, in: ders., Beyond Belief, Berkeley, 146-167
Bellah R. N. (1991c): Civil Religion in America, in: ders., Beyond Belief, Berkeley,168-189
Bellah R. N. (1991d): Meaning and Modernization, in: ders., Beyond Belief, Berkeley, 54-75
Berger P.L., Berger B., Kellner H. (1975): Das Unbehagen in der Modernität, Frankfurt
Bibby R. W. (1987): Fragmented Gods, Toronto
Billings D. B. (1990): Religion as Opposition: A Gramscian Analysis, in: American Journal of Sociology 96, 1-31
Brown C. G. (1992): A Revisionist Approach to Religious Change, in: Bruce St. (Ed.) Religion and Modernization, Oxford, 31-58
Buchmann M. (1989): The Script of Life in Modern Society, Chicago
Burkart G. P. (1980): Patterns of Protestant Organization, in: Scherer R.P. (Ed.): American Denominational Organization, Pasadena, 36-83
Campbell D. T. (1965): Variation and Selective Retention in Socio-Cultural Evolution, in: Herbert R. et. al. (Ed): Social Change in Developing Areas, Cambridge Mass., 19-48
Caplow T., Bahr H. M., Chadwick B. A. (1983): A Faithful People. Change and Continuity in Middletown's Religion, Minneapolis
Coleman J. S. (1974): Power and the Structure of Society, New York
Daiber, K.-F. (1995): Religion unter den Bedingungen der Moderne, Marburg
Demerath N. J., Hammond P. E. (1969): Religion in Social Context: Tradition and Transition, New York
Dupré L. (1994): The Modern Idea of Culture: Its Opposition to its Classical and Christian Origins, in: McInerny R. (Ed.): Modernity and Religion, Notre Dame, London, 1-18
Ellison C. G. (1991): Identification and Separatism: Religious Involvement and Racial Orientations among Black Americans, in: Sociological Quarterly 31, 477-494
Fortin E. L. (1994) The Regime of Separatism: Theoretical Considerations on the Separation of Church and State, in: McInerny R. (Ed.): Modernity and Religion, Notre Dame, London, 145-165.
Gabriel K. (1989): Möglichkeiten und Grenzen kirchlicher Organisation in der individualisierten Gesellschaft, in: SPI (Hrsg.): Konfessionelle Religiosität, Chancen und Grenzen, Zürich, 52-67
Geser H. (1990): Organisationen als soziale Akteure, in: Zeitschrift für Soziologie 19, 401-417
Geser H. (1991a): Zur Bedeutung der Kirchen in der modernen Gesellschaft, in: Schweizerische Zeitschrift für Soziologie 17, 569-584
Geser H. (1991b): Wann lernt die Schule? in: Zentralschweiz. Beratungsdienst für Schulfragen (Hrsg): Wie lernt die Schule? Ebikon, 61-74
Geser H. (1995). Sozialbilanzierung: eine neue gesellschaftliche Legitimationsstrategie der Kirchen? in: Loretan A. (Hrsg.): Kirche-Staat im Umbruch, Zürich, 145-155
Glock Ch. Y. (1993): The Churches and Social Change in Twentieth-Century America, in: Roof W. C. (Ed.): Religion in the Nineties, Newbury Park, 67-83

Green S. (1994): The Revenge of the Periphery? Conservative Religion, Multiculturalism, and the Irony of the Liberal State in Modern Britain, in: McInerny R. (Ed.): Modernity and Religion, Notre Dame, London, 89-115
Haeberle St. H. (1991): The Role of Religious Organizations in the Gay and Lesbian Movement, in: Yarnold B. M. (Ed.): The Role of Religious Organizations in Social Movements, New York, 71-90
Helbling H. (1995): Welches Konzil? Eine Jubiläumsfrage, Neue Zürcher Zeitung, 8. 12. 1995, 15
Heller A. (1982): Der Mensch der Renaissance, Köln
Hesser G. W. (1980): Organizational Dilemmas of Religious Professionals, in: Scherer R. P. (Ed.): American Denominational Organization, Pasadena, 262-290
Hornsby-Smith M. P. (1989): The Changing Parish, London , New York
Kim G. (1980): Roman Catholic Organization since Vatican II, in: Scherer R. P. (Ed.) American Denominational Organization, Pasadena, 84-129
Koch K. (1995): Kirche und Staat in kritischer Partnerschaft, in: Loretan A. (Hrsg.): Kirche-Staat im Umbruch, Zürich, 108-128
Lübbe H. (1986): Religion nach der Aufklärung, Graz
Marty W. R. (1991): The Role of Religious Organizations in the Peace Movement Between the Wars, in: Yarnold B. M. (Ed.): The Role of Religious Organizations in Social Movements, New York, 47-70
McLeod H. (1992): Secular Cities? Berlin, London und New York in the Later Nineteenth and Early Twentieth Century, in: Bruce St. (Ed.): Religion and Modernization, Oxford, 59-89
Metz,J. B. (1980): Jenseits bürgerlicher Religion, München
Meyer,J. W. (1986): Myths of Socialization and of Personality, in: Heller T., Sosna M., Wellberry D., (Eds.): Reconstructing Individualism, Stanford, 212-225
Miles R. H. (1987): Managing the Corporate Environment, Englewood Cliffs, N.J.
Morris A. D. (1984): The Origins of the Civil Rights Movement. Black Communities Organizing for Change, New York
Navarro J. C. (1991): Liberation Theology: Its Implication for Latin American Politics and American Catholicism, in: Roof W. C. (Ed.): World Order and Religion, New York, 99-112
O'Dea T. (1961): Five Dilemmas in the Institutionlization of Religion, in: Journal for the scientific Study of Religion 1, 32-39
Olk T. (1985): Der informelle Wohlfahrtsstaat - Beziehungsprobleme zwischen Sozialstaat und nicht-professionellem Hilfesektor, in: Olk T., Otto H.-U. (Hrsg): Der Wohlfahrtsstaat in der Wende, Weinheim, München, 122-151
Oppl H. (1989): Selbsthilfe als Herausforderung für Sozialarbeit, in: Kardoff E. V., Oppl H. (Hrsg): Selbsthilfe und Krise der Wohlfahrtsgesellschaft, München, 35-42
Roghmann K., Ziegler R. (1977): Militärsoziologie, in: König R. (Hrsg.): Handbuch der empirischen Sozialforschung, Bd. 9, Stuttgart, 142-227
Roof W. C. (1993): Toward the Year 2000: Reconstructions of Religious Space, in: Roof W. C. (Ed.): Religion in the Nineties, Newbury Park, 155-170
Scanzoni J. (1965): Innovation and Constancy in the Church-Sect Typology, in: American Journal of Sociology 71, 320-326
Sherkat D. E., Christopher G. E. (1991): The politics of Black Religious Change: Disaffiliation from Black Mainline Denominations, in: Social Forces 70, 431-454
Stark R., Bainbridge W. S. (1985) The Future of Religion, Berkeley
Streeck W. (1981): Gesellschaftliche Organisationsprobleme in der sozialstaatlichen Demokratie, Königstein

Tochtermann D., Rutz A. (1989): Private und öffentliche Entwicklungshilfe der Schweiz, Zürich
Türk K. (1978): Soziologie der Organisation, Stuttgart
van Dülmen R. (1994): Kultur und Alltag in der frühen Neuzeit (Dritter Band: Religion, Magie Aufklärung. 16.-18. Jahrhundert), München
Wallis R., Bruce St. (1992) Secularization: The Orthodox Model, in: Bruce St. (Ed.): Religion and Modernization, Oxford, 8-30
Walls A. F. (1991): World Christianity, the Missionary Movement and the Ugly American, in: Roof W. C. (Ed.): World Order and Religion, New York, 142-172
Warner St. R. (1993) Work in Progress Toward a New Paradigm for the Sociological Study of Religion in the United States, in: American Journal of Sociology 98, 1044-1093
Wilson B. (1992): Reflections on a Many Sided Controversy, in: Bruce St. (Ed.): Religion and Modernization, Oxford, 195-223
Wuthnow R. (1988): The Restructuring of American Religion: Society and Faith since World War II, Princeton N. J.
Wuthnow R. (1993): Christianity in the 21th Century, New York, Oxford
Yarnold B. M. (1991): The Role of Religious Organizations in the U.S. Sanctuary Movement, in: Yarnold B. M. (Ed.): The Role of Religious Organizations in Social Movements, New York, 17-56
Zald, M. N., McCarthy, J. D. (1987): Religious Groups as Crucibles of Social Movements, in: Zald, M. N., McCarthy, J. D. (Eds.): Social Movements in an Organizational Society, New Brunswick, Oxford, 67-96
Zulehner P. M. u.a. (1993): Vom Untertan zum Freiheitskünstler, Freiburg i. Br.

Franz-Xaver Kaufmann

Wo liegt die Zukunft der Religion?

Die Ausführungen von Hans Geser haben die organisatorische Dimension von Religion stark gemacht und dabei einen sozusagen strukturellen Opportunismus der religiösen Organisationen erkennen lassen, der einer theologischen Religionsvorstellung wie „Religion ist das, was uns unbedingt angeht" (Paul Tillich) diametral entgegengesetzt ist. Die organisationssoziologische Perspektive verdeutlicht damit in besonderer Weise den vielschichtigen Modus der Anpassung von Religion an die wachsende Differenziertheit und Komplexität moderner Gesellschaften. Daß die organisatorische Dimension von Religion im Zuge der Modernisierung immer wichtiger und einflußreicher geworden ist, wurde bereits auch in anderen Referaten dieser Tagung deutlich, ebenso jedoch der aporetische Charakter einer auf das Organisatorische reduzierten Religion; das sollen auch die flankierenden Begriffe „Institution" und „Bewegung" im Titel dieses Bandes andeuten.

Die folgenden Ausführungen beziehen sich weniger in kritischer als in antithetischer Weise auf den Beitrag von Hans Geser. Er hat die aktuellen religiösen Zusammenhänge aus einer mesosoziologischen Perspektive betrachtet. Ich gehe dagegen davon aus, daß religiöse Phänomene nur in einem mehrebenenanalytischen Raster angemessen zur Sprache gebracht werden können. Makrosoziologische differenzierungs- und kulturtheoretische, mesosoziologische organisations- und bewegungsorientierte, mikrosoziologische gruppen- und identitätstheoretische Ansätze der Religionssoziologie müssen zusammengedacht werden, wenn über die Zukunft von Religion unter den gegenwärtigen (west-)europäischen Bedingungen etwas Brauchbares ausgesagt werden soll. Dabei neige ich dazu, der makrosoziologischen Perspektive, welche einerseits die institutionelle Verselbständigung von Religion und andererseits deren kulturelle Aspekte stark zu machen sucht, strukturierende Bedeutung zuzumessen. Denn ihr sind die langfristigsten Einflüsse zuzuordnen, welche sozusagen den hermeneutischen Rahmen für die Interpretation der meso- und mikrosozialen Veränderungen abgeben.

Daß es mit der Religion nicht mehr so weitergehe wie bisher, ist ein durchgängiger Topos der Religionskritik seit den alten Propheten. Die Kritik der etablierten Religion – von der nicht zuletzt zahlreiche Jesus-Worte in den Evangelien zeugen – ist ein konstitutiver Bestandteil der jüdisch-christlichen Religionstradition, und eben dadurch unterscheidet sich diese von allen anderen Weltreligionen. Das dynamische Moment der abendländischen Kultur, welches bis zu den Beschleunigungen der Modernisierung geführt hat, hat hier eine seiner nachhaltigsten Quellen.

Neuzeitlich ist also nicht die Religions*kritik*, sondern ihre Thematisierung als *Religions*kritik! „Religion" ist erst seit der Aufklärung zu einem kategorialen Begriff für die Einheit des religiösen Zusammenhangs geworden. Der Religionsdiskurs ist neuzeitlich und bezieht sich aus soziologischer Sicht auf grundlegende Probleme der Moderne: Die Horizontlosigkeit ihres Projekts und das daraus resultierende Problem der Chiffrierung von und des Umgangs mit sonstwie unstrukturierbarer Kontingenz.

Die Frage nach der Zukunft der Religion (und erst recht die Frage nach ihrer Verortung) ist daher m.E. falsch gestellt. Wenn Religion zu einem kategorialen Einheitsbegriff *heterogener* sozialer Zusammenhänge geworden ist, so gibt es eben „Religion" in einem eindeutigen Sinne nicht mehr; genau dies lehrt uns die Pluralität gegenwärtiger Religionsdiskurse. Die Religionssoziologie bedarf einer reflektierteren Distanz zu den gängigen Diskursen über Religion, wenn sie ihren analytischen Aufgaben gerecht werden will. Insbesondere sollte sie ihre eigenen Diskurse über Religion nicht mit den historischen und aktuellen Wirklichkeiten verwechseln, um deren Zukunft es tatsächlich geht. Dies sei im ersten Teil dieses Beitrags verdeutlicht. Meine Ausgangsfrage lautet: Wie entwickeln sich die kollektiven Vorstellungen von Religion und in welcher Form ist die Soziologie dabei involviert? Im zweiten Teil werden dann einige Überlegungen zu Entwicklungstendenzen des europäischen Christentums vorgetragen. Denn in den öffentlichen Diskursen um Religion, welche zumal in Deutschland noch weitgehend von den Vertretern der christlichen Kirchen dominiert werden, wird unter „Religion" – immer noch – im wesentlichen das Christentum verstanden. Die Ausführungen des ersten Teils verstehen sich somit als methodische Grundlegung für diejenigen des zweiten Teils.

1. Die Vielfalt der Religionsdiskurse als Grundlage für eine Erneuerung der Religionssoziologie

Nicht von ungefähr hat sich die neu formierte „Sektion Religionssoziologie in der Deutschen Gesellschaft für Soziologie" auf einer ihrer ersten Tagungen mit den Ursprüngen der Religionssoziologie um 1900 befaßt (vgl. Krech, Tyrell 1995). Das Ergebnis ist in zweifacher Hinsicht ernüchternd: Zum einen zeigt sich bei allen Gründervätern des Faches eine deutliche Verstrickung in die religionspolitischen, sozialpolitischen und theologischen Auffassungen und Problemstellungen der Zeit, also eine ungenügende Reflexion des spezifischen Beobachterstandortes der Soziologie. Und zum anderen kann aus eben diesem Grunde eine erneuerte Religionssoziologie nicht unmittelbar bei diesen klassischen Positionen ansetzen, deren Implikationen in wenig reflektierter Form vielmehr auch die unterschiedlichen Gegenwartsdiagnosen zum Thema Religion mitbestimmen.

Will die sich seit etwa einem Jahrzehnt in Deutschland institutionell erneuernde Religionssoziologie über die Konfrontation unterschiedlicher Religionsauffassungen und soziologischer Denktraditionen hinauskommen, so empfiehlt es sich m.E., ihren Gegenstand nicht im Sinne dieser oder jener herkömmlichen Auffassung von „Religion" zu bestimmen, sondern die Gesamtheit der öffentlichen Diskurse über Religion zu ihrem primären Gegenstand zu erheben (ähnlich Matthes 1992). Angesichts der inhaltlichen Heterogenität der Religionsdiskurse, welche zur Diagnose eines Unbestimmtwerdens von Religion in der Neuzeit geführt hat (Kaufmann 1989: 59ff.), kann sich die Religionssoziologie ihres Gegenstandes nur noch dadurch vergewissern, daß sie das fortgesetzte, ja seit Beginn der 1980er Jahre erneuerte *öffentliche Interesse an „Religion"* und die damit verbundenen Diskurse zum Ausgangspunkt weiteren Nachdenkens nimmt. Die primär zu beobachtende soziale Tatsache besteht demzufolge in der Vielfalt der Religionsdiskurse und ihrer augenscheinlichen Inkommensurabilität. Ob sich aus der Auseinandersetzung mit diesen Diskursen ein neuer analytischer Religionsbegriff entwickeln läßt[1] oder ob man es bei „Religion" als „problemanzeigendem Begriff" (Kaufmann 1989, 71) belassen muß, muß die Zukunft zeigen.

Wie insbesondere begriffsgeschichtliche Studien zeigen (vgl. Feil 1986ff.; 1995; Feiereis 1965) wurde „Religion" erst im Zuge der Aufklärung zu einem kategorialen Begriff für die Einheit des religiösen Zusammenhangs.

---

1 Nach Krüggeler (1996, 219) muss ein derartiger analytischer Religionsbegriff „vor allem den beiden folgenden Bedingungen genügen:

- der Religionsbegriff sollte die Formulierung unterschiedlicher religiöser Semantiken und Praktiken ermöglichen (sic!) und damit Optionen und Wahlmöglichkeiten als eine der Vorbedingungen religiöser Individualisierung in subtile Operationalisierungen umzusetzen gestatten. Der Religionsbegriff sollte also weit genug sein, um über die in den christlichen Kirchen dominant sichtbare Religion nicht nur andere (Welt-) Religionen, sondern auch alt-neu-religiöse Phänomene wie Astrologie und ‚New-Age', Esoterik und Okkultismus in ihrer zeitgenössischen Artikulation zu umfassen. Er muss andererseits eng genug sein, um ‚Religion' von anderen Sozialphänomenen trennscharf abgrenzen zu können.
- Der Religionsbegriff sollte neben der Perspektive von Experten aus den verschiedenen Weltreligionen auch die Eigenperspektive nicht-professioneller religiöser Akteure zu artikulieren ermöglichen. Das schliesst nicht auch, sondern ausdrücklich ein, dass dabei gegenüber der jeweiligen religiösen Eigenperspektive die distanzierte soziologische Betrachtungsweise zur Anwendung gelangt, die im ‚Rücken der Akteure' liegende soziale, historische und andere Faktoren zur komparativen Rekonstruktion religiöser Einstellungen und Aktivitäten heranzieht."

Es ist eben die Frage, ob und in welcher Form ein solcher Religionsbegriff möglich ist! Im übrigen unterscheidet Krüggeler m.E. nicht genügend zwischen der Ebene der religiösen Akteure und der soziologischen Beobachter.

Religio löste hier ältere Glaubensmetaphern wie *fides* oder *lex* und Einheitsmetaphern wie *Christianitas* oder *Ecclesia* ab und fungiert seither als Referenzbegriff für verallgemeinernde Diskurse über religiöse Fragen. Den realgeschichtlichen Hintergrund für diese Begriffsverschiebung bilden die nachreformatorischen Konfessionskriege, welche die Suche nach einer „Universalreligion" jenseits der entzweiten Bekenntnisse stimulierten. Bekanntlich wurde dann der Zusammenhang zwischen Religion und Wahrheit nicht nur durch die französische Religionskritik, sondern auch durch den deutschen Idealismus destruiert (vgl. Kantzenbach 1972). Gleichwohl wurde der Religionsbegriff im 19. Jahrhundert durch unterschiedliche theologische, religionswissenschaftliche und politische Diskurse aufgeladen.[2] Daraus resultiert die heutige Spannung zwischen religionswissenschaftlichen (einschließlich der religionssoziologischen) und theologischen Religionsvorstellungen. Während die Theologen die Identität von Christentum, Wahrheit und Religion weitgehend unreflektiert voraussetzen, ist der allgemeine Religionsbegriff ein Kind der Religionswissenschaften, die sich selbst als in religiöser Hinsicht „wertfrei" verstehen.[3]

Der allgemeine Religionsbegriff wurde je nach Erkenntnisinteresse sehr unterschiedlich ausgelegt (vgl. Stietencron 1993; Krech, Tyrell 1995a, 24ff.). Die neuere Systematisierung dieser Auslegungen unterscheidet vor allem zwischen inhaltlichen und funktionalen Religionsbegriffen; dabei wird bald deren Inkommensurabilität (Kaufmann 1989, 53ff.), bald deren Vermittelbarkeit (Pollack 1990; Voll, Krüggeler 1992; Grabner, Pollack 1992) behauptet.

In jüngster Zeit haben Versuche, einen allgemeinen Religionsbegriff inhaltlich oder phänomenologisch zu präzisieren, an Bedeutung verloren zugunsten von Studien einzelner Weltreligionen, ihrer kulturellen Auswirkungen und ihres Verhältnisses zueinander, jeweils mit unterschiedlichen Perspektiven. Dieser *Verzicht auf einen deskriptiven allgemeinen Religionsbegriff* wurde nachhaltig durch die Kritik gefördert, daß alle bisherigen Versuche der Bestimmung eines allgemeinen Religionsbegriffs im Horizont des okzidentalen Christentums und der westlichen Aufklärung entstanden seien und an diesen Horizont rückgebunden bleiben (Matthes 1989; Tenbruck 1993). So scheint insbesondere die uns selbstverständliche „Apartheit der Religion" (Matthes) als einer spezifischen Sinnprovinz im Verhältnis zur allgemeinen Kultur nicht verallgemeinerungsfähig.

---

2 Zur theologischen und religionswissenschaftlichen Diskussion vgl. Elsas 1975; Wagner 1986; zur religionspolitischen Diskussion Tyrell 1995.

3 Man könnte in Analogie zu Tenbrucks Durkheim-Kritik (Tenbruck 1981), derzufolge die Gesellschaft eine „Geburt aus dem Geist der Soziologie" sei, auch die Religion als eine Geburt aus dem Geist der Religionswissenschaften bezeichnen (Kaufmann 1986, 65). Und beide Vorstellungen treffen sich im Gedanken der *Einheit*, so dass im Zeitalter des Nationalstaates Religion politisch – und wissenschaftlich! – für die Einheit der Gesellschaft in Anspruch genommen wurde; vgl. für Frankreich Firsching 1995, für Deutschland Graf 1997, 40 ff.

Was folgt daraus für *funktionalistische Religionsbestimmungen*, welche vor allem in der Religionssoziologie gängig geworden sind? Zunächst liegt die Vermutung nahe, daß sie, weil ebenfalls allesamt im okzidentalen Kulturraum entstanden, an die Begrenzungen der okzidentalen Religionsvorstellung gebunden bleiben. In der Tat müßte der Versuch, Religion allein über bestimmte Leistungen (Funktionen) zu bestimmen, tautologisch enden. Wir müssen also zusätzliche Annahmen machen, um den Geltungsbereich der funktionalen Analyse zu plausibilisieren.

Man könnte hierfür – mit Tenbruck (1993) – den *Referenzpunkt der lateinischen Kirche* und des durch sie geprägten Geschichtsraumes wählen, denn nur hier stand das *Wort* „Religio" zur Verfügung und hat Eingang in alle europäischen Sprachen gefunden.[4] Angesichts der späten kategorialen Verwendung des Begriffs liegt es jedoch näher, *die historische Situation eben dieser Begriffskarriere als den maßgeblichen Kontext aufzufassen.* „Religion" gewann kategorialen Rang gegenüber den herkömmlichen christentümlichen Bezeichnungen erst, nachdem die Selbstverständlichkeit eines die gesamte Christenheit zur Einheit verbindenden gemeinsamen Glaubens zerbrochen war. Die mit der spanischen Spätscholastik einsetzende Berufung auf die „natürliche Vernunft" zur Legitimation von Theologie wurde ja notwendig erst, nachdem die Autorität des gemeinsamen Glaubens abhanden gekommen war. Dieser Ansatzpunkt wurde von der protestantischen Schultheologie des 17. Jahrhunderts übernommen und führte zum Begriff der „natürlichen Religion", der als die früheste kategoriale Ausprägung des Religionsbegriffs gelten darf (Feiereis 1965).

„Religion" wird hier zum „generalisierte(n) Signum für die Einheit eines nun im gleichen Wirkungsraum gespalten auftretenden Christentums", gleichzeitig jedoch auch zum Signum „für den eigenen Christlichkeits-Anspruch einer (zunächst vornehmlich) protestantischen Laienschaft gegenüber der institutionellen Verfaßtheit von ‚Kirche'" (Matthes 1993, 19 f.).

Angesichts der zunehmenden gesellschaftlichen Dynamik in den folgenden Jahrhunderten und der mit ihr einhergehenden Entwicklung der Kulturwissenschaften unter maßgeblicher Mitwirkung des protestantischen Laientums ist die ambivalente Aufladung des Religionsbegriffs und die Extension seiner Bedeutungen nicht überraschend. In dem Maße jedoch, als auch Phänomene außerhalb des Bereichs expliziter Christlichkeit in den Bedeutungshorizont des Religionsbegriffs traten, mußte sich dieser zwangsläufig von der christentümlichen Semantik trennen. Eben dies bildete den Ausgangspunkt für phänomenologische und funktionalistische Religionsdiskurse.

4 Tenbrucks die gesamte Christentumsgeschichte übergreifende Studie trifft sich in ihrem Erkenntnisinteresse weitgehend mit meinen (erstmals 1986 publizierten) Überlegungen zu „Religion und Modernität". Ich neige jedoch dazu, zwischen diesen beiden Begriffen einen unmittelbareren Zusammenhang herzustellen als Tenbruck, der die Begriffsgeschichte von „Religion" m.E. zu linear konzipiert.

Die Verallgemeinerung des Religionsbegriffs über den christentümlichen Kontext hinaus vollzog sich dabei in zwei zu unterscheidenden Dimensionen, die jedoch insbesondere in der Religionssoziologie Emile Durkheims ineins gesetzt wurden, was nachhaltige Mißverständnisse zur Folge gehabt hat. Zum einen ging es um die *Ermöglichung des interkulturellen Vergleichs*: Das 18. und 19. Jahrhundert entdeckte im Zuge der Kolonialisierung auch die sogenannten primitiven Kulturen, an denen unter evolutionstheoretischen Gesichtspunkten nun ein besonderes Interesse entstand. Gleichzeitig wuchs auch die Kenntnis der außereuropäischen „Weltreligionen". Daß „Religion" ein gesellschaftliches Universale sei, wurde dabei apriorisch unterstellt, und das ethnographische oder literarische Material so geordnet, daß es sich dem „Religionsvergleich" fügte. Die methodische Frage nach den dabei anzulegenden Selektions- und Vergleichsgesichtspunkten stimulierte in der Folge die Diskussion um den Begriff Religion, wobei sich phänomenologische und funktionalistische Bestimmungsversuche als am erfolgreichsten erwiesen haben.

Weil die *französische* Aufklärung (im Unterschied zur deutschen und angelsächsischen) die Verbindlichkeit des Christentums selbst infrage gestellt hatte, und sich in Frankreich im 19. Jahrhundert eine kraftvolle laizistische Bewegung entwickelte, gewann der Rekurs auf einen allgemeinen Religionsbegriff jedoch noch eine zweite, unsere gegenwärtigen Diskurse maßgeblicher beeinflussende Dimension, nämlich diejenige nach der *Zukunft der Religion nach dem Ende des Christentums*. Nicht zuletzt die Repression des Protestantismus durch die „katholischen Könige" Frankreichs, aber auch die Demütigung des Papstes durch Napoleon schienen dem Katholizismus hier jegliche Legitimität vor dem Forum der Geschichte zu entziehen; sein Verschwinden in der Bedeutungslosigkeit erschien nur noch als eine Frage der Zeit. Aber auch die Restauration der Allianz von Thron und Altar nach der Niederlage Napoleons führte nicht zur Wiederherstellung eines gesellschaftlichen Konsenses, sondern nur zur tiefen Spaltung der französischen Gesellschaft, für die die *unterschiedliche* Einschätzung der französischen Revolution bis heute charakteristisch ist. Schon Auguste Comte benutzte den Begriff der Religion, um die Probleme der gesellschaftlichen Einheit und der moralischen Kontrolle im „positiven Zeitalter" programmatisch zu lösen (vgl. Jonas 1976 I, 267). Diesen doppelten Bezug griff Durkheim in seiner Religionstheorie auf, welche gleichzeitig die anthropologische Notwendigkeit und den integrativen Charakter seiner „morale laique" begründen sollte. Die postulierte Universalität von Religion diente hier zur Begründung moralischer Ansprüche, und *gleichzeitig wurde damit soziologiegeschichtlich der enge Zusammenhang des Problemkomplexes Religion-Moral-gesellschaftliche Integration fixiert*, der fachgeschichtlich – vor allem über Talcott Parsons und seine Nachfolger – bis heute wirksam ist und auch das praktische Bewußtsein hinsichtlich der Nützlichkeit von Religion (vor allem unter Politikern!) beherrscht.

Neben diesem gesellschaftstheoretischen Religionsdiskurs[5] hat sich ein zweiter funktionalistischer Religionsdiskurs entwickelt, der sich in seinen Ursprüngen auf Georg Simmel zurückverfolgen läßt. Die Funktion von Religion bezieht sich hier nicht auf die gesellschaftliche Integration, sondern auf die *sozial vermittelte Individuation des Menschen.* In den neueren Individualisierungsdiskursen wird die Individuation oder „Selbstverwirklichung“ selbst als religiöser Prozeß verstanden; als herrschende Sozialform von Religion gilt hier also die (mangels verbindlicher kollektiver Vorgaben) privatisierte Sinnkonstruktion des eigenen Lebens (vgl. zuletzt Luckmann 1996). Simmel dagegen entwickelte ein komplexeres Argument, in dem das allmähliche Auseinandertreten von subjektiver *Religiosität* und institutionalisierter *Religion* selbst als Ergebnis der *Kulturentwicklung* gedeutet wird.[6] Wie jüngst Krech (1996, 360ff.) herausgearbeitet hat, geht Simmel von einer Strukturanalogie zwischen der religiösen Deutung und der sozialen Erfahrung aus: In Vergesellschaftungsprozessen erfährt sich der Mensch zugleich als Teil eines größeren Ganzen und als das Ganze selbst. Insofern als diese Differenzerfahrung einen

„bestimmte(n) Spannungszustand des Gefühles, eine specifische Innigkeit und Festigkeit des inneren Verhältnisses, eine Einstellung des Subjektes in eine höhere Ordnung, die es zugleich als etwas Innerliches und Persönliches empfindet“ (Simmel 1898, 113),

annimmt, kann sie als *religoid* gelten. Und insofern als Kultur die Beziehung des Einzelnen zum größeren Ganzen thematisiert, erscheint sie als *Religion, welche der religoiden Erfahrung religiösen Sinn verleiht.* Insofern die jüdisch-christliche Religionstradition dem unmittelbaren Verhältnis des Einzelnen zu Gott einen ausgezeichneten Stellenwert zumißt, was sich so in anderen Weltreligionen nicht findet, eignet sie sich in besonderer Weise, um die Differenz zwischen Individuum und Gesellschaft thematisch werden zu lassen und damit jenen Individualisierungsprozessen Vorschub zu leisten, welche die Neuzeit kennzeichnen.

„In diesem Sinne knüpft auch Simmels Religionstheorie an Traditionsbestände des Christentums an. Zugleich beschreibt sie einen Transformationsprozeß auf den beiden oben angeführten Ebenen der Individualisierung. Kontinuität und Bruch zugleich zu berücksichtigen, wird ihm nur durch die Unterscheidung von Religiosität und Religion möglich. (...) Wenn die christliche Religion nicht im Laufe der Kulturgeschichte Individualität ausgebildet hätte, wäre das religiöse Bedürfnis überhaupt nicht entstanden und würde die Behauptung der fraglich gewordenen Individualität auch nicht einfordern. (...) Auf der Geltungsebene ist Religion optional geworden. Will der Einzelne seine Lebensführung jedoch an dem neuzeitlichen Konzept von Individualität ausrichten, meldet sich das religiöse Bedürf-

5 Auch Luhmann bleibt – trotz deutlicher Trennung von Moral und Religion – in der Nachfolge von Parsons, insofern er der Religion die Funktion der Chiffrierung und damit des Latent-Haltens der Weltkontingenz zuschreibt; Religion ermöglicht deshalb die Evolution der gesellschaftlichen Funktionsdifferenzierung und wirkt in diesem Sinne integrativ.

6 Bei Luckmann dagegen resultiert die Privatisierung von Religion aus der strukturellen Verselbständigung funktional unterschiedlicher Rollensysteme.

nis und es ist an Religion – in welcher Gestalt auch immer – verwiesen. Die Unverzichtbarkeit von Religion ist also, um es etwas paradox zu formulieren, optional geworden" (Krech 1996, 380).

Im Unterschied zu Luckmann, welcher nahezu beliebige Transzendenzkonstruktionen als religiös produktiv gelten läßt, besteht also Simmel auf den kulturellen Traditionen des Okzident als Bedingung der gesellschaftstypischen Möglichkeit von Individualisierungsprozessen.

Neben diesen beiden dominierenden Strängen funktionalistischer Religionsdiskurse – im gesellschafts- und im individualisierungstheoretischen Sinne – lassen sich in der Literatur weitere Funktionsbestimmungen von Religion aufweisen, die sich teilweise überschneiden. Sie lassen sich als mehrebenenanalytischer Zusammenhang rekonstruieren, wie er mir zur Grundlegung eines analytischen Umgangs mit religiösen Phänomenen heute unverzichtbar erscheint.

Dem gesellschaftstheoretischen und dem individualisierungstheoretischen Diskurs über Religion ist das *Interesse an nachchristlichen Religionsformen* gemeinsam. Sobald jedoch der bei Simmel noch aufrecht erhaltene Bezug zur expliziten Religion des Abendlandes, dem Christentum, in seinen kirchlichen und/oder kulturellen Manifestationen aufgegeben wird, geraten die Funktionszuschreibungen in eine gewisse Beliebigkeit. Andererseits ist es angesichts des breiten Spektrums „neuer", gemeinhin als religiös qualifizierter Phänomene – von der Wiedererinnerung vorchristlicher Kulturbestände bis zu transkulturellen Synkretismen – notwendig, deren Distanz zum christentümlichen Religionsverständnis analytisch mit einzubeziehen; und dies erfordert ebenso die wachsende Präsenz der nicht-christlichen Weltreligionen in Europa. Wie also – so ist zu fragen – läßt sich für die Analyse unserer gegenwärtigen Zeitsituation, welche wohl am ehesten durch eine Konkurrenz zwischen christentümlichen und nicht-christentümlichen Sinnangeboten und deren fragwürdige Wirkung auf die Individuen zu kennzeichnen ist, ein analytischer Raster entwickeln, der es gestattet, soziologisch plausible Urteile über ‚Religion' und ihre Entwicklungstendenzen in der Gegenwart zu formulieren? Und wie läßt sich insbesondere das Beliebigwerden des Religionsbegriffs angesichts der wachsenden gesellschaftlichen Unbestimmtheit von Religion vermeiden?

Ein soziologisch anspruchsvoller Religionsbegriff muß, so meine These, *den Zusammenhang zwischen Kultur, Vergesellschaftungsprozessen und individueller Relevanz aufrechterhalten.* Dieser Zusammenhang ist im Zuge der neuzeitlichen Transformationsprozesse komplexer und vielfältiger geworden und fügt sich daher einfachen integrationstheoretischen Vorstellungen nicht mehr. Eigendynamiken sind auf jeder dieser drei analytischen Ebenen in Rechnung zu stellen, und daher auch eine wachsende Kontingenz zwischen den Ebenen. Alle substantiierten Religionsdiskurse postulieren jedoch – vielleicht kontrafaktisch? – den genannten Zusammenhang. Es verfehlt daher den Rang des Problems, sich der oberflächlichen Redeweise des „religiösen

Marktes" anzupassen oder alle „Sinnanbieter" auf die gleiche Stufe zu stellen. Zum einen verstehen sich manche dieser Sinnangebote nicht als religiös, sondern beispielsweise als wissenschaftlich (z.B. Psychomarkt) oder politisch (z.B. die Großideologien des Liberalismus, Nationalismus oder Sozialismus). Zum anderen sind die einschlägigen Phänomene von unterschiedlicher sozialer Emergenz und Dauerhaftigkeit. Von soziologischem Interesse vermögen nur solche Phänomene „neuer Religion" zu sein, welche eine nachweisbare kulturelle Präsenz (z.B. Bücher mit hoher Auflage, Resonanz in anderen Medien) mit erkennbaren Sozialformen (Orte, Rituale, Vergemeinschaftungen) und individueller Relevanz (dokumentiert beispielsweise durch Einstellungs- oder Verhaltensmuster von einer gewissen biographischen Festigkeit) verbinden. Soziologisch interessant sind solche Phänomene darüber hinaus vor allem unter dem Gesichtspunkt ihrer sozialen Wirksamkeit, die sich etwa an ihren Folgen oder ihrer Dauerhaftigkeit ablesen läßt. Orientiert sich der theologische Religionsdiskurs an der Wahrheit von „Religion", so der soziologische an deren sozialer Wirksamkeit.

Wie aber lassen sich dabei religiöse und nicht-religiöse Sozialphänomene unterscheiden? Das Gemeinsame aller Versuche einer Begriffsbestimmung von Religion und Religiosität besteht in einem impliziten oder expliziten *Rekurs auf Charakteristika traditioneller Religionsvorstellungen im okzidentalen Kontext,* welche i.d.R. auch abstrahiert und gleichzeitig generalisiert werden. Dieser Generalisierungsprozeß *einzelner* Charakteristika hat jedoch zur Folge, daß die Kategorien zu allgemein und i.d.R. auf Phänomene anwendbar werden, die gemäß dem Allgemeinverständnis anderen Sinn- oder Kommunikationssphären der Gesellschaft zuzuordnen sind. In ihrer Unterschiedlichkeit erscheinen diese Selektionen zudem relativ willkürlich.

Den Aporien konventioneller oder beliebiger Definitionen kann die Religionssoziologie m.E. dadurch entkommen, daß sie sich zwar einerseits auf generalisierende Bestimmungsversuche von „Religion" (inhaltlicher und/oder funktionalistischer Art) bezieht, diese aber andererseits *als sich wechselseitig limitierende Perspektiven betrachtet.* In diesem Sinne habe ich einen plurifunktionalen Raster der Bestimmung von „Religion" vorgeschlagen, der von der Annahme ausgeht, daß das – aus soziologischer Sicht – spezifisch Religiöse in der *gleichzeitigen Erfüllung unterschiedlicher Leistungen oder Funktionen* liegt, welche von verschiedenen Theorien als spezifische Differenzen des Religiösen postuliert wurden (vgl. Kaufmann 1989, 82ff.). Während nach dem vorherrschenden Muster funktionsorientierter Strukturierung der Sozialzusammenhänge zu erwarten ist, daß die einzelnen Funktionen arbeitsteilig in unterschiedlichen Systemzusammenhängen erfolgen (z.B. soziale Integration über Recht und Politik, Identitätsgewinnung über Familie oder Therapie) *wäre es demzufolge das Spezifikum religiöser Zusammenhänge, daß sie – sozusagen als Komplementärprinzip – funktionssystemübergreifend und plurifunktional wirksam werden.*

Ich möchte nun zeigen, daß diesen postulierten Funktionen Problemlagen entsprechen, die auf unterschiedlichen analytischen Ebenen sozialer Wirklichkeit angesiedelt sind, die somit in ihrem Zusammenhang den Anforderungen an eine mehrebenenanalytische Rekonstruktion des religiösen Bedeutungsraums entsprechen und damit auch den Zusammenhang von Kultur, Vergesellschaftung und Individualität repräsentieren.

Da der Religionsdiskurs neuzeitlich ist, erscheint es legitim, ihn aus soziologischer Sicht auf grundlegende Probleme der Moderne zu beziehen: Die Horizontlosigkeit ihres Projekts und das daraus resultierende Problem der Chiffrierung (Luhmann) und des Umgangs (Lübbe) mit *sonstwie unstrukturierbarer Kontingenz*. „Religoid" sind Orientierungs- und Handlungsprobleme, welche die säkularisierten Denkmuster sprengen und für die es keine adäquaten Handlungsstrategien gibt. Inwieweit sie religiös aufgeladen werden, hängt von Deutungsleistungen ab, die sie in den Kontext dessen stellen, was in einem konkreten Sozialzusammenhang als „Religion" gilt. Aus soziologischer Sicht ist „Religion" somit nichts Feststehendes, sondern ein Problemraum für entparadoxierende Strategien.[7] Derartige Strategien erscheinen – so die These – als um so aussichtsreicher, je plurifunktionaler sie angelegt sind, je weiter sie also den im folgenden zu entwickelnden Problemraster abdecken.

Ich beginne mit der Individualebene: Hier stellen sich manifest Probleme wie Affektstabilisierung (Gehlen) und Angstbewältigung (Kierkegaard) oder (aus psychologischer Sicht) der *Identitätsgewinnung oder -erhaltung*. Es handelt sich hier um die unmittelbar auf das Individuum bezogene Funktion von Religion, welche natürlich nur analytisch von den folgenden Funktionen zu trennen ist, insofern als die „Lösung" von Problemen auf dieser Ebene aus soziologischer Perspektive die Erfüllung weiterer Funktionen auf anderer Ebene voraussetzt.

Auf das Verhältnis von Individuum und seiner Erfahrungswelt bezieht sich die Funktion der *Handlungsführung im Außeralltäglichen*. Regelmäßig wird im abendländischen Religionsverständnis (im Unterschied zum asiatischen!) der Raum der normalisierten oder gewährleisteten Alltagserfahrung oder Lebenswelt nicht als religiös, sondern als profan klassifiziert (M. Eliade). Dagegen sind Lebenspassagen, Konfliktsituationen, Glück und Unglück typische, den Alltag sprengende „religoide" Erfahrungen, welche vielfach mit Hilfe von Ritualen oder durch Rekurs auf religiös verbürgte moralische Grundsätze oder u.U. auch mit magischen Praktiken bewältigt werden. In dieser Dimension ist auch die soziale Kontrolle durch Religion zu verorten.

Auf das Verhältnis von Individuum und Kultur bezieht sich die Funktion der *Verarbeitung von Kontingenzerfahrungen*, also von Unrecht, Leid, Schuld usw. Es handelt sich hier um potentiell traumatisierende Erfahrungen,

7 Inwieweit derartige Strategien als „Religion" oder als „religiös" *anerkannt* werden, bleibt primär eine Frage gesellschaftlicher und nicht soziologischer Diskurse.

welche Angst auslösen bzw. den Sinn des individuellen Lebens in Frage stellen können. Insoweit als ein Sinnsystem Deutungsmuster für die Verarbeitung derartiger individueller (oder auch kollektiver: z.B. Krieg, Epidemien) Erfahrungen bereitstellt, kann es im Sinne dieser Funktion als religiös gelten. In der Literatur findet sie sich unter Namen wie Theodizee (M. Weber), Kompensationsfunktion (F. Fürstenberg) oder Kontingenzbewältigung (H. Lübbe).

Unmittelbar auf Vergesellschaftungsprozesse bezogen ist die Funktion der *Legitimation von Gemeinschaftsbildung*. Sie stellt ein zentrales Thema der älteren politischen Philosophie, aber auch der französischen Religionssoziologie dar und entspricht der Integrationsfunktion im Sinne Fürstenbergs. Aber auch René Girards Problem der Pazifizierung sozialer Beziehungen oder Robert Bellahs „Zivilreligion" gehören hierher.

Unmittelbar auf Kultur bezogen ist die vor allem von Peter Berger, aber auch von Mircea Eliade hervorgehobene Funktion der *Kosmisierung von Welt*, also die Schaffung eines symbolischen Deutungshorizonts der Wirklichkeit und damit die Gewährleistung des geordneten Charakters der Welt. Genau hierauf bezieht sich auch die Luhmannsche Bestimmung einer „Chiffrierung von Kontingenz".

Mit diesen fünf Funktionen hatte ich einen ersten Bestimmungsversuch des analytischen Rasters von „Religion" abgeschlossen (vgl. Kaufmann 1986, 303). In der Folge wurde mir jedoch deutlich, daß mit dieser integrationsorientierten Konzeptualisierung von Religion wichtige Momente gerade der jüdisch-christlichen Tradition nicht erfaßt werden, auf die in der Religionssoziologie vor allem Max Weber (1934, 541) hingewiesen hat. Für die „prophetischen und Heilandsreligionen" betont er, daß sie

> „in einem großen und entwicklungsgeschichtlich besonders wichtigen Bruchteil der Fälle in einem nicht nur (wie nach der angenommenen Terminologie selbstverständlich ist) akuten, sondern in einem *dauernden Spannungsverhältnis* zur Welt und ihren Ordnungen" sich befinden. „Und zwar, je mehr sie eigentlich Erlösungsreligionen waren, desto mehr".

Das entsprechende religoide Problem läßt sich als Bedürfnis nach *Distanzierung von den gegebenen Verhältnissen* (z.B. durch Widerstand und Protest gegen einen als ungerecht oder unmoralisch erfahrenen politischen Zustand), beschreiben. Die spezifische Dynamik der okzidentalen Tradition ist nachhaltig auf deren eschatologische Ausrichtung und welttranszendierende Moralität zurückzuführen. Im Unterschied zu den vorangehenden Funktionen läßt sich diese kaum einer einzelnen Ebene sozialer Emergenz primär zuordnen. Vielmehr ist es charakteristisch für diese Funktion der Weltdistanzierung, daß sie in Spannung sowohl zur Kosmisierungsfunktion als auch zur Integrationsfunktion steht, aber die drei übrigen vorgenannten Funktionen durchaus mit zu erfüllen vermag.[8]

---

8 Das ist bezogen auf die Systemreferenz „Gesellschaft" gedacht. Natürlich können Bedeutungskomplexe, die gesamtgesellschaftlich „systemkritisch" wirken, gleichzeitig für durch sie legitimierte soziale Bewegungen kosmisierend und gemeinschaftsstiftend wirken.

Es ließe sich unschwer zeigen, daß in den meisten Begriffserläuterungen von Religion auch Bezüge auf Funktionen mitschwingen, die nicht im Vordergrund der jeweiligen Begriffsexplikation stehen. Ob mit diesem Raster eine erschöpfende Dimensionierung gelungen ist, bleibe der Kritik anheimgestellt.

2. Was bedeutet Religion heute in Europa, und was geschieht mit dem Christentum?

Die vorangehenden Ausführungen dürften deutlich gemacht haben, daß die Frage nach der „Zukunft der Religion" im Sinne des hier entwickelten Religionskonzeptes falsch gestellt ist. Der Begriff „Religion" gewinnt seinen kategorialen Rang nach der hier vertretenen Auffassung gerade durch das Fragwürdigwerden der kirchlich repräsentierten christlichen Traditionen und dies in einem historisch sich verändernden (und damit unterschiedliche Aspekte akzentuierenden) Kontext. *„Religion" wird hier also als problemanzeigender Begriff verstanden, den die Soziologie im Sinne eines heuristischen Rasters expliziert, um das damit angesprochene Problem diskursiv entfalten zu können.* Die Frage nach der Zukunft der Religion bezieht sich nicht auf einen solchen heuristischen Raster, sondern sie kann sich sinnvollerweise nur auf kulturelle und soziale Repräsentationen beziehen, welche im *gesellschaftlichen* Verständnis als „Religion" gelten. Ihre Zukunftsfähigkeit würde dann aus soziologischer Sicht um so größer erscheinen, desto plausibler ihre Leistungserfüllung in den verschiedenen Dimensionen des Rasters erscheint und je verbreiteter entsprechende soziale Repräsentationen sind. [9]

Im Sinne des entwickelten heuristischen Rasters ist es ziemlich offenkundig, daß es bereits auf dem Emergenzniveau von Nationalgesellschaften heute keine gesellschaftsweite „Religion" mehr gibt, geschweige denn in größeren politischen Zusammenhängen. Der Nationalismus, welcher zum mindesten zu bestimmten Zeiten und an gewissen Orten all diese genannten Probleme zu lösen beanspruchte und wahrscheinlich auch für erhebliche Bevölkerungsteile tatsächlich gelöst hat, und in diesem Sinne analytisch als „Religion" anzusprechen ist, scheint diese Leistungsfähigkeit weitgehend verloren zu haben. Und ebenso deutlich gilt das für das Christentum.[10] Auch die aufklärerischen

---

9 Man könnte diesen zweiten Gesichtspunkt in Frage stellen, weil er nicht systematisch mit dem ersten verknüpft ist. In der Tat haben sich ja auch sehr kleine religiöse Minderheiten über Jahrhunderte hinweg erhalten, also „Zukunft gehabt". Andererseits zeigt die historische Erfahrung doch, dass – unter der Voraussetzung der im ersten Merkmal ja bereits postulierten Funktionsfähigkeit – grössere Sozialgebilde sich i.d.R. als dauerhafter erweisen.

10 In einer Führungskräftebefragung wurde nach „gemeinsamen Überzeugungen" gefragt; unter den 21 Antwortvorgaben wurden lediglich „Nationalbewusstsein" und „das Chri-

Hoffnungen auf eine „innerweltliche Erlösung“ im Rahmen des Fortschritts menschlicher Vernunft in der Geschichte sind brüchig geworden, welche von Tenbruck (1976) als „Glaubensgeschichte“ und von Kuenzlen (1995) als „säkulare Religionsgeschichte der Moderne“ interpretiert worden sind. Der Integrationsmodus moderner Gesellschaften ist höchst vielschichtig geworden, und Religion im traditionellen Sinne trägt dazu bestenfalls mittelbar noch bei (vgl. Kaufmann 1997). Wie aber ist es dann um die Religion in Europa bestellt?

Man kann sich zunächst fragen, ob der emphatische Religionsbegriff der frühen Neuzeit in den vorangehenden mittelalterlichen Verhältnissen überhaupt sein empirisches Gegenstück hatte, oder ob er lediglich eine idealisierende Verklärung früherer Zustände darstellt. So kann allerdings nur der Soziologe fragen, der seinerseits die Implikationen des emphatischen Religionsbegriff nicht teilt. Daß die offiziellen Repräsentanten des mittelalterlichen Christentums dieses als die *vera religio* verstanden, hätten sie nur das Wort im frühneuzeitlichen Sinne gekannt, ist unbestreitbar. Ja wir können noch einen Schritt weitergehen und im Konzept der *Christenheit*, das sich im wesentlichen gegen den Europa von Ost und West umklammernden Islam richtete, das Symbol einer religiös fundierten kollektiven Identität erkennen. Sowohl die Kosmisierung von Welt als auch die Legitimation von Gemeinschaftsbildung bediente sich im Mittelalter weithin der christlichen Semantik. Und spätestens seit der Verbreitung (um 1000 n.C.) der Vorstellungen eines „Jüngsten Gerichtes“, vor dem sich jeder einzelne Mensch zu verantworten habe, und einer unsterblichen Individualseele, die in einer Übergangszeit zwischen Tod und jüngstem Gericht für ihre persönlichen Sünden im Fegefeuer zu büßen habe, dürfte auch die soziale Kontrolle im Sinne einer „Handlungsführung im Außeralltäglichen“ sowie die „Verarbeitung von Kontingenzerfahrungen“ weithin unter christlichen Normen geraten sein.

Neben diesem sozialintegrativen Modell der Christenheit blieb aber auch im Mittelalter die weltdistanzierende, eschatologische Programmatik des Christentums virulent. Sie schlug sich nicht nur in den Reformbewegungen des Mönchstums, sondern auch in vielfältigen Formen der Laienfrömmigkeit nieder. Nicht zuletzt verdankte das Papsttum seinen Aufstieg im 11. Jahrhundert dem okzidentalen Reformmönchstum und seiner Programmatik der „libertas ecclesiae“, welche den Beginn der abendländischen Freiheitsgeschichte markiert (vgl. Kaufmann 1993, 108ff.).

Auch wenn – vor allem im Okzident – das Christentum zum umfassendsten „sozialen Band“ wurde, so bleibt doch fraglich, wie weit und wie tief die christliche Durchdringung der Seelen reichte. Noch stärker als für die besser dokumentierte frühe Neuzeit ist anzunehmen, daß der mittelalterliche Volks-

stentum“ von mehr als der Hälfte der Befragten in die Rubrik eingeordnet: „Darüber sind die Meinungen geteilt, das ist keine allen gemeinsame Grundüberzeugung“, Kaufmann, Kerber, Zulehner 1986, 308f.

glauben sich in für die Lebensführung maßgeblichen Bereichen von der offiziellen Kirchenlehre nachhaltig unterschied und insbesondere auf dem flachen Lande stark mit älteren Schichten „heidnischer“ Religiosität vermischt blieb.

Franz Höllinger (1993) hat jüngst in einer bemerkenswerten Studie erstaunliche Langzeitzusammenhänge zwischen den heute zu beobachtenden Unterschieden kirchlicher Verbundenheit sowie familialer Lebensführung einerseits und der Art und Weise andererseits aufgezeigt, wie Kirche in den entscheidenden historischen Phasen der primären Christianisierung, der Reformation und schließlich im Übergang zur Moderne erlebt worden ist. Die heute überwiegend kirchenfernen Gebiete Nord- und Ostdeutschlands haben beispielsweise ursprünglich eine „Christianisierung von oben“, d.h. im Herrschaftszusammenhang erfahren, während die Missionierung in Süddeutschland allmählicher und durch das iro-schottische Mönchstum volksnaher geschah. Erheblichen Einfluß weist Höllinger der unterschiedlichen Plausibilität christlicher Zölibats- und Virginitätsnormen aufgrund der vorangehenden heidnischen Kulturen zu: So lebten bereits die irischen Druiden zölibatär, was dort die Plausibilität der mönchischen Zölibatsforderung und ihre spätere Ausdehnung auf den Gesamtklerus erleichterte. Dagegen kannten die Germanen weder die Zölibatsnorm noch die Virginitätsnorm, und so scheint die sexuelle Disziplin des Mönchstums wie der Bevölkerung im Ganzen im Laufe der Jahrhunderte in Norddeutschland und Skandinavien deutlich geringer geblieben zu sein als im ursprünglich keltischen Raum. *Man muß also das Verhältnis von „Heidentum“ und „Christentum“ wesentlich komplexer sehen denn als Verhältnis von „Glauben“ und „Aberglauben“.* Es ist soziologisch sehr plausibel, daß kulturelle Leitbilder um so eher akzeptiert werden, je mehr sie sich in der Wirklichkeit bewähren. Deshalb ist es auch plausibel, daß die Plausibilität des christlichen Sexualethos durch prächristliche Kulturnormen mitbestimmt wurde, aber sich im Laufe der Zeit auch zu einem eigenständigen Element der Zivilisierung der Ehe entwickeln konnte. So geht beispielsweise das heute selbstverständliche Konsensprinzip der Ehe auf einen Jahrhunderte dauernden Kampf der Kirche gegen die germanische Form der Mundt-Ehe zurück, welche die Frau in die völlige Verfügungsgewalt ihres Mannes gebracht hatte.

Alles in allem ist somit die Vorstellung, das römische Christentum sei auch im soziologischen Sinne die „Religion“ des Abendlandes gewesen, durchaus realistisch, allerdings nur im hochreligiösen Bereich. In der völligen Verdrängung der Volksreligiosität blieb die aufklärerische Religionsphilosophie wohl noch blauäugiger als die Theologie!

Daß die Reformation zum Auslöser konfessioneller Spaltungen wurde, ist nicht allein auf die Borniertheit der römischen Kurie, sondern auch auf das Interesse der sich etablierenden Staatswesen zurückzuführen, den Glauben zur Legitimation der staatlichen Gemeinschaftsbildung und zur Sozialdisziplinierung zu instrumentalisieren. Mit dem Aufstieg der Staatenwelt ging somit die gesellschaftliche Integrationsfunktion allmählich von der Kirche auf die Politik über. In ähnlicher Weise vollzog sich der Übergang der gesamtgesellschaftlichen Kosmisierungsfunktion vom christlichen Glauben auf die sich in den Universitäten ausdifferenzierende Wissenschaft sehr allmählich und weit unvollständiger. Die Bildung konfessionsspezifischer Sondervergesellschaftungen im Rahmen der mehrkonfessionellen Staaten lassen erkennen, daß soziale Groß-Konfigurationen, die sich auf christliche Glaubenstraditionen beriefen, auch nach der Entstehung der Nationalstaaten im Sinne unseres multifunktionalen Rasters möglich blieben.

Besonders beachtlich ist in diesem Zusammenhang die transnationale („ultramontane“) Entwicklung des europäischen *Katholizismus* im 19. Jahrhundert. Dessen beachtliche Vitalität und missionarische Kraft läßt sich im Sinne unseres Rasters dadurch erklären, daß es hier in besonderer Weise gelang, die sozialintegrativen und die weltdistanzierenden Funktionen miteinander zu verbinden. Als bewußte Minderheit mit einer gegen die herrschende Kultur des „Modernismus“ gerichteten Weltanschauung glich sich der Katholizismus gemäß den Worten des Apostels Paulus nicht dem Zeitalter an und vereinigte doch die Gesamtheit der Katholiken zu einer großräumigen, tendenziell weltweiten Gemeinschaft, bei gleichzeitig starker sozialer Kontrolle und intensiver Verinnerlichung der Hochreligion in breiten Bevölkerungsschichten. Betrachtet man die dabei erreichte soziale Konfiguration näher, so zeigt sich eine fünffache Struktur von: (1) einer sich intern bürokratisierenden und professionalisierenden *Klerikerkirche*; (2) einem *subkulturell verfestigten geistigen Kommunikationszusammenhang*, der seine Basis sowohl in den katholischen Universitäten als auch in katholisierenden Kunstrichtungen und in der Publizistik hatte, wobei die starke Integration von Volkskunst und Volksfrömmigkeit auffällt;[11] (3) einer Vielzahl von durch religiöses Brauchtum geprägten *sozialen Milieus*, die sich nach ethischen und klassenspezifischen Gesichtspunkten differenzierten; und (4) *organisierter Formen konfessionspolitischer Interessenartikulation*, beispielsweise als konfessionelle Parteien (vgl. Kaufmann 1996, 11ff.). Hinzuzufügen ist (5) ein eigenständiges System personenbezogener Dienstleistungen, die von einem hierfür besonders qualifizierten und inkorporierten Personal erbracht wurden (Orden, Kongregationen), aber auch verbandliche Form wie z.B. im Deutschen Caritasverband annehmen können (vgl. Gabriel 1998). Es darf vermutet werden, daß diese mit der Entwicklung der Religionswissenschaften zeitgleiche, hochintegrierte (und integralistische!) soziale Konfiguration die wichtigste Folie für die Religionsdiskurse des Durkheim-Typus bildete.[12]

---

11 Es bildete sich somit eine schichtenübergreifende konfessionelle Identität mit einer spezifischen Weltanschauung, die ihre im Vergleich zur herrschenden (protestantischen oder laizistischen) Kultur varianten oder gar devianten Auffassungen teils durch strenge soziale Abgrenzung, teils durch die Konstruktion eines eigenständigen katholischen Vernunftanspruchs (Naturrechtslehre) sicherte

12 Beachtlich bleibt in diesem Zusammenhang, dass die Rede von „Religion“ in Deutschland

Insbesondere die subkulturelle Verfestigung der Milieugrenzen ist bereits in der Zwischenkriegszeit und erst recht nach dem Zweiten Weltkrieg aufgebrochen. Aber auch die Milieuwirkungen selbst sind mit der wachsenden Mobilität schwächer geworden, was wiederum die Rekrutierungsfähigkeit der Orden und Kongregation und die Kraft der politischen Repräsentation durch Weltanschauungsparteien beeinträchtigt hat. So ist in den letzten Jahrzehnten die Konfession als einstellungs- und verhaltensprägender Faktor stark rückläufig, wie nahezu alle empirischen Untersuchungen zeigen (vgl. zusammenfassend: Ebertz 1997, 19ff.). Dennoch bleibt die sogenannte Individualisierungsthese, welche vielfach mit dem Zusammenbruch der weltanschaulichen Milieus in Verbindung gebracht wird, fragwürdig. Neue, bildungs- alters-, und konsumstilabhängige Milieus scheinen sich zu bilden (vgl. Schulze 1993), und auch im Einflußbereich der Kirchen lassen sich weiterhin Milieubildungen beobachten (vgl. Gabriel 1992, 177ff.). Nach wie vor finden sich Gleichgesinnte zusammen und stärken dadurch ihre Gesinnungen; das gilt auch für die neuen religiösen Bewegungen (vgl. Barker 1982, Kern 1997).

Betrachten wir diese Entwicklungen im Zusammenhang, so gewinnt man den Eindruck, *daß Phänomene, die im Sinne unseres soziologischen Rasters den Anforderungen gleichzeitiger Erfüllung der meisten der genannten Leistungen genügen, immer kleinräumiger werden, ohne jedoch zu verschwinden.* Deutlich wird dabei gleichzeitig, daß die auf Identitätserhaltung und Lebensführung bezogenen Leistungen im Bewußtsein sowohl der Beteiligten als auch der sozialwissenschaftlichen Beobachter an Gewicht zunehmen, während insbesondere die Kosmisierungsfunktion im Sinne der Herstellung eines umfassenden Kosmos rückläufig ist. Zum mindesten aus der Beobachterperspektive erscheinen die Weltausschnitte, welche durch die religiösen Deutungsmuster der beobachtbaren Milieus einigermaßen plausibel abgedeckt werden, immer eingeschränkter.

Für diese hier natürlich nur andeutungsweise zu skizzierenden Langfristentwicklungen finden sich in der sozialwissenschaftlichen Literatur vielfältige Erklärungen, unter denen die Säkularisierungs- und die Differenzierungsthese die größte Resonanz gefunden haben. Beiden Thesen ist gemeinsam, daß sie die fortgesetzte Freisetzung von immer weiteren Sinn- und Lebensbereichen aus den Deutungsansprüchen der Religion und damit einen Relevanzverlust vor allem der kirchlich repräsentierten Religion konstatieren. Während die

---

bis weit ins 20. Jahrhundert hinein im wesentlichen eine Domäne der Protestanten geblieben ist, wobei eine vergleichbare „integralistische Integration“ keineswegs gewünscht, aber die multidimensionale Leistung von „Religion“ gleichwohl ersehnt wurde. Insbesondere die Praktische Theologie suchte die fortdauernde Relevanz des Christentums über die postulierte unaufhebbare Funktion von Religion abzusichern. Für die protestantische Theologie gewann der Religionsbegriff im 19. Jahrhundert die Funktion, zwischen biblischer Tradition und Gegenwart zu vermitteln, während in der katholischen Theologie der Kirchenbegriff in seiner mystisch-institutionellen Doppelgestalt diese Funktion übernommen hat (vgl. Kaufmann 1979, 60ff.).

Säkularisierungsthese im wesentlichen auf dem Niveau einer mehr oder weniger komplexen Beschreibung dieses Relevanzverlustes stehenbleibt, bietet die Differenzierungsthese eine soziologische Erklärung an: Der Relevanzverlust resultiert aus der wachsenden strukturellen Verselbständigung und thematischen Reinigung funktionsorientierter Kommunikationssphären, welche ihren mit demjenigen anderer Kommunikationssphären unvermittelbaren Eigensinn entwickeln. Religiöse Kommunikation schrumpft daher thematisch auf den Bereich expliziter Religion, wie er in Europa vor allem durch die großen Volkskirchen repräsentiert wird. Diese erscheinen jedoch aus der Perspektive der Individuen selbst zunehmend als spezialisierte Organisationen, welche jene umfassende Daseinsorientierung nicht mehr zu leisten vermögen, die in der nunmehr thematisch werdenden „Sehnsucht nach Sinn" (Berger 1994) erhofft werden.

Eine weitere, kulturtheoretische Erklärung verdient hier Erwähnung: Günter Dux (1982; 1993) weist darauf hin, daß alle vorneuzeitlichen Daseinsdeutungen die Kräfte der erfahrbaren und der imaginierten Welt subjektivisch, d.h. als handlungsfähige Wesen (Götter, Dämonen, Engel usw.) aufgefaßt haben. Dieses subjektivische („substanzlogische") Weltverständnis wird im Zuge der neuzeitlichen Entwicklung der Naturwissenschaften allmählich durch ein „prozeßlogisches" Weltverständnis verdrängt:

> „Die naturwissenschaftliche Revolution am Anfang der Neuzeit besteht darin, daß intentional-subjektivische Paradigma des Naturbegreifens durch ein funktional-relationales zu ersetzen" (Dux 1993, 60). „Die Religion (...) ist an die pristine Logik des Weltverstehens gebunden. Sie ist es so sehr, daß diese Logik zu ihrem Definiens geworden ist. (...) Wenn die Welt aufhört, in dieser Weise interpretiert zu werden, wenn die Welt aufhört, von Göttern oder Gott regiert zu werden, kommt auch die Religion an ihr Ende" (Dux 1993, 85).

Dux neigt dazu, die transzendente Gottesvorstellung der abrahamitischen Religionen in ein Kontinuum zu den kosmologischen Göttervorstellungen zu setzen, wie sie für nahezu alle anderen beschriebenen Religionsformen charakteristisch sein dürfte. Und es ist nicht zu bestreiten, daß insbesondere die christliche Volksreligiosität auch den transzendenten Gott subjektivisch (z.B. als Allmächtigen) interpretiert. Die jüdisch-christliche Kulturtradition unterscheidet sich ihrer gesamten Anlage nach jedoch von einem kosmologischen Weltverständnis subjektivischer Mächte und hat – wie schon Max Weber diagnostizierte – die „Entzauberung der Welt" ermöglicht: Durch die stabilisierte Spannung von Transzendenz und Immanenz, durch die Verlagerung des kritischen Ortes der Gottesverehrung in die Gesinnung statt in die Gemeinschaft oder den Kult, durch die Legitimation nonkonformistischer Kritik in der Form des Prophetentums und im Zeugnis Jesu, usw. Deshalb gehört für Gehlen (1964, 98) „der Monotheismus zu den intimen Voraussetzungen der Naturwissenschaften".

Nimmt man diesen hier nur anzudeutenden Unterschied zivilisationsgeschichtlich ernst, so verbietet sich die Nivellierung kosmologischer und transzendenzfixierter Gottesvorstellungen über den Begriff der Religion und seine phänomenologischen Synonyme.

Allerdings wirft dies lediglich die Frage auf, wie man sich die Wirksamkeit transzendenter Gottesvorstellungen unter den Bedingungen einer prozeßlogisch geordneten Welt vorzustellen hat, ohne daß die Soziologie hierauf eine Antwort zu geben hätte. Wenn – wie dies die jüdisch-christliche Tradition bezeugt – der Ort des Glaubens im Individuum selbst ist (vgl. Abraham, Hiob!), so könnten die gegenwärtig zu beobachtenden Subjektivierungstendenzen des Religiösen durchaus affin zu Kulturmustern dieser Tradition werden. Dabei dürften die weltdistanzierenden Sinnstrukturen des Christentums höhere Plausibilität versprechen als die seiner Tradition ebenfalls zu entnehmenden kosmisierenden Sinnstrukturen.

> „Denn die Perspektive des ‚Ganzen' läßt sich nicht weiter aus der Sicht des Kosmos oder der Geschichte gewinnen, sondern lediglich aus der Perspektive individueller Konstitution von Wirklichkeit. Das ‚Ganze', worauf Religion immer zu rekurrieren hat, kann demnach heute nur mehr das ‚Ganze' des je individuellen Lebensprozesses sein, d.h. die je eigene, sinnkonstituierende ‚innere Dauer'" (Nassehi, Weber 1989, 416, unter Berufung auf Alfred Schütz).

Demzufolge wäre das Problem der *Identitätserhaltung* heute die strategische Funktion von Religion und nicht mehr die Kosmisierung. Identität kann jedoch nur in kommunikativen Prozessen gewonnen werden, die den Menschen in seiner Ganzheit thematisieren, also in *dialogischen Kommunikationen*, wie sie insbesondere in familialen Kontexten, aber auch in solchen der Freundschaft, der Therapie u.ä. anfallen können.[13] Die identitätsstabilisierenden Sozialkontakte sind somit in der Nahumwelt von Personen verankert und setzen nicht notwendigerweise weiträumige Gesinnungsgemeinschaften voraus.

Der Rekurs auf kulturelle Bestände ist unter den heutigen Bedingungen dagegen an dauerhafte soziale Interaktionen nur noch sehr bedingt gebunden: Über Bücher, Massenmedien und neuerdings multimediale Kommuniktion sind die Bestände der allgemeinen Kultur heute in einem Maße *selektiv* verfügbar wie nie zuvor. Allerdings bedarf es nach wie vor kommunikativ vermittelter Anstöße und Verstärkungen, um die erforderliche Selektivität zu ermöglichen. Die Zusammenhänge zwischen allgemeiner Kultur und individueller Sinnkonstitution sind daher heute einerseits vermittelter, andererseits aber auch einfacher geworden.

Als *gesellschaftliche Repräsentation von Religion* gelten in Europa nach wie vor in erster Linie die christlichen Kirchen, wobei es jedoch mit zu den beobachtbaren Religionsdiskursen gehört, eben diese Repräsentativität in Frage zu stellen. In religionspolitischer Perspektive geschieht dies in Europa

---

13 Zur Eigenart dialogischer Sozialbeziehungen vgl. zuerst Theunissen 1965; zum Zusammenhang von Familie und Identitätsentwicklung vgl. Kaufmann 1995, 52ff. Gerade in diesen Zusammenhängen sieht Huinink (1995) die fortgesetzte Attraktivität von Familie trotz der strukturellen Rücksichtslosigkeiten einer entfalteten Moderne.

(anders als in Amerika) weniger durch das Auftreten neuer christlicher Bekenntnisformen, als durch Versuche, nicht-christlichen Bekenntnisformen (z.B. Islam, Scientology) einen den Kirchen vergleichbaren Status zu verschaffen bzw. zu verweigern. In kultureller Hinsicht konzentriert sich das Interesse vor allem auf neuartige religiöse Phänomene innerhalb (bzw. am Rande) oder außerhalb der etablierten Kirchen. In kirchenkritischer Perspektive wird die Entkoppelung zwischen den organisierten, „verkirchlichten" Formen des Christentums und seinen kulturellen Traditionen thematisiert. Die kulturelle Fortwirkung des Christentums schlägt sich beispielsweise in der Menschenrechtsdoktrin oder in den sozialstaatlichen Vorkehrungen nieder;[14] man könnte aber ebenso auf die fortdauernde Leitbildhaftigkeit der exklusiven und dauerhaften Monogamie oder die vielfältigen Formen hinweisen, in denen christliche Symbole und Denkformen (z.B. Schuld und Erlösung) in Kunst und Literatur fortwirken (vgl. Küng, Jens 1985; Gössmann 1990). Diese Unterscheidung zwischen den verkirchlichten und den kulturellen Repräsentationen des Christentums ist hilfreich, weil sie einerseits die wachsende Kontingenz zwischen kultureller und organisatorischer Ebene gesellschaftlichen Zusammenlebens auch für die christlichen Bestände verdeutlicht, andererseits aber der verengenden Perspektive einer kirchlichen Selbstdarstellung als der einzigen Repräsentation des Christentums entgegen wirkt. Das Christentum selbst ist ein wesentlich komplexeres Phänomen als die Kirchen.

Als zentraler Referenzpunkt europäischer Religionssoziologie bietet sich daher m.E. nach wie vor das Christentum an, sofern man es nicht auf seine verkirchlichten Formen reduziert.[15] Die „Verkirchlichung des Christentums" (Kaufmann 1979, 100ff.), also die Entkoppelung der kirchlich organisierbaren Bestände – an Tradition, Kult, Personal und Klientel – von den im säkularen Raum weiterhin wirksamen christlichen Leitideen, markiert zwar den entscheidenden Gestaltwandel des Religiösen im Zuge des europäischen Modernisierungsprozesses. Daraus darf aber nicht geschlossen werden, daß nunmehr allein das explizite, verkirchlichte Christentum gesellschaftlich wirksam sei. Vielmehr spricht der von Max Weber ausgehende religionsgeschichtliche Kulturvergleich eindrücklich dafür, daß religiöse Sinnformen zu den am langfristigsten wirksamen Faktoren einer Kultur gehören. Kultur läßt sich als eine Art kollektives Gedächtnis verstehen, als ein Fundus von ins Vorbewußte abgesunkenen historischen Erfahrungen, die auf sich verändernden Wegen die Zeiten überdauern und je nachdem aktuell erneut wirksam werden können.

---

14 Vgl. Kaufmann 1989a; Trutz Rendtorff (1969) spricht in diesem Zusammenhang von einem „Christentum ausserhalb der Kirche"!

15 Die von Luckmann (1969) eingeleitete religionssoziologische Kritik der Kirchensoziologie ist somit grundsätzlich berechtigt, schiesst aber über das Ziel hinaus, wo sie die Bedeutung der christlichen Traditionsbestände marginalisiert. M.E. bildet die Untersuchung der Betroffenheit der historischen Hochreligionen durch die Prozesse gesellschaftlicher Modernisierung das vielleicht zentralste Thema einer sich erneuernden Religionssoziologie – auch und gerade in kulturvergleichender Perspektive.

Im Unterschied zu Hans Geser (in diesem Band) gehe ich somit davon aus, daß der primäre Ort christlicher Virulenzen auch in der Gegenwart im kulturellen Bereich und nicht in der Organisation der Kirchen zu finden ist, welche jedoch in einem variablen Verhältnis zu diesen kulturellen Beständen operieren und selbst zu deren selektiven Verstärkern und Aktualisierern gehören. Die Existenz der christlichen Kirchen und ihre gesellschaftliche Präsenz, ja ihre Anerkennung als gesellschaftlicher Ort von Religion macht sie selbstverständlich zu den wichtigsten Trägern der christlichen Tradition, die aber ihren Einfluß- und Diskursbereich weit überschreitet. Gesers These „religiöse Organisationen als kultureller ‚variety pool'" scheint mir zwei Phänomene zusammen zu ziehen, die m.E. aussoziologischer Sicht zu unterscheiden wären: Der kulturelle *variety pool* einerseits und die religiösen Organisationen andererseits; zwischen beiden Ebenen besteht ein kontingentes, in jedem Einzelfall zu untersuchendes Verhältnis. Gleichzeitig stimme ich Gesers vielschichtiger Analyse dahingehend zu, daß der erreichte hohe Organisationsgrad der Kirchen ihnen eine interne Komplexität und Handlungsfähigkeit auf der makro- wie mikrosozialen Ebene verleiht, die als erfolgreiche Anpassung an die Bedingungen der Modernisierung gelten kann.

Wie aber läßt sich der offenkundige Relevanzverlust des Christentums für die private Lebensführung im Verhältnis zur behaupteten fortgesetzten Bedeutung des Christentums auf der kulturellen und organisatorischen Ebene soziologisch deuten? Weder die Säkularisierungs- noch die Differenzierungs-, noch die Privatisierungsthese sind hierfür sonderlich instruktiv. Brauchbarer erscheint die insbesondere von Tyrell (1988, 148ff.; 1993, 131ff.) erneuerte institutionentheoretische Perspektive. Kirche „als Institution" zu beschreiben impliziert im Anschluß an die differenzierten Analysen Tyrells:

- Legitimierung: Kirchliche Angebote gelten als sinnhaft verbindliche „Religion";
- Monopolstellung: Der kirchliche Anspruch ist religiös-exklusiv, die Kirchenzugehörigkeit faktisch allgemein; oder systemtheoretisch ausgedrückt: Die Inklusion in das Funktionssystem Religion vollzieht sich ausschließlich über die Kirchen;
- Motivationale Fundierung: Kirchlich definierte und vermittelte Motive werden internalisiert und sichern die Akzeptanz normativer Zumutungen;
- Soziale Kontrolle: Abweichende Verhaltenstendenzen werden nicht nur kirchenoffiziell, sondern auch durch andere gesellschaftliche Instanzen und in informellen Beziehungen sanktioniert;
- Selbstverständlichkeit des Sinn- und Verweisungszusammenhangs: „Kirche" wird als symbolische Einheit akzeptiert und „geglaubt", ganz unabhängig von aus der Beobachterperspektive erkennbaren internen Widersprüchen.

Wie die vorangehenden Ausführungen zeigen sollten, dürfte der Institutionalisierungsgrad von Kirche wohl selten höher gewesen sein als im 19. Jahrhundert, wo es den Kirchen – nicht zuletzt dank der Einführung des allgemeinen Schulwesens unter erheblicher kirchlicher Beteiligung – gelang, auch die Volksreligiosität tiefgreifend hochreligiös zu durchdringen. Sowohl restriktive staatskirchliche Bedingungen als auch konfessionsspezifische Teilvergesellschaftungen bildeten günstige soziale Kontexte für eine derartig vollständige Institutionalisierung.

Es kommt nicht von ungefähr, daß der Institutionenbegriff selbst im 19. Jahrhundert kategorialen Rang erhielt als Gegenbegriff zu den Beliebigkeitstendenzen der Vertragstheorie und des hinter ihr stehenden aufklärerischen Individualismus.

„Diese Institutionenlehre ist die Lehre von einem Führungssystem (...). In den Institutionen wirkt ein mächtiger Wille in einen freien und darum gefährlichen Bereich hinein" (Jonas 1966, 3).

Tyrell verdeutlicht an den Themen Kirche und Familie den reaktiven Charakter ihrer Institutionalisierung im 19. Jahrhundert, die

„weit davon entfernt ist, die unbefangene Weiterführung von ‚Tradition' und institutionell Tradiertem darzustellen, die stattdessen deutlich ‚reflexiv-konservative', damit modernitätszugehörige Züge aufweist und sich die Semantik des Institutionellen selbst geschaffen hat" (Tyrell 1993, 127f.).

Sollte diese Diagnose zutreffen, so könnten die heute zu beobachtenden Deinstitutionalisierungstendenzen im Bereich des Religiösen (und sie betreffen alle die von Tyrell unterschiedenen Dimensionen von Institutionalisierung, vgl. Tyrell 1993, 140ff.; Gabriel 1990) als kultureller Spannungsverlust, jedoch gleichzeitig als Wiederherstellung weltgeschichtlich gesprochen „üblicherer" religiöser Verhältnisse gedeutet werden, indem die Differenz zwischen Hochreligion und Volksreligiosität wiederum größer wird. In diesem Sinne deutet Widl (1997, 3):

„Die neuen religiösen Kulturformen – Überbegriff für Esoterik, New Age, synkretistische Mythensuche, Psychoboom, Ökospiritualität, Magie- und Okkultpraktiken, Naturheil- und Lebenshilfegurus – sind die postmoderne Variante der Volksreligiosität (...). Im Gegensatz zur Volksreligiosität entstammen sie modernem städtischem Mittelschichtmilieu, sind durch individuelles Such- und Probierverhalten geprägt (Patchwork-Religiosität), orientieren sich an der privaten Befindlichkeit und bedienen sich dazu auf einem Markt von Büchern, Kursen und Requisiten (...) . Diese neuen religiösen Kulturformen sind eine synkretistische Ausprägung einer postmodernen Religiosität, die sich nach dem selben Grundmuster auch explizit christlich und zivilreligiös entwickelt, und haben inhaltliche Brücken dazu in Naturheilverfahren und Alternativmedizin, in der Ökologiebewegung und in der alternativen Wissenschaft."

Gemeinsam ist den meisten dieser Praktiken die *Niederschwelligkeit des entsprechenden Angebots*: Es bedarf geringer Anstrengungen, um in Kontakt mit diesen Kulturformen zu gelangen, und ein verbindliches Engagement wird bestenfalls auf Zeit gefordert. Auch die etablierten Kirchen scheinen sich diesem Trend anzupassen: Dem Schwinden der ortskirchlichen Gemeinden korreliert die Expansion spezialisierter Angebote (z.B. in Bildungshäusern) und von Treffpunkten geringer Verbindlichkeit und niedriger sozialer Kontrolle (z.B. Kirchen- und Katholikentage, „Offene Kirchen" usw.). Daneben treten allerdings auch Gruppen und Bewegungen auf, welche einen besonders hohen Verbindlichkeitsgrad des Engagements fordern und mit besonderen Erlebnisqualitäten verknüpfen, so insbesondere im charismatischen (Kern 1997) und fundamentalistischen (Kallscheuer 1996) Sinne.

Die Entstehung religiöser Bewegungen innerhalb und außerhalb der Großkirchen – bzw. vielfach gerade in deren Grenzbereich –, welche gegenwärtig kaum zu Spaltungen vom Typus Kirche/Sekte führen, wird verständlicher, wenn wir die *doppelte Präsenz des Christentums in Europa, nämlich innerhalb der organisierten Kirchen einerseits und der allgemeinen Kultur andererseits* berücksichtigen. Da sich auch die Kirchen zunehmend bewußt werden, daß sie in ihrer organisatorischen Verfaßtheit nicht mehr das Ganze der christlichen Tradition repräsentieren, sind sie genötigt, religiöse Bewegungen an ihren Ränder deutlicher zu dulden als in vorangehenden Zeiten. Diese vermögen dann andere Aspekte des kulturellen Fundus zu aktualisieren und dadurch das Identifikationsangebot reichhaltiger zu machen.

3. Zukunftsperspektiven für das Christentum in Europa

Versuchen wir abschließend die zugegebenermaßen im wesentlichen an deutschem Material entwickelte Gegenwartsdiagnose zu extrapolieren. Die gewachsene gesellschaftliche Komplexität, welche für den durchschnittlichen Zeitgenossen eine erfahrbare Optionserweiterung und gleichzeitig einen zunehmenden Entscheidungsdruck beinhaltet, dürfte auch für die absehbare Zukunft den einigermaßen verläßlichen Hintergrund weiterführender Überlegungen bieten. Die erfahrbare Wirklichkeit ist überkomplex geworden, d.h. sie fügt sich keinem kosmisierenden Zugriff in dauerhaft plausibler Weise mehr. Ebenso ist das Angebot möglicher Sozialzugehörigkeiten unabsehbar breit und in sich heterogen geworden. Großräumiger kollektiver Zusammenhalt beruht immer weniger auf lebensweltlich sinnhaften Gemeinsamkeiten, sondern auf Rechtsnormen und Organisationsstrukturen, deren Zusammenhänge den Sinn- und Erfahrungshorizont der Individuen transzendieren, und zwar in anonymer, nicht in „subjektivischer" (Dux) Weise. Diese „Transzendenzen" lassen sich deshalb auch kaum religiös aufladen.

Gleichzeitig ist damit zu rechnen, daß die seit dem Zweiten Weltkrieg in Europa gewachsene Sekurität des Daseins in Zukunft wiederum deutliche Risse erhält. Das wohlfahrtsstaatliche Projekt hat seinen Hoffnungsglanz verloren, und die am Leitbild des Beamten ausgerichteten Normalarbeitsverhältnisse werden eine realistische Lebensperspektive nur noch für eine privilegierte Minderheit bilden. Welche Folgen dies für die religiösen Befindlichkeiten und Kräfteverhältnisse zeitigen wird, läßt sich kaum voraussehen; aber es scheint mir plausibel, daß die absehbaren unruhigeren Zeiten auch dem Aufkommen sozial verbreiteter Virulenzen Vorschub leisten, die u.U. religiös aufgeladen werden können. Von daher könnte es nicht überraschen, wenn neue religiöse Bewegungen auch charakteristische sozialstrukturelle Verankerungen unter „Modernisierungsverlierern" oder anderswie definierten Gruppen sozialer Absteiger erkennen ließen. Hier wären angesichts des vorherrschenden Bewußtseins einer „Apartheit der Religion" (Matthes) am ehesten die religoiden Voraussetzungen für die Plausibilität religiöser Deutungsmuster zu vermuten. Zu fragen ist, ob die für die Gegenwart vielfältig beschriebene Struktur eines mobilen Marktes der Sinnfindungsangebote und der Sinnfindungsstrategien nicht an die Bedingungen einer weitgehenden Sekurität der sie primär nutzenden jüngeren, städtischen Mittelschichten gebunden ist, bzw. wie sich deren Relevanz unter den nunmehr zu erwartenden rauheren Lebensbedingungen entwickeln wird. Ich vermute, daß in der allgemeinen Kultur verankerte Legitimationsmuster auch höhere Dauerhaftigkeit besitzen als solche, die bisher nur als hoch partikularisierte Sinnangebote Erfolg hatten.

Trotz der zunehmend weltweiten Kommunikation halte ich es für wahrscheinlich, daß religiös wirksame Inhalte auch in Zukunft ganz überwiegend dem eigenen kulturellen Fundus entnommen werden, wobei wie schon bisher mit punktuellen synkretistischen Übernahmen zu rechnen ist. Die weltgesellschaftlichen Strukturen werden auch in Zukunft ganz überwiegend technisch vermittelter, anonymer Art bleiben und erscheinen wenig geeignet, weltweiten Sinnsystemen Vorschub zu leisten, die sich religiös aufladen lassen. Ein „Weltethos" (Küng 1997) vermöchte, wenn es denn formulierbar sein sollte, kaum individuellen Lebenssinn zu stiften.[16] So werden auch weiterhin religoide Probleme nur in partikulären Vergesellschaftungsformen gelöst werden können, deren historische Chancen um so größer scheinen, je mehr es ihnen gelingt, mikrosoziale Beziehungs- und Erfahrungshorizonte mit den in makrosozialen Gebilden kulturell präsenten Legimationen zu verknüpfen. Hierbei dürfte in Europa christlichen Traditionsbeständen nach wie vorvergleichsweise großer Einfluß zukommen.

Die Zukunftsperspektiven des Christentums erscheinen somit nicht in erster Linie von den kirchlichen, sondern von gesamtkulturellen Entwicklungen abhängig. Allerdings steigert die organisatorische Leistungsfähigkeit und die sozialisatorische Potenz christlicher Vergemeinschaftungsformen die Chancen einer kulturellen Präsenz des Christlichen auf lange Sicht – sofern sie sich aufrecht erhalten läßt.

16 Zur Kritik an Küngs Projekt einer deliberativen Herstellung eines Weltethos vgl. Spaemann 1996 und Kallscheuer 1998.

Kulturtradierung vollzieht sich vor allem über das Bildungswesen, die Massenmedien und (vornehmlich in Form sekundärer Verstärkungen) im Bereich der Primärbeziehungen. Unter den Bedingungen einer weitgehenden „Deinstitutionalisierung der Kirchen“ (Tyrell) kommt der Präsenz christlicher Sinngehalte in diesen drei Kontexten wachsende Bedeutung zu. Die Kirchen bleiben die wichtigsten Agenturen, um diese Präsenz einzufordern und sicherzustellen. Aber auch soziale Bewegungen und private Ausdrucksformen des Christlichen (persönliche Vorbildhaftigkeit, Äußerung in Form von Texten, exemplarische Handlungen) können hier wirksam werden, nicht zuletzt durch ihre massenmediale Vermittlung; Buch und Rundfunk dürften dabei effektivere Träger sein als Fernsehen und Presse, die jüngsten medialen Entwicklungen lassen sich noch nicht einschätzen. Aus den unterschiedlichen Gewohnheiten der Mediennutzung ließen sich demzufolge auch unterschiedliche Chancen einer Konfrontierung mit christlichen Sinngehalten und damit unterschiedliche Chancen religiöser Sozialisation vermuten.

Ein weiteres kommt hinzu: Kulturelle Tradierung von Sinngehalten setzt deren zum mindesten sporadische Virulenz voraus. Auch religiöse Erfahrung ist mehr als Wissensaneignung. Unter den jüngsten Normalbedingungen eines saturierten Lebens boten sich als Kontexte für religiöse Erfahrungen daher nur ausgezeichnete Orte und hierauf spezialisierte Gruppen an. Dagegen könnten massenhafte individuelle (z.B. Arbeitslosigkeit) oder kollektive Katastrophen (z.B. Kriege, Naturkatastrophen) auch weiträumige Virulenzen auslösen, die auch der religiösen Kommunikation und neuartigen Vergemeinschaftungsformen Vorschub leisten könnten.

Wer sich für die Zukunft von „Religion“ interessiert, dem sei nach all dem geraten, in erster Linie auf historisch in der allgemeinen Kultur verankerte Phänomene zu achten und sie daraufhin zu prüfen, inwieweit sie sich als Generatoren von Entparadoxierungsstrategien eignen. Die religiöse Form von Entparadoxierung beruht grundsätzlich auf einem Glauben, welcher geeignet ist, Unsicherheit zu absorbieren, mit außeralltäglichen Ereignissen umzugehen, Enttäuschungen und Schwäche zu ertragen, Gemeinschaft zu bilden und entweder die Welt zu erklären oder die Kraft zur Distanzierung von einer schlechten Welt zu vermitteln. Es scheint plausibel, daß soziale Phänomene umso eher als „heilbringend“ erfahren werden je mehr der genannten Funktionen von ihnen gleichzeitig erfüllt werden.

Literatur

Barker E. (Ed.) (1982): New Religions Movements: A Perspective for Understanding Society, Leviston N.Y.

Berger P. L. (1994): Sehnsucht nach Sinn: Glauben in einer Zeit der Leichtgläubigkeit, Frankfurt, New York

Dux G. (1982): Die Logik der Weltbilder. Sinnstrukturen im Wandel der Geschichte, Frankfurt a. M.

Dux G. (1993): Der Begriff der Religion in der Religionssoziologie. In: Kerber W. (Hrsg.), Der Begriff der Religion. München, 47-85
Ebertz M. N. (1997): Kirche im Gegenwind - Zum Umbruch der religiösen Landschaft. Freiburg i.Br.
Elsas, C. (Hrsg.) (1975): Religion. Ein Jahrhundert theologischer, philosophischer, soziologischer und psychologischer Interpretationsansätze. München
Feil E. (1986ff.): Religio. Die Geschichte eines neuzeitlichen Grundbegriffs. Bisher 2 Bände, Göttingen
Feil E. (1995): Zur Historisierung nicht nur der neuzeitlichen ‚Religion', in: Ethik und Sozialwissenschaften 6, 503-514
Feiereis K. (1965): Die Umprägung der natürlichen Theologie in Religionsphilosophie. Ein Beitrag zur deutschen Geistesgeschichte des 18. Jahrhunderts. Leipzig
Firsching H. (1995): Die Sakralisierung der Gesellschaft. Émile Durkheims Soziologie der ‚Moral' und der ‚Religion' in der ideenpolitischen Auseinandersetzung der dritten Republik. In: Krech V., Tyrell H. (Hrsg.), Religionssoziologie um 1900, Würzburg, 159-193
Gabriel K. (1990): Von der ‚vordergründigen' zur ‚hintergründigen' Religiosität: Zur Entwicklung von Religion und Kirche in der Geschichte der Bundesrepublik, in: Hettlage R. (Hrsg.), Die Bundesrepublik: Eine historische Bilanz, München, 255-279
Gabriel K. (1992): Christentum zwischen Tradition und Postmoderne, Freiburg i.Br.
Gabriel K. (1998): Die religiösen Wurzeln von „dualer" Wohlfahrtspflege und Wohlfahrtsstaat in Deutschland. Das Beispiel des Katholizismus, in: Jahrbuch für Europa- und Nordamerika-Studien 2. Religion und Politik. Opladen (im Erscheinen)
Gehlen A. (1964): Urmensch und Spätkultur. Frankfurt a. M.
Geser H., Zwischen Anpassung, Selbstbehauptung und politischer Agitation. Zur aktuellen (und zukünftigen) Bedeutung religiöser Organisationen (in diesem Band)
Gössmann W. (1990): Kulturchristentum. Die Verquickung von Religion und Literatur in der deutschen Geistesgeschichte, Düsseldorf
Graf F. W. (1997): ‚Dechristianisierung'. Zur Problemgeschichte eines kulturpolitischen Topos, in: Lehmann H. (Hrsg.), Säkularisierung, Dechristianisierung, Rechristianisierung im neuzeitlichen Europa, Göttingen
Grabner W.-J., Pollack D. (1992): Zwischen Sinnfrage und Gottesgewißheit. Die Erstellung eines funktional-substantiellen Religionsbegriffs und seine Operationalisierung in einer Leipziger Kirchenmitgliedschaftsuntersuchung, in: Sociologia Internationalis 30, 177-202
Höllinger F. (1996): Volksreligion und Herrschaftskirche. Die Wurzeln religiösen Verhaltens in westlichen Gesellschaften, Opladen
Huinink J. (1995): Warum noch Familie? Zur Attraktivität von Partnerschaft und Elternschaft in unserer Gesellschaft, Frankfurt a. M.
Jonas F. (1966): Die Institutionenlehre Arnold Gehlens, Tübingen
Jonas F. (1976): Geschichte der Soziologie. 2 Bde., Reinbek bei Hamburg
Kallscheuer O. (Hrsg.) (1996): Das Europa der Religion. Ein Kontinent zwischen Säkularisierung und Fundamentalismus, Frankfurt a. M.
Kallscheuer O. (1998): Grenzenlos global, in: Neue Rundschau 109, 57-68
Kantzenbach F.W. (1972): Religionskritik der Neuzeit, München
Kaufmann F.-X. (1979): Kirche begreifen. Analysen und Thesen zur gesellschaftlichen Verfassung des Christentums, Freiburg i.Br.
Kaufmann F.-X. (1986): Religion und Modernität, in: Die Moderne – Kontinuitäten und Zäsuren. Soziale Welt, Sonderband 4, Göttingen, 283-307
Kaufmann F.-X. (1989): Religion und Modernität - Sozialwissenschaftliche Analysen, Tübingen

Kaufmann F.-X. (1989a): Wie weit reichen die christlichen Wurzeln des Rechts- und Sozialstaats? in: Herder-Korrespondenz 47, 315-321
Kaufmann F.-X. (1993): Christentum und Christenheit. In: Gordan P. (Hrsg.), Evangelium und Inkulturation (1492 - 1992). Salzburger Hochschulwochen 1992, Graz, 101-128
Kaufmann F.-X. (1995): Zukunft der Familie im vereinten Deutschland. München
Kaufmann F.-X. (1996): Das II. Vatikanische Konzil als Moment einer Modernisierung des Katholizismus, in: Wittstadt K., Verschooten W. (Hrsg.), Der Beitrag der deutschsprachigen und osteuropäischen Länder zum II. Vatikanischen Konzil, Leuven, 3-24
Kaufmann F.-X. (1997): Schwindet die integrative Funktion des Sozialstaates? in: Berliner Journal für Soziologie 7, 5-22
Kaufmann F.-X., Kerber W., Zulehner P. M. (1986): Ethos und Religion bei Führungskräften, München
Kern T. (1997): Zeichen und Wunder: Enthusiastische Glaubensformen in der modernen Gesellschaft, Frankfurt a. M.
Krech V. (1996): Religion und Leben. Studien zu Georg Simmels Religionstheorie. Dissertation Universität Bielefeld, Fakultät für Soziologie (Ms.)
Krech V., Tyrell, H. (Hrsg.) (1995): Religionssoziologie um 1900, Würzburg
Krech V., Tyrell, H. (1995a): Religionssoziologie um die Jahrhundertwende. Zur Vorgeschichte, Kontext und Beschaffenheit einer Subdisziplin der Soziologie, in: Dies. (Hrsg.), Religionssoziologie um 1900, Würzburg, 11-78
Krüggeler M. (1996): „Ein weites Feld ...“: Religiöse Individualisierung als Forschungsthema, in: Gabriel K. (Hrsg.), Religiöse Individualisierung oder Säkularisierung: Biographie und Gruppe als Bezugspunkt moderner Religiosität, Gütersloh, 215-235
Küenzlen G. (1995): Der neue Mensch; zur säkularen Religionsgeschichte der Moderne, München
Küng H. (1997): Weltethos für Weltpolitik und Weltwirtschaft, München
Küng H., Jens W. 1985: Dichtung und Religion: Pascal, Gryphius, Lessing, Hölderlin, Novalis, Kierkegaard, Dostojewski, Kafka, München
Luckmann T. (1960): Neue Schriften zur Religionssoziologie, in: Kölner Zeitschrift für Soziologie und Sozialpsychologie 12, 315-326
Luckmann T. (1996): Privatisierung und Individualisierung: Zur Sozialform der Religion in spätindustriellen Gesellschaften, in: Gabriel K. (Hrsg.), Religiöse Individualisierung oder Säkularisierung: Biographie und Gruppe als Bezugspunkt moderner Religiosität, Gütersloh, 17-28
Matthes J. (1989): Religion und Weltkultur, in: Kultur und Gesellschaft. Verhandlungen des 24. Deutschen Soziologentags, des 11. Österreichischen Soziologentags und des 8. Kongresses der Schweizerischen Gesellschaft für Soziologie in Zürich, Frankfurt, New York, 321-328
Matthes J. 1992: Auf der Suche nach dem ‚Religiösen‘. Reflexionen zu Theorie und Empirie religionssoziologischer Forschung, in: Sociologia Internationalis 30, 129-142
Matthes J. (1993): Was ist anders an anderen Religionen? Anmerkungen zur zentristischen Organisation des religionssoziologischen Denkens, in: Religion und Kultur. Sonderheft 33 der Kölner Zeitschrift für Soziologie und Sozialpsychologie, Opladen, 16-30
Nassehi A., Weber G. (1989): Tod, Modernität und Gesellschaft, Opladen
Pollack D. (1990): Wirklichkeitsflucht oder Wirklichkeitsbewältigung - Was ist Religion? in: Deutsche Zeitschrift für Philosophie 38, 660-668
Rendtorff T. (1969): Christentum außerhalb der Kirche: Konkretionen der Aufklärung, Hamburg
Schulze G. (1993): Die Erlebnisgesellschaft. Kultursoziologie der Gegenwart, Frankfurt a. M., New York

Simmel G. (1898): Zur Soziologie der Religion, in: Neue Rundschau 9, 111-123
Spaemann R. (1996): Weltethos als ‚Projekt', in: Merkur 50, 893-904
Stietencron H. von (1993): Der Begriff der Religion in der Religionswissenschaft, in: Kerber W. (Hrsg.), Der Begriff der Religion, München, 111-137
Tenbruck F. H. (1976): Die Glaubensgeschichte der Moderne, in: Zeitschrift für Politik 23, 1-15
Tenbruck F. H. (1981): Émile Durkheim oder die Geburt der Gesellschaft aus dem Geist der Soziologie, in: Zeitschrift für Soziologie 10, 333-350
Tenbruck F. H. (1993): Die Religion im Maelstrom der Reflexion, in: Religion und Kultur. Sonderheft 33 der Kölner Zeitschrift für Soziologie und Sozialpsychologie. Opladen, 31-67
Theunissen M. (1965): Der Andere. Studien zur Sozialontologie der Gegenwart, Berlin
Tyrell H. (1988): Ehe und Familie - Institutionalisierung und Deinstitutionalisierung, in: Lüscher K. u.a. (Hrsg.), Die ‚postmoderne' Familie, Konstanz, 145-156
Tyrell H. (1993): Katholizismus und Familie - Institutionalisierung und Deinstituionalisierung, in: Religion und Kultur. Sonderheft 33 der Kölner Zeitschrift für Soziologie und Sozialpsychologie, 126-149
Tyrell H. (1995): Von der ‚Soziologie statt Religion' zur Religionssoziologie, in: Krech V., Tyrell H. (Hrsg.), Religionssoziologie um 1900, Würzburg, 79-127
Voll P., Krüggeler M. (1992): Funktion und Substanz. Was bleibt vom freundeidgenössischen Kompromiss? in: Sociologia Internationalis 30, 203-225
Wagner F. (1986): Was ist Religion? Gütersloh
Weber M. (1934): Gesammelte Aufsätze zur Religionssoziologie I, Tübingen, 3.Aufl.
Widl M. (1998): Religiosität, in: Haslinger H., Karrer L. u.a. (Hrsg.), Praktische Theologie. Ein Handbuch, Mainz (im Erscheinen)

II. Charisma zwischen Bewegung, Institution und Organisation

Winfried Gebhardt

Kirche zwischen charismatischer Bewegung und formaler Organisation. Religiöser Wandel als Problem der soziologischen Theoriebildung

Die Geschichte der christlichen Kirchen ist die Geschichte des Spannungsverhältnisses von Charisma und Organisation, von der labilen Unmittelbarkeit spontaner religiöser Erfahrungen und chiliastischer Ideen auf der einen und der relativ stabilen Verbindlichkeit formal gesatzter Ordnungen auf der anderen Seite. Ich sage hier bewußt Organisation und nicht – wie sonst üblich – Institution. Denn im theologischen Begriff der Institution ist die Aufhebung dieses Spannungsverhältnisses von Anfang an mitgedacht. Der katholische Theologe Karl Rahner hat dieses institutionelle Selbstverständnis christlicher Kirchen, das in der – auf Paulus zurückgehenden – doppelten Selbstverpflichtung besteht, einerseits „die Geister zu prüfen, ob sie aus Gott sind“ (1 Joh 4, 1), andererseits den Geist nicht auszulöschen (1 Thess 5, 19), einmal wie folgt beschrieben:

> Das „Charismatische in der Kirche bezeichnet den Ort, an dem in der Kirche Gott als Herr der Kirche über die Kirche als einem offenen System verfügt“ (Rahner 1969, 422).

Was sich in diesem Zitat offenbart, ist der Anspruch jeder Kirche, als „lebendige Institution“ die freie Gegenwart des Geistes, die begnadete Fähigkeit des Einzelnen zur unmittelbaren Erfahrung des Göttlichen, mit der Macht der Tradition, der Autorität verläßlicher, rechtlich garantierter Ordnung zu versöhnen, der Anspruch, als geglückte Synthese aus dem Charisma der urchristlichen Gemeinde und der organisierenden Kraft des römischen Rechts eine „zeitlose“ institutionelle Form gefunden zu haben, in der allein christliches Leben sich verwirklichen kann.

Ein solch theologisches Institutionenverständnis entspricht weitgehend dem der klassischen soziologischen Institutionenlehre, wie sie in Anschluß an Maurice Hauriou (Hauriou 1965) vor allem von Arnold Gehlen (Gehlen1977) und Hans Freyer (Freyer 1956) entwickelt wurde. Auch hier werden Institutionen als überzeitliche soziale Gebilde, als „von Zauberhand ineinandergefügte fertige Einheiten“ (Weigand u.a. 1988, 20) verstanden, in denen eine Ursprungsidee als „idée directrice“ zu einer festen Form gerinnt, die den

Menschen durch ihre überlegene Kraft von seiner permanenten Handlungsunsicherheit entlastet, indem sie ihm allgemeinverbindliche Normen und fraglos geltende Handlungsmaximen vorgibt. Dabei gehen Gehlen und Freyer wie selbstverständlich davon aus, daß Institutionen aufgrund einer ihnen inkorporierten „Wahrheit" eine überzeitliche Legitimität innewohnt. Gefahr droht der normativen Geltung von Institutionen deshalb vor allem durch zwei Entwicklungen: Zum einen durch eine akzelerierende „flatternde Subjektivität", wie sie insbesondere in bewegungsartigen Sozialgebilden mit ihren radikalenthusiastischen Absolutheitsansprüchen zum Ausdruck kommt, zum anderen aber durch Prozesse der Versachlichung, Symbolentleerung und Funktionalisierung, die im Zuge eines Überhandnehmens formaler Organisationsstrukturen auftreten. Beide Entwicklungen stellen die „entlastende Funktion" der Institutionen in Frage und gefährden damit die Stabilität sozialer Ordnungen. Nur die fraglose Geltung und Anerkennung der Institutionen garantiert in dieser Sichtweise die Stabilität sozialer Ordnungen und wird deshalb auch als notwendige Voraussetzung „menschenwürdiger Existenz" angesehen.

Der Begriff der Institution, wie er sowohl in der theologischen wie in der klassischen soziologischen Institutionenlehre benutzt wird, trägt eher einen normativen denn einen analytischen Charakter. Er beschreibt eher ein Ideal denn historische Wirklichkeit, wie allein schon ein kurzer Blick in die Kirchengeschichte zeigt, in deren Verlauf die „lebendige Institution" als „offenes System" – wenn überhaupt – nur in historischen Ausnahmesituationen existierte. Schon zu Zeiten des Paulus deuten sich erste Spannungen an zwischen denen, deren erste Priorität in der dauerhaften Organisation von Gemeinden liegt, und denen, deren primäres Ziel in der Verwirklichung der charismatischen Idee der *imitatio christi* (also der Umsetzung der jesuanischen Ideale von Armut, Keuschheit und Heimatlosigkeit) liegt und die in der freiwilligen Abgeschiedenheit von der Gemeinde dieses Ziel zu verwirklichen suchen. Dieser Urkonflikt durchzieht die gesamte Kirchengeschichte. Virulent wird er in dem Moment, als die Kirche sich im 11. Jahrhundert – spätetestens mit Gregor VII. – zu einer entwickelten, hierarchisch gegliederten Organisation ausbildet. Von nun an wird immer wieder das Charisma der urchristlichen Gemeinde gegen die organisierte Klerikerkirche ins Feld geführt – von Franz von Assisi bis hin zu Eugen Drewermann. Der Begriff der Institution diente und dient in dieser Auseinandersetzung um die „wahre Gestalt" der Kirche als Kampfbegriff, der von der kirchlichen Hierarchie zur Abwehr aktueller oder auch nur wiederbelebter, revitalisierter charismatisch-fundierter Ansprüche eingesetzt wird, indem er darauf verweist, daß allein die Kirche als die perfekte Synthese von Charisma und Organisation zur Verwaltung und Bewahrung der ursprünglich charismatischen Botschaft berufen sei.

Ursache für diese normative Aufladung sowohl des theologischen wie auch des klassisch soziologischen Institutionenbegriffs ist seine mangelnde handlungstheoretische Begründung. Johannes Weiß hat nachgewiesen, daß die klassische Institutionentheorie einen jeden Begriff des sozialen Handelns, der ja „nicht nur die Möglichkeit der Gewohnheits- und Traditionsbildung, des Umschlags in Eigenwertgeltung und der Entfremdung, sondern auch die gegenteilige Möglichkeit der Distanzierung und Problematisierung impliziert", offenbar für völlig ungeeignet hält, „als Grundbegriff (...) zu dienen" (Weiß 1990, 147).

Werden Institutionen allerdings nicht mehr länger einseitig als objektive, überzeitliche Gebilde, als „geronnener Geist" angesehen, sondern, wie in der neueren Institutionentheorie, als Kreuzungspunkte von handelnden Subjekten, sinnstiftenden Ideen und sich in Organisationsstrukturen verdichtenden Regel- und Normensystemen, als soziale Vermittlungsinstanzen im dialektischen Spannungsfeld von Subjekt und Objekt, von Freiheit und Notwendigkeit, von Charisma und Organisation (vgl. Giddens 1988; Weigand u.a. 1988; Lübbe 1989; Lipp 1990; Rehberg 1990; Weiß 1990; Gebhardt 1992), dann tritt auch ihr prozessualer, dynamischer Charakter deutlicher in Erscheinung. Mit einer solchen Bedeutungsverschiebung des Institutionenbegriffs vom Normativen hin zum Analytischen verändert sich dann auch die Aufgabe der Institutionenanalyse. Jetzt geht es nicht mehr länger um die Konstruktions- und Bestandsbedingungen von Institutionen, sondern um die Analyse der historischen Umstände, die den verdeckten Kampf zwischen den

„Kräften der Trägheit (dem Institutierten) und den Kräften gesellschaftlicher Kreativität (dem Institutierenden)" (Weigand u.a. 1988, 20)

beeinflussen, nicht mehr länger um Institutionenanalyse, sondern um die Analyse des institutionellen Wandels und seiner Randbedingungen.

Eine jener soziologischen Theorien, die diesen Wandlungsaspekt von Institutionen im Spannungsfeld von Subjekt und Objekt, von Charisma und Organisation, explizit thematisieren, ist Max Webers Theorie des Charisma. Gerade für ein Verständnis des Wandels religiöser Institutionen wie den christlichen Kirchen bietet sie sich an, nicht zuletzt auch deshalb, weil Weber, den Begriff des Charisma im Umfeld religiöser Phänomene entwickelt hat. Trotz dieser Tatsache spielt Webers Theorie des Charisma in der theologischen Diskussion um das Verhältnis von Geist und Amt, von Charisma und Institution kaum eine Rolle (vgl. Rendtorff 1985; Baumert 1990; 1991), die bis heute durch den einfachen Dualismus von Geist und Amt geprägt wird. Religionssoziologische Analysen müssen freilich diese simple Polarität überwinden, indem sie sich den Grauzonen zuwenden, in denen der charismatische Impuls nach direktem Zugang zum „Göttlichen" und der Wille zur dauerhaften Organisation von kirchlich verfasster Religion soziale Gestalt annimmt. Nur so kann es gelingen, die stets prekäre und ambivalente soziale Realität von Religion zu erhellen. Max Webers Theorie des Charisma – so die These – ist dafür immer noch ein geeignetes Werkzeug. Sie bietet nicht nur die Chance einer eindeutigen begrifflichen Trennung von Bewegung, Institution und Organisation, sondern darüber hinaus auch noch die Möglichkeit, Grundfiguren des Wandels religiöser Sozialformen zu identifizieren.

1. Die Multidimensionalität des Charisma-Begriffs bei Max Weber

Max Webers Theorie des Charisma ist weitaus komplexer, differenzierter und anspruchsvoller als bisher angenommen. Sie enthält mehr als ein theoretisch fundiertes Set von Aussagen über Eigenarten, Funktionen und Bedeutungen personaler charismatischer Führung, auf den sie in der Vergangenheit oftmals reduziert wurde (vgl. Gebhardt 1994, 22ff.). Wie allein ein Blick auf die in Frage kommenden Textbestandteile in „Wirtschaft und Gesellschaft" zeigt, steht im Mittelpunkt der Weberschen Analysen nicht das exzeptionelle Phänomen des „reinen" Charisma, sondern die unterschiedlichen Prozesse seiner Veralltäglichung, Versachlichung und Institutionalisierung. Blendet man die entwicklungsgeschichtliche Dimension der Weberschen Charisma-Theorie aus (vgl. dazu Roth 1987; Schluchter 1988; Breuer 1989; 1991; 1994) und beschränkt sich allein auf die strukturelle Ebene, so lassen sich selbst hier drei unterschiedliche, deutlich voneinander abgrenzbare Bestandteile erkennen: 1. das Theorem des charismatischen Führers und der ihn tragenden charismatischen Bewegung als einer revolutionären Kraft; 2. das Theorem der Veralltäglichung, Versachlichung und Institutionalisierung des „reinen" Charisma, wobei die aus diesen Prozessen hervorgehenden Formen des institutionalisierten Charisma nochmals zu differenzieren sind in a) jene, in denen das ursprünglich „reine" Charisma transformiert und neu strukturiert wird, und b) solche, die das reine Charisma selbst als spezifische Institution festschreiben; und schließlich 3. das Theorem der Veralltäglichung des institutionalisierten Charisma, das sowohl Prozesse der Entlegitimierung und Bürokratisierung wie auch - Weber drückt sich manchmal ja äußerst drastisch aus - der Kastration eines jeden genuinen Charisma (vgl. Weber 1976, 669) durch die akzelerierende Organisierung des sozialen Lebens beinhaltet. Webers Theorie des Charisma enthält also eine ausgearbeitete Theorie des sozialen Wandels, die, gestützt auf die Einsicht von der grundsätzlichen Dialektik von Alltag und Charisma, die Dynamik und Prozessualität gesellschaftlicher Ordnungen und sozialer Gebilde betont.

2. Charismatische Führung und charismatische Bewegung

Charisma bezeichnet ein Beziehungsphänomen. Charisma als eine außeralltägliche, nicht jedem zugängliche „Qualität" läßt sich nicht an objektiven Maßstäben messen, d.h. nicht hinreichend über psychische oder physische Eigenschaften definieren. Charisma ist kein psychologischer, sondern ein soziologischer Begriff, der allerdings die Existenz von bestimmten, allerdings variablen psychischen Eigenschaften, jedenfalls bei allen Formen des Personalcharisma, voraussetzt. Charisma bezeichnet einen Glauben, der auf eine Person oder einen Gegenstand gerichtet wird. Wilhelm E. Mühlmann hat diesen Tatbestand schon früh auf den Begriff gebracht:

„Das Charisma ist weder eine Person, noch ist es das Kollektiv der Gläubigen, es ist das intentionale Medium zwischen beiden" (Mühlmann 1966, 18).

In einer solchen Begriffsbestimmung ist die Anhängerschaft, die einer als charismatisch qualifiziert bewerteten Person und ihrer Botschaft leidenschaftlich, hingebungsvoll, bedingungslos und deshalb opferbereit folgt, bereits mitgedacht. Um es noch deutlicher zu sagen: Als soziologisch relevantes Phänomen existiert Charisma nur als charismatische Bewegung. Insofern ist der Begriff der charismatischen Bewegung der eigentliche Grundbegriff der Weberschen Charisma-Theorie, obwohl Weber ihn nur selten gebrauchte und nie eindeutig definierte (vgl. Cavalli 1993; Ebertz 1995).

Eine charismatische Bewegung bezeichnet für Weber die Gesamtheit einer Personengruppe, die sich gläubig und gehorsam um einen „charismatischen Führer" und dessen Botschaft oder Sendung versammelt. Obwohl grundsätzlich konstitutionell labil, läßt sie sich nicht durch einen Zustand „amorpher Strukturlosigkeit" (Weber 1976, 659) kennzeichnen, sondern ist, wie Weber explizit sagt, eine

„ausgeprägte soziale Strukturform mit persönlichen Organen und einem der Mission des Charismaträgers angepaßten Apparat von Leistungen und Sachgütern" (Weber 1976, 659).

Diese Organe und dieser Versorgungsapparat unterscheiden sich von allen traditionalen und rationalen Verwaltungsstäben dadurch, daß sich ihr leitendes Personal aus dem zumeist sehr kleinen Kreis der persönlich berufenen Gefolgschaft des charismatischen Führers rekrutiert. Kriterium der Auswahl ist weder ständische Qualifikation noch Eignung im Sinne der Verfügung über irgendeine Art von Fachwissen, sondern nur „Berufung nach Eingebung des Führers" (Weber, 1976, 141). Deshalb existiert auch keine festgefügte Hierarchie, es gibt keine Anstellung und keine Laufbahn. Zwar lassen sich in jeder charismatischen Bewegung durchaus hierarchische Abstufungen erkennen, doch sind diese allein durch die persönliche Sympathie des Charismaträgers bestimmt, die auch wieder entzogen werden kann.

In dieser von Anfang an vorhandenen strukturellen Verdichtung charismatischer Beziehungen, die Weber dazu führt zu sagen, daß in dem Moment, in dem das Charisma als soziales Phänomen in Erscheinung tritt, es als „reine" Form schon gar nicht mehr existiert (vgl. Weber 1976, 275), liegt die Ursache für seine grundsätzliche Labilität. Wo immer charismatische Bewegungen über ihre enthusiastische Anfangsphase hinausgelangen – was freilich nicht immer gelingt, weil die legitime Geltung des charismatischen Anspruchs an die Bedingung geknüpft ist, daß er sich bewährt –, geraten sie unter Anpassungs- und Veränderungsdruck. Es setzt ein Prozeß der Veralltäglichung ein, der eine jede charismatische Beziehung, die für eine bestimmte, aller Erfahrung nach sehr kurze Zeit eine Anzahl von Menschen aus den Geleisen des Alltags heraushob, in die Bahnen des Alltags zurückführt. Geschieht dies, dann wird, wie Weber sagt, die Herrschaft des reinen Charisma gebrochen,

„ins ‚Institutionelle' transponiert und umgebogen, und dann entweder geradezu mechanisiert oder unvermerkt durch ganz andere Strukturprinzipien zurückgedrängt oder mit ihnen in den mannigfachsten Formen verschmolzen und verquickt" (Weber 1976, 661).

Immer dann, wenn es zu etwas sozial Perennierendem wird, unterliegt es tiefgreifenden Alterationen und Umbildungen, oder, wie Weber sagt, einem umfassenden Gestaltwandel. Im Zuge dieser Transformation, die sich im Kern als Institutionalisierung des „Außeralltäglichen" begreifen läßt, büßt das genuine Charisma nun nicht nur seine revolutionäre, schöpferische und innovatorische Kraft ein, sondern wird in seiner Funktion geradezu umgedreht:

„Statt also, seinem genuinen Sinn gemäß, allem Traditionellen oder auf ‚legitimen' Rechtserwerb Ruhenden gegenüber revolutionär zu wirken, wie in statu nascendi, wirkt es nun seinerseits gerade als Rechtsgrund ‚erworbener Rechte'" (Weber 1976, 662),

legitimiert und stabilisiert so die neu geschaffenen institutionellen Ordnungen.

3. Amts- und Gentilcharisma: Formen des institutionalisierten Charisma

Der Veralltäglichungsprozeß des genuinen Charisma kann sich auf unterschiedliche Art vollziehen. Weber nennt zumindest drei Möglichkeiten. Zum einen kann Charisma im Alltag aufgehen, sich dort verflüchtigen, in, wie Wolfgang Schluchter sagt, traditionale oder legale Dauergebilde ohne charismatischen Kern einmünden (vgl. Schluchter 1988, 549). Zum anderen kann sich das Charisma versachlichen und entpersonalisieren, d.h. die charismatische Sendung bleibt erhalten, wird aber auf andere Personen übertragbar. Ist dieser Weg erst einmal eingeschlagen, führt er in der Regel zu einer dritten Art der Veralltäglichung, der Institutionalisierung des Charisma. In diesen beiden Fällen schwindet das Charisma nicht oder wird zerstört, es transformiert sich zu einem spezifischen Institutionencharisma. Weber selbst hat zwei Formen des institutionalisierten Charisma benannt, in denen der charismatische Anspruch institutionell verfestigt weiterlebt, und die dazu dienen, sozialen Ordnungen den Glanz der Legitimität und so das Gütesiegel einer Institution zu verleihen. Die eine ist das Gentil- oder Erbcharisma, welches auf der Vorstellung beruht, daß das Charisma eine Qualität des Blutes sei und also der Sippe, ganz besonders aber dem Erstgeborenen anhafte. Eine zweite Form des institutionalisierten Charisma ist für Weber das „Amtscharisma". Beide Typen des institutionalisierten Charisma sind „idealtypisch" konstruiert und treten in der historischen Realität, weil spezifisch defizitär, in jeweils besonderen Mischformen auf – ein Sachverhalt, auf den schon früh Reinhard Bendix aufmerksam gemacht hat (vgl. Bendix 1964, 237).

Im Typus des Amtscharisma sieht Weber die „reinere" und auch die geschichtsmächtigere Form des institutionalisierten Charisma verkörpert, weil hier der Prozeß der Versachlichung und Entpersönlichung des „reinen" Ursprungscharisma weit über das im Gentil- und Erbcharisma erreichte Maß hinaus fortgeschritten ist bis hin zu dem Glauben an die „spezifische Begnadung einer sozialen Institution als solcher" (Weber 1976, 675). Charakteristisch für jede historische Form des Amtscharisma ist also, daß das Charisma als vollkommen gelöst von jeder konkreten Person gedacht wird, die das betreffende Amt besetzt, vielmehr allein diesem als sozialem Dauergebilde zugesprochen wird. Der Legitimitätsglaube haftet jetzt allein an dem Amt, nicht an der es nur repräsentierenden Person, und auch die Fähigkeit zur Gnadenspendung wird nun allein dem Amt zugeschrieben. Charismatische Ausstrahlung ist damit nicht länger an bestimmte psychische oder physische Eigenschaften einer konkreten Person gebunden, sondern wird zu einem – grundsätzlich für jeden – erwerbbaren Gut. Voraussetzung für die Existenz von „Amtscharisma" ist freilich, wie der Name schon andeutet, seine Gebundenheit an eine spezifische, in der Regel ausdifferenzierte, hierarchisch-gegliederte, wenn nicht sogar bürokratisierte Organisationsform (in Webers Terminologie „Anstalt"), die das „Amt" bereitstellt und in seinem Aufgaben- und Repräsentationsbereich exakt definiert. Deshalb ist das Amtscharisma auch keineswegs nur eine archaischen oder traditionalen Verhältnissen eigene Erscheinung, sondern taucht – wenn vielleicht auch in trivialisierter Form – selbst in modernen bürokratisierten Gesellschaften, ja sogar in demokratischen Verfassungsstaaten auf.

Ein besonders erhellendes, weil die Einsicht von der notwendigen Ergänzung erb- und amtscharismatischer Elemente in konkreten historischen Institutionen demonstrierendes Beispiel für die Existenz eines Amtscharisma (mit erbcharismatischem Fundament) findet sich in der – von Ernst H. Kantorowicz (Kantorowicz 1990) konzise dargestellten und analysierten – Lehre der englischen Staatstheorie der Tudorzeit von den „zwei Körpern des Königs", die davon ausgeht, daß der König in sich zwei Körper habe, nämlich den natürlichen (body natural) und den politischen (body politic). In dieser Lehre ist die Idee des Amtscharisma im Bereich der Politik am konsequentesten durchdacht und staatstheoretisch fixiert. Im religiösen Bereich findet sie ihren reinsten (und deshalb wohl auch historisch bedeutsamsten) Ausdruck in der katholischen Theorie vom „character indelebilis" des Priesters, vom Sakrament der Priesterweihe. Diese, sagt Weber,

„ist die radikalste Form der Versachlichung der rein persönlichen, an der Bewährung der Person haftenden charismatischen Berufung in eine jedem, der in die Amtshierarchie durch eine magische Handlung als Glied aufgenommen ist, unverlierbar anhängende, den Amtsmechanismus ohne Ansehen des Werts der Person seiner Träger heiligende, charismatische Befähigung“ (Weber, 1976, 675).

Der einzelne Priester darf persönlich noch so verworfen sein, die charismatische Qualifikation, die er durch die Übertragung des Amtes erlangt hat, wird dadurch nicht in Frage gestellt. Hier ist die Trennung von Person und Amt radikal vollzogen. Aus der individuellen charismatischen Befähigung ist eine „sachliche Qualität“ geworden, die nun, auf wen auch immer, „übertragbar“ ist. Das bedeutet in letzter Konsequenz, daß aus dem Charisma als einer Gnadengabe, deren Besitz, wie Weber sagt, erprobt und bewährt, nicht aber mitgeteilt oder angeeignet werden kann, etwas wird, das grundsätzlich von jedem „erwerbbar“ ist (Weber 1976, 145).

Ist das Charisma aber grundsätzlich und das heißt auch für jeden erwerbbar, so stellt sich sofort die Frage nach der Bewahrung der außeralltäglichen Gnadengaben. Liegen diese nicht mehr in der Person begründet, müssen sie auf andere Art sichergestellt und, vor allem für die Masse der Beherrschten, gleich ob nun „Untertanen“ oder „Gläubige“, nach außen hin sichtbar, physisch greifbar und emotional erlebbar sein. Dies geschieht in der Regel mit der Hilfe von vier unterschiedlichen Techniken:

1. Durch die rituelle Übertragung des Charisma auf den neuen Amtsinhaber durch hierurgische Mittel, sei es wie im Falle des Priesters durch Salbung, Weihe und Handauflegung, sei es wie im Falle des Monarchen durch Salbung und Krönung, sei es wie im Falle des Präsidenten eines demokratischen Verfassungsstaates durch öffentliche Verpflichtung und Vereidigung auf die Verfassung. Diese vollzieht sich üblicherweise im Rahmen eines feierlichen Aktes, der „Inauguration“, die die Herausgehobenheit, die Außeralltäglichkeit der Situation betont, indem sie an den charismatischen Ursprung des Amtes, in das die betreffende Person eingeführt wird, erinnert – vor allem dadurch, daß sie entweder die Person des charismatischen Stifters und/oder die zentralen Kernsätze der charismatischen Botschaft vergegenwärtigt und ins Bewußtsein hebt. So wird das Amt (und mit ihm sein Träger) in seinem spezifischen So-Sein durch Bezug auf seinen charismatischen Ursprung bei jeder rituellen Übertragung immer wieder neu legitimiert. Dabei spielt – je näher die Moderne rückt – das gesprochene Wort eine immer größere Rolle. Ist der Akt der Krönung oder Salbung an sich schon Erinnerung an den charismatischen Ursprung, spricht er als symbolischer Akt für sich selbst, so wird in der symbolarmen Moderne die diskursive Vergewisserung über die gemeinschaftlichen charismatischen Grundlagen immer wichtiger und damit die Formen der feierlichen Rede, des Eides oder der feierlichen Verpflichtung (vgl. Friesenhahn 1979).

2. Durch die symbolische Ausstattung des Amtes mit spezifischen Amtsinsignien, sogenannter „symbols of excellence“, wie zum Beispiel Krone, Zepter, Reichsapfel, Mitra, Bischofsstab, deren Ikonographie ebenfalls auf den charismatischen Ursprung des Amtes verweist (vgl. Clark 1986). Dazu gehören aber auch besonders repräsentative oder symbolträchtige Bauten (Amtssitze wie das „White House“ oder „Downing Street 10“) und Fahrzeuge (Amtsfahrzeuge wie die „Air Force One“ oder das „papamobil“).

3. Durch eine spezifische Schulung oder Ausbildung des Amtsinhabers, die den besonderen Erfordernissen des Amtes angemessen ist. Eine solche Schulung kann die Form der von Max Weber ausführlich beschriebenen „reinen“ charismatischen Erziehung annehmen, die zwar gewisse Elemente der Fachbildung immer beinhaltet, in der Regel aber auf eine Auslese der charismatisch Qualifizierten durch Askese, körperliche und seelische Excercitia, Heldenproben oder Initiationen zielt. Sie kann aber auch und tut dies in der Tat mit fortschreitender Rationalisierung und Bürokratisierung der Organisation, die das Amt zur Verfügung stellt, in der „ankultivierten“ Form der bereits mit einem großen Anteil an Fachwissen durchsetzten Fürstenerziehung oder Priesterbildung auftreten (vgl. Weber 1976, 677). Dann treten allerdings ständische Elemente hinzu, die den herausgehobenen Charakter des Amtes und seines Inhabers betonen, so zum Beispiel durch Erlernen der „Etikette“.

4. Durch die Entwicklung, Pflege und Sicherung jeweils besonderer Legitimationsideen. Diese können in der Form spezifischer Erzählungen, Legenden und (Schöpfungs-) Mythen auftreten, aber auch, wenn das charismatische Gründungsereignis, auf das Bezug genommen wird, verbunden ist mit einer expliziten charismatischen Botschaft oder Lehre, in der Form von Dogmen, kanonischen Schriften und – mit Annäherung an die Moderne immer häufiger – rationalen Legitimationstheorien. Legitimationsideen dieser Art, die zumeist von einer spezifischen – haupt- oder nebenamtlich agierenden – Intellektuellenschicht verwaltet, mit Hilfe der Institutionen der Zensur, der Text- und der Sinnpflege (Assmann, Assmann 1987, 11) auf Dauer gestellt, rituell und zeremoniell geschützt werden, geben dem Amt selbst, aber auch der jeweiligen Person, die es besetzt, gleichsam eine „höhere Weihe“, in dem sie es geschichtlich verorten. Das Amt erscheint jetzt als die einzige und zwingende Möglichkeit der Sicherung und dauerhaften Bewahrung des ursprünglichen charismatischen Potentials. Durch diese ideelle Verklärung wird es sozusagen „heilig gesprochen“ und damit tabuisiert, der Kritik und individuellen Verfügbarkeit entzogen.

Alle vier hier genannten Techniken dienen dazu, das jeweilige Amt bzw. den jeweiligen Amtsinhaber mit einer Aura des „Außeralltäglichen“ zu umgeben, ihn aus der Masse der Beherrschten wie seiner unmittelbaren Mitarbeiter als etwas Besonderes herauszuheben und auszuzeichnen, ihm also, ähnlich wie es beim Gentil- und Erbcharisma geschieht, ein dignititäts- bzw. prestigesteigerndes, ehrfurchtgebietendes und so legitimierendes Seltenheitsmonopol zu sichern. In der Figur des Amtscharisma wird also die legitimatorische Kraft des reinen Charisma in die Struktur einer Organisation eingebaut, die erst mit dieser Inkorporierung des charismatischen Elements den Charakter einer Institution animmt.

4. Institutionalisierungsformen des reinen Charisma

Alle Formen des institutionalisierten Charisma, insbesondere aber das organisierte, anstaltsmäßig verwaltete Amtscharisma, sehen sich in einer für sie typischen Dilemmasituation, die sich daraus ergibt, daß ein jedes organisiertes Amtscharisma mit dem Anspruch auftritt, auftreten muß, der legitime Erbe eines „reinen“, ursprünglichen Charisma zu sein. Dessen revolutionärer Gehalt und dessen revolutionäre Kraft bleibt deshalb immer latent vorhanden, ein Rückgriff ist immer möglich und kann sich unter bestimmten Bedingungen gegen das organisierte Amtscharisma richten, dem dann „Verrat“ an den ursprünglichen Idealen und Zielen vorgeworfen wird. Jedes organisierte Amtscharisma steht deshalb vor der Aufgabe, die revolutionäre Kraft des „reinen“ Charisma aus legitimatorischen Gründen zu erhalten, aber dies so zu tun, daß diese zu keiner Gefahr für die Organisation wird. Zwei Strategien stehen zur Verfügung, um – systemtheoretisch gesprochen – diese Aufgabe des „Latenzschutzes“ zu erfüllen (vgl. Luhmann 1984, 459ff.). In beiden Fällen wird nicht versucht, das Charisma in die Alltagsstruktur der Organisation einzufügen, sondern hier werden spezifische, d.h. in ihrer Wirkung zeitlich oder räumlich begrenzte Sonderinstitutionen geschaffen – Niklas Luhmann würde hier von „Subsystemen“ (vgl. Fuchs 1986), Victor Turner von besonderen „Communitas“-Modellen (Turner 1989) und die neuere französische Institutionentheorie von „contre-institutions“ (Lourau 1970) sprechen –, die das „reine“ Charisma erhalten sollen, um seine legitimatorische Kraft wach zu halten und auf Dauer zu stellen.

Die eine Institution, die die zeitliche begrenzte „Rückkehr zum Ursprung“ erlaubt, ist das Fest (vgl. Gebhardt 1987); die andere, räumlich begrenzte Institution ist im Entwurf eines spezifischen Lebensstils aus der „Botschaft des Ursprungs“ zu sehen, der im folgenden „Charisma als Lebensform“ genannt werden soll. Beiden Typen ist gemeinsam, daß sie – was auf den ersten Blick als Paradoxie erscheinen mag – die revolutionäre Energie des charismatischen Ursprungsereignisses zur Stabilisierung gesellschaftlicher Ordnungen nutzen können, indem sie es in seinem Wirkungskreis begrenzen und kontrollieren. Das Fest gestattet die zwar nur temporäre, aber regelmäßig wiederkehrende, teils bewußt vollzogene, teils nur dunkel geahnte Erfahrung des charismatischen Ursprungsereignisses, hält das „reine" Charisma also in einer institutionalisierten Ordnung präsent, ohne daß es – weil Anfangs- und Endpunkt festgelegt sind – zwangsläufig zu einer Gefahr für diese wird. Der sich in spezifischen Vergemeinschaftungsformen verdichtende Entwurf eines Lebensstils aus dem „Geist des Ursprungs" bietet die Möglichkeit, jedenfalls wenn es Institutionen gelingt, diese Gemeinschaften mit einem zumeist rechtlichen Sonderstatus versehen in ihre Struktur zu integrieren, die Radikalität und Absolutheit des genuinen Charismas auf Dauer zu bewahren. Als ausdifferenzierte „Elitetruppe" (Weber 1976, 697) der Organisation sichern sie deren charismatisches Fundament. Von ihrer Funktion her betrachtet sind beide Institutionalisierungsformen des „reinen" Charisma zumindest ähnlich. Sie unterscheiden sich allerdings deutlich im Verhältnis der Akteure zum jeweiligen charismatischen Objekt, also in der Intentionalität der beteiligten Handlungen. Im Falle der räumlichen Begrenzung ist die ganze Intentionalität des Handelns auf die Bewahrung der Botschaft des „charismatischen Ursprungs" gerichtet, was zugleich deren ethische Rationalisierung impliziert. Im Falle der zeitlichen Begrenzung ist der Bezug der Handlungen zum „charismatischen Ursprungserlebnis" eher diffus, weil fast durchgängig emotional bestimmt. Während also die Institution des Festes im Kern eine primär emotionale Vergemeinschaftungsform des „charismatischen Ursprungs" beschreibt, deren Rationalität sich nur aus der Außenbetrachtung ergibt, wohnt der Institution des „Charisma als Lebensform" von Beginn an ein rationales Moment inne: Sie läßt sich adäquat nur als eine primär wertrationale Vergemeinschaftungsform verstehen (vgl. Gebhardt 1994, 74ff.).

Daß beide Strategien nicht frei von Risiken sind, liegt auf der Hand. Sowohl die Einrichtung eines zeitlich begrenzten Freiraums wie im Fest als auch eines räumlich begrenzten wie in der Sonderinstitution des Charisma als Lebensform stellen ein Spiel mit dem Feuer dar. Denn die stabilisierenden, legitimierenden Wirkungen dieser beiden Formen sind äußerst labil. Die revolutionäre Kraft des „reinen" Charisma ist in ihnen nicht transformiert und damit vernichtet, sondern nur institutionell eingegrenzt und gezähmt worden und kann sich deshalb unter bestimmten Bedingungen auch wieder aus diesen institutionellen Fesseln befreien. So können Feste unter Umständen in offene Rebellion umschlagen, wie auf manchen Kirchentagen zu beoachten ist; so können charismatische Eliteformationen die gegebenen institutionellen Ordnungen, partikulär oder insgesamt, immer wieder herausfordern, indem sie diese mit den Idealen des charismatischen Ursprungs konfrontieren und ins Straucheln bringen, wie die Beispiele der unterschiedlichen, von Klöstern ausgegangenen Reformbewegungen und die nur mühsam gelungene Domestizierung des Franziskanerordens zeigen (vgl. Grundmann 1977; Iserloh 1977).

5. Die Veralltäglichung des institutionalisierten Charisma

Eine institutionelle Ordnung, die sich über die Figur des Amtscharisma sowie über die beiden Institutionalisierungsformen des „reinen“ Charisma ihre eigenen charismatischen Fundamente bewahrt und damit ihren Legitimitätsanspruch absichert, ist zwar im Vergleich zu den Formen des „reinen“ Charisma weitaus weniger labil. Die legitimatorische Kraft des institutionalisierten Charisma ist allerdings nicht von „Ewigkeit“. Gegen Edward Shils und seine struktur-funktionalistische Interpretation der Weberschen Charisma-Theorie (vgl. Shils 1982), die davon auszugehen scheint, daß das charismatische Fundament einer gesellschaftlichen Ordnung den Gesetzen der „Autopoiesis“ folgt, sich also stetig aus sich selbst heraus erneuert, muß mit Weber daran festgehalten werden, daß auch die Formen des institutionalisierten Charisma einem Prozeß der Veralltäglichung unterliegen. Wie das reine Charisma, so muß sich auch das institutionalisierte Charisma bewähren, auch wenn es aufgrund seiner institutionellen Verfaßtheit „enttäuschungssicherer“ ist, also „Mißerfolge“ leichter verkraften kann. So kann auch ein erfolgreich institutionalisiertes Amtscharisma verblassen, wenn seine Leistungen oder Inhalte der alltäglichen Wirklichkeit auf Dauer nicht mehr entsprechen. Ein „unwürdiger“ Inhaber eines Amtes allein wird das Charisma des Amtes kaum gefährden, folgen aber mehrere aufeinander, kann auch das Amt als ganzes Schaden nehmen und mit ihm die es tragende institutionelle Ordnung. Doch mehr als durch solch eher zufällige – weil von rein individuellen Faktoren abhängige – Ereignisse wird die Veralltäglichung des institutionalisierten Charisma initiiert und vorangetrieben durch langfristige, strukturelle und kulturelle Wandlungsprozesse. Gesellschaftliche Differenzierungsprozesse, neue Formen der Arbeitsorganisation, Wandlungen von Mentalitäten, technische und wissenschaftliche Entdeckungen, kulturelle oder ideelle Neuerungen können dazu führen, daß bisher eingespielte Handlungsorientierungen, Werthaltungen und Glaubensüberzeugungen unsicher werden, öffentlich in Zweifel gezogen werden, daß Institutionen der Kritik unterzogen werden, daß man ihrer „müde“ wird, daß sie nicht mehr länger als Stabilisierungsfaktoren der gesellschaftlichen Ordnung und der eigenen Identität eingeschätzt werden, sondern als Hemmnisse des Fortschritts oder als Verrat an den Ursprungsidealen.

Veralltäglichungsprozesse des institutionalisierten Charisma sind nicht nur ein der Moderne eigentümliches Phänomen. Allerdings nehmen sie unter den modernen Bedingungen akzelerierender Prozesse der sozialen Differenzierung und Individualisierung, der wissenschaftlich-technischen Rationalisierung und zunehmender Verrechtlichung und Formalisierung von Organisationsstrukturen sowohl an Quantität wie auch an Intensität zu und führen zu einer „Entzauberung“ charismatisch fundierter Institutionen und damit auch zu einem Geltungs- und Akzeptanzverlust ihrer normativen Vorgaben. Prestigesteigernde Geburtsrechte werden jetzt als überholt angeprangert und bekämpft, Symbole werden bewußt mißachtet bzw. nicht mehr als solche erkannt oder nicht mehr zur Kenntnis genommen. Heilige Schriften geraten unter Rechtfertigungszwang und werden durch historisch-kritische Forschung „entzaubert“. Festlich-feierliche Akte vollziehen sich ohne innerliche Anteilnahme oder wandeln sich zu mediengerecht inszenierten Unterhaltungsspektakeln ohne direkten Bezug auf den sie einstmals tragenden Sinn. In der klassischen Institutionentheorie werden diese Entwicklungen deshalb als „Degenerationserscheinungen“, als Übergang von „lebendigen Institutionen“ zu „toten Organisationen“, oder wie Hans Freyer etwas neutraler formuliert, zu „sekundären Systemen“ (vgl. Freyer 1956, 79ff.) beschrieben und beurteilt.

Hinzu kommt, daß unter diesen modernen Bedingungen struktureller Differenzierung auch jene Sozialformen, die als Institutionalisierungsagenturen des „reinen“ Charisma in die Struktur von Institutionen eingegliedert sind, ihre Funktion des Latenzschutzes weitgehend einbüßen. Latenzschutz ist in der Systemtheorie vor allem für streng hierarchisch aufgebaute und mit universalistischen Ansprüchen auftretende Sozialsysteme eine über den Bestand des Systems notwendig entscheidende Daueraufgabe. Es gilt, Alternativen auszuklammern beziehungsweise abzusondern, das heißt aus der Gefahrenzone alltäglicher Entscheidungen zu entfernen. In dem Maße aber, in dem sich soziale Systeme funktional differenzieren und damit auch ihr universalistischer Anspruch brüchig wird, weil die Funktionssysteme der Gesellschaft nun unter den Gesichtspunkten der Austauschbarkeit konstituiert sind, verlieren die Aufgabe des Latenzschutzes und damit diejenigen Subsysteme, die sie erfüllen, an Bedeutung. Anders gesagt: Wenn Wahlmöglichkeiten in die institutionelle Struktur einer Gesellschaft eingebaut werden, dann besteht kein Bedarf mehr, bestimmte Wahlmöglichkeiten in einem eingegrenzten Sonderbereich abzuschließen, um den Zugriff auf sie zu verhindern.

In solchen Situationen steigt die Chance für erfolgreiche neue charismatische Einbrüche – gleich in welchen Formen sie im einzelnen auftreten, als Revitalisierungsbewegungen eines Ursprungscharisma, als genuine charismatische Neuschöpfungen oder als charismatische Spielformen in Form inszenierter außeralltäglicher Events (vgl. Soeffner 1993). Sie besetzen die Leerstellen, die die „Entzauberung“ des institutionalisierten Charisma hinterläßt, bieten sie doch die Möglichkeit, kultische, symbolische und emotionale Defizite auszugleichen, die sich mit der zunehmenden Formalisierung und Verrechtlichung der Organisationsstrukturen fast notwendig ergeben.

6. Kirche zwischen Charisma und Organisation

Max Webers Theorie des Charisma führt eindringlich vor Augen, daß die Legimität von Institutionen entscheidend davon abhängt, ob und inwieweit es ihnen gelingt, charismatische Elemente erfolgreich in ihre äußere Organisationsstruktur einzubauen und auf Dauer zu stellen. Dabei weist ihre dynamische, weil handlungstheoretische Anlage darauf hin, daß eine solche Aufgabe nicht ein für allemal gelöst werden kann, sondern daß sie immer wieder neu in Angriff zu nehmen ist. Dies gilt insbesondere auch für Religion und Kirche. Jede Religion – Max Weber hat dies eindrucksvoll dokumentiert – lebt in diesem Spannungsfeld von charismatischer Bewegung und Organisation. Charismatische Bewegung und Organisation stellen die Extremformen religiöser Vergemeinschaftung bzw. Vergesellschaftung dar. Bewegung steht für das frei-flottierende, anarchistische und egalitäre, sich gegen jede herkömmliche Ordnung richtende, schöpferisch-revolutionäre Element des Religiösen. Organisation steht hingegen für das sozial und rechtlich verfaßte, hierarchisch gegliederte, in starre Formen gegossene Element des Religiösen. Aufgrund ihrer geradezu entgegengesetzten Zielrichtung und Motivationsstruktur ist das Verhältnis von Bewegung und Organisation stets prekär und konfliktbeladen, bewegt sich immer zwischen den Polen von Exklusion bzw. Separation und Inklusion bzw. Integration. Aber zwischen diesen beiden Polen findet sich eine Vielzahl unterschiedlicher „Zwitterphänomene" – von der Figur des Amtscharisma über das Fest bis hin zu jenen Gemeinschaftsformen, die versuchen, in einer festgefügten Lebensform das genuine Charisma auf Dauer zu stellen und zu bewahren. Ihnen allen ist die Funktion gemeinsam, den für eine Religion typischen – und vielleicht sogar notwendigen – Grundkonflikt von Charisma und Organisation – zwar nicht zu „lösen" – aber doch handhabbar zu gestalten.

Die Geschichte des Christentums ist eine Geschichte dieses Spannungsverhältnisses und gleichzeitig auch die Geschichte steter „Lösungs- und Vermittlungsversuche" dieses Grundkonflikts. Als charismatische Bewegung entstanden (vgl. Ebertz 1987), entwickelte es sich über dauerhafte Gemeindebildung hin zur organisierten Kirche. Dieser Institutionalisierungsprozess war freilich immer begleitet von unterschiedlichsten „bewegungsartigen" Versuchen, diesem entgegenzuwirken, wie die Beispiele des frühen Asketen- und Eremitentums, der koinobitischen Lebensformen, der mittelalterlichen Ketzerbewegungen und der unterschiedlichsten inner- wie außerkirchlichen Reformbewegungen in der Zeit danach zeigen. Fast alle diese Bewegungen orientierten sich am Vorbild der christlichen Urgemeinde und konfrontierten die Organisation der Kirche mit den Idealen der Ursprungsbewegung als Legitimationsgrund. Teilweise gelang der Kirche die Integration dieser Bewegungen in ihre Organisationsstruktur, zumeist durch Gewährung eines auch kirchenrechtlich fixierten „Sonderstatus". Teilweise bewahrten diese Bewegungen ihren oppositionellen Anspruch und fanden für sich eigene, exklusive Organisationsformen. Fast immer aber wirkten diese Bewegungen – gleich ob innerhalb oder außerhalb der kirchlichen Organisation – als Ferment innerkirchlicher Reformen und organisationeller wie theologischer Rationalisierungsprozesse.

Unter modernen Bedingungen wird dieses Spannungsverhältnis in seinen Auswirkungen immer unübersichtlicher. Versuche, zwischen den beiden extremen Polen zu vermitteln, den Grundkonflikt zwischen Charisma und Organisation in institutionell gesicherten Formen „offen zu halten", um seine kreative Kraft zu sichern, gestalten sich immer schwieriger, weil jene charismatischen Zwitterphänomene, die das Spannungsverhältnis von Charisma und Organisation produktiv umsetzten wollten, nun an Kontur und Bedeutung verlieren. Folgen dieser Entwicklungen sind zum einen eine akzelerierende Wahrnehmung der Kirchen als Organisationen, die die Kirchen selbst noch dadurch unterstützen, daß sie aufgrund von objektiven Bedingungen glauben, ihren „Organisationsgrad" ständig weiter steigern zu müssen. Subjektive Wahrnehmung und objektive Entwicklung treiben sich hier gegenseitig voran. Damit wächst aber die Neigung, charismatische Erfahrungen außerhalb oder auch innerhalb der Kirche – hier freilich in solchen Sozialräumen, die sich direkter amtskirchlicher Kontrolle entziehen – zu suchen.

Die neuen Sozialformen, in denen sich die Suche nach charismatischen Erfahrungen vollzieht, sind sowohl von ihren Organisationsstrukturen wie auch von ihren Inhalten her äußerst heterogen. Sowohl innerhalb wie außerhalb der etablierten Kirchen findet sich eine wachsende Zahl unterschiedlichster, zumeist relativ locker organisierter, selbstaktiver Szenen, Initiativ- und Protestgruppen, die fragmentarisch und synkretistisch einzelne Aspekte unterschiedlicher religiöser Überlieferungen akzentuieren oder sogar vermischen. Innerhalb der Kirchen lassen sich zudem neuartige mystische und spiritualistische Vergemeinschaftungen, die sogenannten „Neuen geistlichen Bewegungen" – gleich ob im eher progressiven oder fundamentalistischen Gewande – ebenso beobachten wie neuartige ordensähnliche Vergesellschaftungen mit verbindlicher Rechtsform (vgl. Gabriel 1993). Inwieweit der Begriff der charismatischen Bewegung für alle diese Phänomene angemessenen ist, bleibt eine offene Frage. Charismatische Elemente lassen sich in den meisten dieser neuen Sozialformen identifizieren, angefangen von einer zumeist enthusiastisch-ekstatisch aufgeladenen Binnenatmosphäre bis hin zur unerschütterlichen Selbstgewißheit der in ihnen Versammelten über die Richtigkeit ihres Tuns. Andererseits fällt auf, daß die Bereitschaft, die neuen oder nur revitalisierten Ideale, auf die man sich beruft, in ihrer ganzen Absolutheit und Radikalität umzusetzen, sich dieser „Lebens"-Aufgabe bedingungslos und opferbereit zu unterwerfen, begrenzt ist. Viele dieser neuen Sozialformen tragen eher den Charakter von „Teilzeit-Gesellungsformen" auf der Basis eines freien, jederzeit rückgängig zu machenden Entschlusses (Hitzler 1997, 5). Vielleicht ist deshalb jener in der soziologischen Individualisierungstheorie entwickelte Begriff der „imaginierten" oder „posttraditionalen" Gemeinschaft (Giddens 1991; Bauman 1995; Maffesoli 1996; Hitzler 1997) geeigneter, das Spezifische dieser neuen Sozialformen zu erfassen als der der „charismatischen Bewegung".

Kennzeichen dieser nicht nur im religiösen Bereich anzutreffenden „individualisierten“ Sozialformen (vgl. Hitzler, Pfadenhauer 1997) ist ihre partikuläre und temporäre Existenz. Anders als charismatische Bewegungen sind sie in ihren Zugehörigkeitsbedingungen offener und in ihren Wahrheitsansprüchen diffuser und unverbindlicher. Verpflichtende Bekenntnisse, bedingungslose Unterwerfung und hingebungsvolle Opferbereitschaft sind nicht nötig. Die „Mitgliedschaft“ ist jederzeit kündbar. Auch deshalb bieten sie nur kurzfristig die Illusion, daß sich ein Urteil über das Richtige und Relevante auf eine allgemeine, verallgemeinerungsfähige Grundlage stellen läßt. Ihre Handlungsanweisungen bleiben über die Situation hinaus unverbindlich, ihre Autorität stets prekär. Ähnlich wie in charismatischen Bewegungen ist die Zugehörigkeit auch in diesen Sozialformen primär emotional bestimmt, doch verdichtet sie sich nicht wie in charismatischen Bewegungen zur Strukturform einer „totalen“ emotionalen Vergemeinschaftung. Hier liegt der Grund dafür, diese neuen Sozialformen als „imaginierte“ Gemeinschaften zu bezeichnen. Gerade weil diese neuen Gemeinschaftsformen nur als Ideen oder Imaginationen existieren, müssen sich ihre Mitglieder offenkundig ab und zu ihrer kollektiven Identität versichern. Typisch für diese neuen Sozialformen sind deshalb möglichst spektakulär inszenierte Massen-Events als individualisierte „Spiel“-Formen des Charismatischen. Auf solchen Events, wie beispielsweise auf manchen Kirchentagen, auf den internationalen Taizé-Jugendtreffen oder auf den von der Amtskirche organisierten katholischen Weltjugendtagen, kann zwar das Gefühl der Zusammengehörigkeit „eine buchstäblich atemberaubende Intensität“ (Bauman 1995, 20) erreichen. Aufgrund ihres „imaginativen“ und deshalb weitgehend unverbindlichen Charakters kommt ihnen aber nur bedingt eine auch für den Alltag relevante, handlungsorientierende Funktion zu. In diesem Sinn ist die Realität dieser Gemeinschaften oder Bewegungen auf das inszenierte Massenspektakel selbst beschränkt.

Weil mit zunehmender Organisierung der Kirchen zugleich ihre Fähigkeit gemindert wird, produktiv mit charismatischen Bewegungen oder bewegungsähnlichen Gebilden umzugehen, kennzeichnet sich die religiöse Landschaft immer mehr durch ein unverbundenes Nebeneinander von kirchlich verfaßter und charismatisch-orientierter Religiosität. Charisma – gleich ob in genuiner, revitalisierter oder inszenierter Form – und Organisation drängen unter modernen Bedingungen nicht mehr zur stets prekären Synthese, sie driften immer weiter auseinander, wenngleich auch heute noch – wie beispielsweise auf dem 12. katholischen Weltjugendtreffen in Paris 1997 – der Wille der Kirchen zu beobachten ist, mit Hilfe moderner Veranstaltungstechniken den immer und überall vorhandenen charismatischen Impuls produktiv einzufangen und in die Struktur alltäglicher Gemeindearbeit zu überführen. Inwieweit Syntheseversuche dieser Art erfolgreich sein werden, inwieweit sie der zunehmenden Partikularisierung von Religion entgegenwirken können, muß unbeantwortet bleiben. Fest steht, daß Kirchen bis heute mit dem Anspruch auftreten, als „offenes System“ Charisma und Organisation in einer

„lebendigen Institution“ zu vereinen. So forderte der Osnabrücker Jugendbischof Franz-Josef Bode in Paris die erlebnisbereiten Jugendlichen dazu auf, die hier gesammelten Erfahrungen nicht wie „auf einem Drahtseil“ zum nächsten Jugentreffen hinüberzuretten, sondern

> „unter dem Seil ein Netz des Glaubens zu spannen, das dauerhaft hält und auch in den Alltag hineinwirkt“ (Hummel, 1997, 10).

Ob Kirchen unter modernen Bedingungen diesen Anspruch nicht nur formulieren, sondern auch einlösen können, oder ob sie sich damit begnügen müssen, auf dem Jahrmarkt unterschiedlichster charismatischer Spiel- und Erlebnisangebote die Rolle des mahnenden Animateurs zu spielen, wird allein die Zukunft zeigen.

Literatur

Assmann A., Assmann J. (1987): Kanon und Zensur, in: Dies. (Hrsg.): Kanon und Zensur. Beiträge zur Archäologie der literarischen Kommunikation II, München, 1-27

Bauman Z. (1995): Ansichten der Postmoderne, Hamburg, Berlin

Baumert N. (1990): Das Fremdwort Charisma in der westlichen Theologie, in: Theologie und Philosophie 65, 395-415

Baumert N. (1991): Charisma - Versuch einer Sprachregelung, in: Theologie und Philosophie 66, 21-49

Bendix R. (1964): Max Weber - Das Werk, München

Breuer S. (1989): Magisches und religiöses Charisma. Entwicklungsgeschichtliche Perspektiven, in: Kölner Zeitschrift für Soziologie und Sozialpsychologie 41, 215-240

Breuer S. (1991): Max Webers Herrschaftssoziologie, Frankfurt a.M., New York

Breuer S. (1994): Bürokratie und Charisma. Zur politischen Soziologie Max Webers, Darmstadt

Cavalli L. (1993): Charisma, Gemeinde und Bewegung. Zwei Paradigmata für den charismatischen Prozeß, in: Gebhardt, W., Ebertz, M.N., Zingerle, A. (Hrsg.): Charisma. Theorie, Religion, Politik, Berlin, New York, 33-45

Clark G. (1986): Symbols of Excellence: Precious Materials as Expressions of Status, Cambridge

Ebertz M. N. (1987): Das Charisma des Gekreuzigten. Zur Soziologie der Jesusbewegung, Tübingen

Ebertz M. N. (1995): Drei Typen charismatischer Herrschaft. Stigma und Charisma im frühen Christentum, in: Annali di Sociologia/Soziologisches Jahrbuch 9/2, 263-285

Freyer H. (1956): Theorie des gegenwärtigen Zeitalters, Stuttgart

Friesenhahn E. (1979): Der politische Eid, Darmstadt

Fuchs P. (1986): Die Weltflucht der Mönche. Anmerkungen zur Funktion des monastisch-aszetischen Schweigens, in: Zeitschrift für Soziologie 15, 393-405

Gabriel K. (1993): Christentum zwischen Tradition und Postmoderne, Freiburg, Basel, Wien

Gebhardt W. (1987): Fest, Feier und Alltag. Über die gesellschaftliche Wirklichkeit des Menschen und ihre Deutung, Frankfurt a. M.

Gebhardt W. (1992): Individualisierung, Pluralisierung und institutioneller Wandel. Für eine Kritische Theorie der Institutionen, in: Der Staat. Zeitschrift für Staatslehre, Öffentliches Recht und Verfassungsgeschichte, 31, 347-365

Gebhardt W. (1994): Charisma als Lebensform. Zur Soziologie des alternativen Lebens, Berlin

Gehlen A. (1977): Urmensch und Spätkultur. Philosophische Ergebnisse und Aussagen, 4.Aufl., Frankfurt a. M.

Giddens A. (1988): Die Konstitution der Gesellschaft. Eine Theorie der Strukturierung, Frankfurt a.M., New York

Giddens A. (1991): Modernity and Self-Identity, Cambridge

Grundmann, H. (1977): Religiöse Bewegungen im Mittelalter. Untersuchungen über die geschichtlichen Zusammenhänge zwischen Ketzerei, den Bettelorden und der religiösen Frauenbewegung im 12. und 13. Jahrhundert und über die geschichtlichen Grundlagen der deutschen Mystik, 4.Aufl., Darmstadt

Hauriou M. (1965): Die Theorie der Institution und zwei weitere Aufsätze von Maurice Hauriou, hrsg. von R. Schnur, Berlin

Hitzler R. (1997): Posttraditionale Vergemeinschaftung. Über neue Formen der Sozialbindung, Manuskript Dortmund

Hitzler R., Pfadenhauer, M. (1997): Die Techno-Szene: Prototyp posttraditionaler Vergemeinschaftung?, in: Artmaier, H. u.a. (Hrsg.): Techno zwischen Lokalkolorit und Universalstruktur, München, 7-15

Hummel K. (1977): Nun kommt langsam der Glaube hinzu, in: Frankfurter Allgemeine Zeitung vom 22. 8. 1997, 10

Iserloh E. (1977): Charisma und Institution im Leben der Kirche. Dargestellt an Franz von Assisi und der Armutsbewegung seiner Zeit, Wiesbaden

Kantorowicz E.H. (1990): Die zwei Körper des Königs. Eine Studie zur politischen Theologie des Mittelalters, 2. Aufl., München

Lipp W. (1990): Institution und Veranstaltung. Zur neueren Entwicklung institutionellen Bewußtseins in den Sozialwissenschaften, in: Pankoke E. (Hrsg.): Institution und technische Zivilisation, Berlin, 31-50

Lourau R. (1970): Pour une sociologie des contre-institutions, in: L'homme et la société 17, 281-295

Luebbe H. (1989): Die Institutionalisierung der Reflexion. Helmut Schelsky als Kritiker Arnold Gehlens, in: Ders.: Die Aufdringlichkeit der Geschichte, Wien, Köln, 323-333

Luhmann N. (1984) Soziale Systeme. Grundriß einer allgemeinen Theorie, Frankfurt a. M.

Maffesoli M. (1996): The Time of the Tribes. The Decline of Individualism in Mass Society, London

Mühlmann W.E. (1966): Max Weber und die rationale Soziologie, Tübingen

Rahner K. (1969): Das Charismatische in der Kirche, in: Geist und Leben 42, 251-262

Rehberg K.-S. (1990): Eine Grundlagentheorie der Institutionen: Arnold Gehlen. Mit systematischen Schlußfolgerungen für eine kritische Institutionentheorie, in: Göhler, G., Lenk, K., Schmalz-Bruns, R. (Hrsg.): Die Rationalität politischer Institutionen. Interdisziplinäre Perspektiven, Baden-Baden, 115-144

Rendtorff T. (Hrsg.) (1985): Charisma und Institution, Gütersloh

Roth G. (1987): Politische Herrschaft und persönliche Freiheit. Heidelberger Max Weber-Vorlesungen 1983, Frankfurt a. M.

Schluchter W. (1988): Religion und Lebensführung. Studien zu Max Webers Religions- und Herrschaftssoziologie, Bd. 2, Frankfurt a. M.

Shils E. (1982): Charisma, Order, and Status, in: Ders.: The Constitution of Society, London, Chicago, 119-142

Soeffner H.-G. (1993): Geborgtes Charisma. Populistische Inszenierungen, in: Gebhardt, W., Ebertz, M.N., Zingerle, A. (Hrsg.): Charisma. Theorie, Religion. Politik, Berlin, New York, 201-219
Turner V. W. (1989): Das Ritual. Struktur und Anti-Struktur, Frankfurt a. M.
Weber M. (1976): Wirtschaft und Gesellschaft, 5. Aufl., Tübingen
Weber M. (1978): Gesammelte Aufsätze zur Religionssoziologie, Band 1, 7. Aufl., Tübingen
Weigand G., Hess R., Preim G. (Hrsg.) (1988): Institutionelle Analyse. Theorie und Praxis, Frankfurt a. M.
Weiß J. (1990): Institution und Subjektivität, in: Göhler, G., Lenk, K., Schmalz-Bruns, R. (Hrsg.): Die Rationalität politischer Institutionen. Interdisziplinäre Perspektiven, Baden-Baden, 145-154

Wolfgang Lipp

„Ursprungscharisma", „charismatische Zwitterformen", „Spannung": Distinktionen und Klärungen. Anmerkungen zu Winfried Gebhardt, besonders im Lichte einer dramatologischen Theorie des Charisma

Gebhardts Grundanliegen, das Verhältnis von „Amt" und „Geist" zu klären und, mehr noch, soziologisch danach zu fragen, was dieses Verhältnis lebendig hält, ist evident und berechtigt zugleich, und evident und berechtigt ist gewiß auch der Vorschlag, das Thema entlang von Konzepten zu entfalten, die leitbildhaft der Begriff des „Charisma" vorgibt. Der Gesamtbefund läuft darauf hinaus, daß alles darauf ankomme, jene fruchtbare geistige „Spannung", die Charisma inmitten der Gesellschaft – inmitten von Ämtern, Hierarchien und kurz: „Organisationen" – aufbrechen lassen kann, auch unter dem Vorzeichen von „Veralltäglichung", der Wiederkehr bloßer Routinen, institutionell zu stabilisieren und als „Lebensformen" zu bewahren. Mit seiner Entdeckung, daß „Charisma als Lebensform" nicht nur als wichtiges gedankliches Konstrukt fungiert, sondern vielfältig artikulierte soziale Realität darstellt, hat Gebhardt die einschlägige soziologische Diskussion in der Tat bereichert. Wenn er im vorliegenden Kontext – über frühere Aussagen zur Sache hinaus – in den Problemhorizont speziell das Moment der „Bewegung" einbezieht, versucht er, die Dinge erneut zu systematisieren und zusätzliche begriffliche Schärfungen zu erzielen. Ich verstehe mein Koreferat als Bemühen, zu diesen Schärfungen beizutragen und Klärungen und noch ergänzende Distinktionen zu ermöglichen.

Dabei stelle ich auch diverse kritische Überlegungen an; sie sind speziell auf Gebhardts Begriffe des „Ursprungscharisma" (1), der „charismatischen Zwitterformen" (2) und der „charismatischen Spannung" (sc. von „Charisma" und „Organisation") gerichtet (3) und resultieren im Vorschlag (4), den Gesamtkomplex künftig im Lichte einer erst angemessenen „dramatologischen Theorie" in den Blick zu nehmen.

1.

Gebhardt arbeitet mit dem Begriff des „Ursprungscharisma“ (in diesem Band 108, 110f., passim); so entschieden er damit zwar an Max Webers Konzept des „reinen“ oder „genuinen“ Charisma anknüpft, so sehr läßt er, sieht man genauer hin, aber doch offen, was er zeitlich, sachlich und sozial unter dieser Chiffre näher versteht. Namentlich, was die zeitliche Dimension betrifft, also den Herkunfts- oder Werdegang des Charisma, seine generative Seite, kommt Gebhardt kaum zu Aussagen. Indem er primär den Spuren Webers folgt und Prozesse der „Veralltäglichung“ (auch der „Institutionalisierung“, auch der „Versachlichung“) untersucht, muß er Aufschlüsse darüber, wie Charisma zustande kommt, notwendig verfehlen. Gebhardt fällt sich freilich dabei selbst in den Rücken; indem er sich über die Bedingungen, Kräfte, Motive und Träger von Charisma, wie und soweit sie sich „im Ursprung“ formieren, Rechenschaft nicht systematisch gibt, läßt er die Kategorie am Ende im Dunkeln. Nicht von ungefähr, wie ich glaube, neigt Gebhardt von daher dazu, Charisma und charismatisches Wirken (bis hin zu „charismatischen Bewegungen“) als Phänomene anzusehen, denen originärer und essentieller Gehalt zugleich innewohnt, eine Art mystischer geistiger Substanz („Geist des Ursprungs“, „Botschaft des Ursprungs“; vgl. Gebhardt in diesem Band 111), die von allem Anfang da war und die, wo sie will, auch in Zukunft wehen wird.

Hätte diese – tendenziell in der Tat substantialistische – Position nicht besser vermieden werden sollen? „Ursprungscharisma“ als Konzept kann griffig werden erst dann, wenn das Hervorgehen aus „Ursprüngen“ analytisch genauer geklärt ist. Nähert man sich etwa mit Emile Durkheim der Frage, kommt man zur soziologischen (und gewiß: auch soziologistischen) Standardeinsicht, daß „Geist“ („conscience collective“) nicht auf etwas Göttliches, Entferntes, Gesellschaftsäußeres, sondern die Gesellschaft selbst, ihre konkreten Normen, ihre Moral, ihr Personal zurückgeht. In meinem Buch „Stigma und Charisma. Über soziales Grenzverhalten“ habe ich es unternommen (Lipp 1985), derartige Perspektiven aufzunehmen und für eine entfaltete generative Theorie des Charisma systematisch fruchtbar zu machen. Zu meinen Hauptergebnissen dabei zählte, daß Charisma aus „Stigma“ und spezifischer stigmativer Betroffenheit, d.h. der Widerständigkeit, Selbstbehauptung und Kraft des Handelns geboren wird, gegen bestimmte, teils überzogene, teils hohle soziale Normen (Strukturen, Regeln) Nein zu sagen und paradoxreflexiv, im Spiegel von „Selbststigmatisierung“, Verwahrung einzulegen.

Charisma geht – aus meiner Perspektive – insoweit auf „starkes Handeln“: forciertes, inhaltlich ins Reine gebrachtes, in den Antrieben umgepoltes, aktives Tun – das Tun konkret Handelnder in konkreten soziokulturellen Situationen –, zurück.

Im vorliegenden Kontext, mit Blick auf die Anliegen Gebhardts, bedeutet dies, daß Charisma nicht aus archaischen, mystisch fernen, zugleich substantiell aber gleichsam anwesenden Ursprüngen schöpft – wie Gebhardt suggeriert –, sondern dem Hier und Jetzt, den je gegebenen gesellschaftlichen Realverhältnissen entsteigt. Daß diese Verhältnisse in der platten, auf Gegenwärtigkeit verkürzten, sozial-praktischen Akzidenz, in der sie prima vista erscheinen mögen, nicht schon aufgehen, versteht sich von selbst; sie weisen vibrierende geschichtliche Tiefe auf und enthalten – teils stillgestellt, teils aktiviert, teils implizit, teils explizit – Kollektivbewußtsein, Moral und Geist schon und gerade im Alltagsfall.

Charismatiker handeln „stark“, wie ich hier pointieren möchte, wenn und insofern es ihnen gelingt, Geist – über die Routinen hinaus und gegen sie – mit neuem – ihrem eigenen – Atem zu füllen. Handeln dieser Art, Handeln, das Geist von Standort zu Standort, Projekt zu Projekt spezifisch zur Geltung bringt, ist alles andere als bloßer passiver Ablauf. Es geht auch nicht darin auf, nur „Werkzeug“ – etwa eines „Gottes“, der „Natur“ oder der „Geschichte“ – zu sein. Charismatisches Handeln ist Handeln vielmehr von Subjekten. Es geschieht willentlich, hat identifikativen Sinn und weist kämpferische, angespannte, spannende Züge auf; es hat in der Tat „dramatischen“ Charakter, und man erfaßt es – ich komme darauf noch zurück – kategorial am angemessensten „dramatologisch“.

An dieser Stelle ist eine Unterscheidung zu treffen. Sie bezieht sich auf ein Mißverständnis, dem m.E. auch Gebhardt unterliegt, nämlich die Vorstellung, daß zwischen Charisma (bzw. „ursprünglichen charismatischen Ideen“) und gegebenen soziokulturellen „Werten“ (wie sie Verfassungen, aber auch diverse Ethiken, ferner Philosophen- und Intellektuellenschulen etc. geltend machen) fließende Übergänge, Entsprechungen, ja Identitäten bestünden. Daß Nachbarschaften vorliegen, bleibt evident; man darf die Dinge aber nicht zu einem Brei aufmischen, sondern wird sie bei näherem Hinblick auseinanderhalten. Charismatische Ideen bzw. ihr institutionelles Pendant: „charismatische Stiftungen“, „Sinnstiftungen“, gehen zurück auf elementare soziale Schuld- und Schuldbewältigungsmechanismen. Sie haben mit der Erfahrung und dem Ertragen von Leid, mit Bejahung des Leids und der Bereitschaft zum Opfer zu tun, kurz: mit „Selbststigmatisierung“ (vgl. auch Lipp 1993). Demnach verweist Charisma auf Handeln – eben „starkes Handeln“ – zurück, das reflexiv auf das eigene, sozial bisher negierte bzw. stigmatisierte Dasein Bezug nimmt, das es nunmehr positiv bewertet. Sinnstiftung ist insoweit „Umwertung von Werten“; sie kann nur durch Handeln, das heroische Handeln von Charismatikern, erfolgen.

„Werte“ demgegenüber haben sich – bewegt vom Geschiebe der Geschichte, den Prozessen der Veralltäglichung, von Versachlichung und Systematisierung – von Handlungen, Stiftungshandlungen, abgehoben; sie sind aufgestiegen in einen „Wertehimmel“ und fungieren dort als Einheiten dessen, was z.B. Talcott Parsons „Kultur“ bzw. „Kulturmuster“, und was andere „Deutungsmuster“, „Leitbilder“ oder diverse „symbolische Formen“ nennen. Zwar lassen sich, generativ gesehen, Werte von initiierenden charismatischen

Stiftungen dem Prinzip nach durchaus ableiten; sie verfügen, zu Werten einmal umgeprägt, selbst aber weder mehr über Handlungsmacht, noch über Charisma; hier widerspreche ich Webers Diktum vom „Charisma der Vernunft", das Werten sozial ausstrahlende, begeisternde Eigenkraft zuspricht. Werte stellen vielmehr bloße Zeichen, die semantischen Schlußsteine einer gegebenen, energetisch aus sich heraus funktionierenden, sozialen Alltagsordnung (Struktur) dar. Sie erfüllen die Aufgabe, dem Menschen standardgerechte, oberste Orientierung im Routinefall zu geben; zugleich unterliegen sie – wie schon angedeutet – den Gesetzen der Systematisierung, im Grenzfall der Rationalisierung, die im Alltag im ganzen gelten, und werden insoweit verwaltet, in Regie genommen, sekundär präpariert von Intellektuellen, Experten oder dem Establishment.

Werte und Charisma schlechthin hingegen zu vermengen – wie dies zuletzt Stefan Breuer (1993) vorschlug –, hieße Geschichtsmetaphysik im Sinne von Kultur- und Geistesgeschichte zu betreiben, die rein idealistisch konzipiert bliebe; es reduzierte historische Prozesse auf die Bewegung und Selbstbewegung von Ideen, hier der Idee der „Vernunft" – und daraus abgeleiteter, weiterer sozialideologischer Lehren (Fortschrittsglaube, Sozialismus, Menschenrechte etc.) –, die in Gesellschaft und Kultur von sich aus wirkten und im Dasein wie Geister rumorten.

2.

Ich wechsle den Fokus und wende mich dem zweiten, eingangs angekündigten Problemkomplex zu, der Frage „charismatischer Zwitterformen". Gebhardt hat mit diesem Begriff zeigen wollen (in diesem Band 114: „Zwitterphänomene"), daß zwischen „Charisma" und „Organisation", „Alltag" und „Außeralltäglichkeit", Sinnleere und Sinnfülle nicht nur Gegensätze, d.h. Gegenwelten im Sinne polarer Abstoßung, sondern Abstufungen, Mischungen und Übergänge bestehen; er verwies neben der Grundfigur, die er in „Charisma als Lebensform" erblickt, namentlich auf Erscheinungen wie das „Fest", das „Amtscharisma", die „Gemeinschaft" (Gebhardt in diesem Band 111: „Vergemeinschaftung", u.ö.), und gewiß kann der Umstand, daß Phänomene dieser Art zwischen Charisma und Organisation als Vermittler dienen, im Grundsatz gar nicht bestritten werden.

Was der Klärung bedarf, ist meines Erachtens die Frage, ob und in welchem Maße jene Zwitterformen – die im Fluß des gesellschaftlichen Geschehens zunächst kontingent auftreten – eher dem „charismatischen", oder aber dem „organisatorischen" soziokulturellen „Pol" zuzurechnen sind (vgl. Gebhardt in diesem Band 114). Ich insistiere auf Klärung hier insofern, als es „Zwitterformen von Zwitterformen" geben mag und etwa „Gemeinschaftsbildung", wie sie in Nachbarschaften, Schulklassen, Urlaubsgruppen vorkommt, mit der Bildung von „Communitas" – der Stiftung neuer, normativ „geläuterter" sozialer „Strukturen", wie sie prägnant V. W. Turner (1969/89) beschrieben hat, nur wenig zu tun hat. Übt „Gemeinschaft", wie sie klassisch, als Gegentyp zu „Gesellschaft", Ferdinand Tönnies in die Diskussion einführte, in Gesellschaft und Kultur primär beharrende, konservative, stabilisierende Wirkung aus – den anders gearteten, speziellen Fall von „geistiger Gemeinschaft", den Tönnies durchaus kennt, vernachlässige ich hier – tritt „Communitas" im Rahmen sozialen Wandels, etwa bei Änderungen des individuellen und kollektiven Status auf; sie stellt bestehende Ordnungen („Strukturen") in Frage; sie macht neue („Antistrukturen") denkbar, sie läßt „Solidarität" erfahren und entfaltet revolutionäre Kraft. Gebhardt hat „Communitas" nicht näher behandelt; mit dem Begriff des „Fests" trifft er den Sachverhalt, soweit hier relevant, jedoch sehr dicht, so daß es möglich wird, Schlußfolgerungen und Vergleiche systematisch anzustellen.

Warum habe ich den Katalog der „Zwitterformen", den Gebhardt aufblätterte, überhaupt moniert? Zwitterform ist nicht Zwitterform, so lautet mein Einwand, Gemeinschaft nicht Communitas, Fest nicht Amtscharisma. Worauf es bei der Analyse der Phänomene m.E. ankommt, ist genau zu zeigen, welchen Stellenwert die Dinge im Prozeß, der hier zur Debatte steht – dem Prozeß der Stiftung, Wiedergewinnung und Neustiftung von Charisma: einem „dramatischen" Prozeß – im einzelnen und wirklich haben. Nicht alle Wege, d.h. nicht alle Zwitterwege, wie wir sie vor Augen haben, führen nach Rom, also sagen wir: zum Charisma; nicht wenige, und oft vermeintlich dieselben, führen aus Rom auch hinaus, hinaus in die Alltagsgesellschaft, ihre Routinen, ihren organisatorischen Betrieb – und ist dies zuletzt nicht auch gut so? Enthebt es uns nicht der prekären, tendenziell fundamentalistischen Zuspitzung, hinter allem und jedem den charismatischen Ursprung, oder doch das erwünschte charismatische Ziel, wissenschaftlich ausforschen zu sollen?

Ich möchte den Umstand, daß Zwitterformen nicht nur Wege zum Charisma („Charismatisierung"), sondern Wege zum Alltag („Routinisierung") markieren, und dies vielleicht primär, am Beispiel von „Gemeinschaft" zusammenfassen. Meine Ausführungen sollen zugleich dazu dienen, die von Gebhardt zum Thema ins Spiel gebrachten Begriffe ergänzend aufzuschlüsseln. Gemeinschaften im klassischen Sinne haben, wie schon betont, primär traditionalen, ordnungserhaltenden Charakter. Sie sind unabdingbare Voraussetzung für den Bestand einmal gegebener, zur Ruhe gekommener, in Grenzen zweckgerichtet-rationaler, jedenfalls stimmig funktionierender, alltäglicher sozialer Lebenswelten.

Auf die Bedeutung von Gemeinschaft für die Integration gegebener sozialer Gesamtkörper hat – mit Blick vor allem auf die zivilisatorischen Systeme des Westens – zuletzt übrigens der „Kommunitarismus" (vgl. Etzioni 1995) hingewiesen. (Die neuerliche Rede von „posttraditionalen Gemeinschaften/Vergemeinschaftungen" – i.S. z.B. von Giddens, Hitzler u.a.; vgl.

Gebhardt in diesem Band 115 – ist wohl als Versuch zu werten, hierauf intellektuell einen leidlichen postmodernen Reim zu machen.) Der Kommunitarismus vertritt den Standpunkt, daß die Zustimmung zu den Werten einer Gesellschaft, daß also soziale Integration, wesentlich von intakten Gemeinschaften (der Familie, der Kirchengemeinde, der politischen Assoziation vor Ort etc.) getragen wird. Sie in erster Linie, die bestehenden, sozial-konkreten Gemeinschaften sind es, die die „Stimme der Moral", das soziale Gewissen im Sinne der Berücksichtigung des oder der anderen, der Mitbürger, erst hörbar werden lassen; nur Gemeinschaften, mit anderen Worten, speichern oder speisen die Motive, den Alltag zu bewältigen, zu eigenem Verzicht und zur Mitmenschlichkeit bereit zu sein; sie machen Zusammenhalt, Zusammenarbeit, Verantwortung für das Ganze damit auch auf komplexeren sozialen Organisationsstufen erst überhaupt möglich.

3.

Ich wechsle den Fokus erneut und gehe ein auf Gebhardts Konzept der „Spannung" (in diesem Band 101, 103, 114f.). Dabei stimme ich vorab darin grundsätzlich zu, daß Gesellschaft und Kultur ihren „Geist" – sei es Geist aus genuinem „charismatischen Ursprung", sei es Geist im Sinne von Erhellung, Vernünftigkeit und Rationalität – wesentlich mittels „Bewegungen", sc. „sozialen Bewegungen" am Leben halten und ins Leben rufen (Gebhardt in diesem Band, passim). Revolutionäre (charismatische) Prozesse im besonderen, oft aber auch langsamer fließende, evolutionäre soziokulturelle Änderungen sind in Bewegungen und ihre Ablaufmuster, ihre Triebkräfte und Träger in der Tat typisch eingebunden, und man kann sie verstehen und analytisch voll erfassen erst dann, wenn man die vorausliegenden strukturellen Gegebenheiten (Randbedingungen) – wie z.B. wirtschaftliche Not, politische Unterdrükkung, kulturelle Tabus – angemessen berücksichtigt und soziologisch systematisch mustert (vgl. dazu näher auch Lipp 1985, Abschnitt III, Schaubild 4).

Nun stehen Bewegungen unter „Spannung"; sie kommen, sozusagen, in Fahrt erst zwischen Spannungspolen, sc. den Polen Charisma und Organisation, und man wird – präziser noch, als Gebhardt es tat und über ihn hinaus – fragen müssen, was Spannung soziologisch hier näher bedeutet. Folgende Stichworte scheinen mir wichtig; ich kann sie nur sehr verkürzt anführen.

Erstens: Wo Spannung herrscht, herrschen, ganz allgemein gesprochen, hohe Niveaus der Energiezufuhr. Mit Blick auf relevante soziokulturelle Prozesse bedeutet dies, daß der Mensch a) vermehrte affektive, soziale, kognitive Potentiale aktiviert; b) daß er diese Potentiale zeitlich vorzuhalten und zu stabilisieren vermag (vgl. Gehlen 1956, § 18: „Stabilisierte Spannung"); und c) daß namentlich bestimmte soziale Gebildeformen Gestalt annehmen (z.B: „Charisma als Lebensform“ i.S. Gebhardts; ferner: „Bünde“; dazu unten), die als „Generatoren“ und „Speicher“ der fraglichen energetischen Ströme in einem dienen. Gebilde dieser Art tragen, systemtheoretisch formuliert, dazu bei, daß das Geschehen „höhere“, „komplexere“ und „emergente“ Ordnungsstufen erreicht; hermeneutisch-interpretativ gesehen, ermöglichen sie die innere, „metanoetische“ (Max Weber) soziale Erfahrung, das „Zünden“ und anhaltende Wirken von neuem „Geist“; insoweit vermitteln sie „Ursprungserlebnisse“ (Gebhardt in diesem Band 111).

Zweitens, und damit verbunden: Wo Spannung herrscht, formieren sich diverse funktional bisher mehrdeutige, soziale Praxisfelder – wie Gebhardt sie als Zwitterformen ansprach – zu nunmehr gleichsam „echten“, d.h. eigendynamisch („autopoietisch“, Niklas Luhmann) werdenden Zwittern; sie übernehmen ihrerseits die Führung im Geschehen, wirken auf die ursprünglich gegebenen soziokulturellen Randbedingungen „revolutionär“ zurück und verlagern die Ausgangspole, Charisma und Organisation, auf Koordinaten, die eine eigene Mitte, ein neu aufspringendes (und neu „institutionalisierbares“) charismatisches und geistiges Zentrum bilden.

Vielleicht ist es sinnvoll, Spannungen, Bewegungen und das, was Bewegungen gruppendynamisch trägt, exemplarisch einmal als genuine „bündische“ Mächte zu charakterisieren. Den Vorschlag hat schon Hermann Schmalenbach gemacht (1922). Er hat „Bünde“ als „dritten Fall“ sozialer Gestaltung, als dritte Grundform sozialer Gebilde, der polaren Zweigliederung von „Gemeinschaft“ und „Gesellschaft“ gegenübergestellt, wie sie Ferdinand Tönnies vertrat (vgl. auch Lipp 1989/94). In der Tat umfassen Bünde, als Träger von Bewegungen, die Merkmale von Gemeinschaft und Gesellschaft gleichermaßen: Sie stiften Integration wie Gemeinschaften, verfolgen zugleich aber neue soziale Projekte, d.h. organisatorische Großziele, die spezifisch gesellschaftlichen Charakter haben. Bünde – wie prototypisch, und in weit verzweigten kulturgeschichtlichen Varianten, „Männerbünde“ (dazu näher Lipp 1990/94) – können in der Tat zu Trägern neuer sozialrevolutionärer Entwicklungen werden; sie sind vorwärts gerichtet; auf ihrer Schattenseite wirken sie auflösend und sozial destruktiv; auf ihrer Lichtseite legen sie innovative, sachhaltige, neue Ordnungen aufbauende Kraft an den Tag.

4.

Ich möchte meinen Kommentar zu Winfried Gebhardt damit auch schon zusammenfassen, und dies soll kurz geschehen. Wie ersichtlich, habe ich mich primär auf die sozialtheoretischen, weniger die religionssoziologischen Gehalte des Vortrags konzentriert. Dabei stimmte und stimme ich dem Gesamtduktus der Ausführungen Gebhardts durchaus zu. Ich schlage aber vor, das

Begriffsraster, mit dem Gebhardt operiert, zu differenzieren; ansonsten besteht die Gefahr, den Gesamtzusammenhang – der evolutiv-„emergenten" Charakter hat – teils tautologisch, teils fundamentalistisch zu verkürzen. Zwar markiert die Kategorie des Charisma Schnittpunktphänomene hohen Grades, und Charisma setzt ohne Frage zentrale, neue soziale Ordnungen aufbauende, institutionell durchschlagende Energien frei. Was die Gesamtkräfte betrifft, die auf das Geschehen einwirken, sind jedoch Unterscheidungen zu treffen. Eine Grundunterscheidung ist dabei auf „Nicht-Alltag" und „Alltag" zu beziehen. Was im Alltag vor sich geht – was ihn konstituiert und legitimiert – hat sein eigenes Recht; es stellt eine Wirklichkeit sui generis dar, die Charismatiker oder charismatische Bewegungen zwar überholen und neu formieren, nicht aber grundsätzlich, oder für immer, ersetzen können. Funktionsketten, wie sie der Alltag durchläuft, sind andere als die, die Charismatiker in Gang bringen. So muß man, ich wiederhole, z.B. Werte, wie sie den Alltag prägen, von charismatischen Stiftungen, so evident die generativen Wechselbeziehungen auch sein mögen, sorgfältig unterscheiden. Das Gleiche gilt, wie ich hoffe deutlich gemacht zu haben, für den Zusammenhang von „Spannung", „Bewegung" und „Bund", von „Communitas", „Gemeinschaft" und „Gesellschaft", von „Fest", „Amt" und „charismatischer Lebensform". Auch hier scheint mir die Aufgabe, die Differenzen herauszuarbeiten, für eine leistungsfähige Sozialtheorie nicht weniger wichtig zu sein, als das Pendant, die Nachbarschaften aufzuzeigen.

Abschließend will ich daran erinnern, daß für die Analyse des Gesamtprozesses, den Gebhardt mit „Charisma, Bewegung, Organisation" umschreibt, jenes oben erwähnte, dramatologische Schema sehr erhellend herangezogen werden kann. Soziale und kulturelle Ordnungen folgen in Aufbau und Bestandserhaltung, Verfall und Neubegründung einem Muster, das augenscheinlich reich in sich gegliedert ist; es gilt in jedem Falle formal, und den Vorgang „Drama" zu nennen, klärt nicht zuletzt über den Umstand auf, daß zwar alles anders kommt und anders läuft, als Urakte oder Neustiftungen (charismatischer Art) es erwarten lassen, das Gesamtgeschehen aber doch kontextuiert wird und eine Struktur aufweist, die Regelverläufe kennt, Sinn gibt und sich sinnhaft erschließen läßt.

Wie ist diese Struktur im Kern darzustellen? Wenn als Grundspannung, die Mensch und Gesellschaft bestimmt, die Spannung von Alltag und Nicht-Alltag anzusehen ist, nehmen Vermittlungsprozesse, die von hierher „in Bewegung" treten, nicht nur die Form der „Veralltäglichung" (was Weber besonders betonte), sondern der „Entalltäglichung" (vgl. auch Lipp 1994, 21) an; Routinisierung findet ihr Gegenstück insoweit notwendig in „Dramatisierung"; im soziokulturellen Leben geht es, wohl oder übel, nicht nur um die Festigung (auch: Wiederbefestigung), sondern den Verfall (auch: die Zerstörung, die Auflösung) von Institutionen, und es geht darum, immer wieder auch neuen sozialen Ordnungen – Stiftungen, Gründungen – Raum zu geben.

Stiftungen, Gründungen geschehen nicht aus heiterem Himmel; sie ereignen sich im Gefolge charismatischer Akte, und Charisma und Charismatisierung bezeichnen lediglich dabei Punkte – Kulminationspunkte –, die einem Gesamtprozeß: dem Prozeß der Dramatisierung zugehören. Daß das Dasein nicht nur Züge der Routine, der effizienten Steuerung, der verbürgten Sicherheiten, sondern des lebendigen rollenpluralen Spiels, des „starken Handelns", des Wagnisses und offenen Ausgangs trägt, ist in der Soziologie nicht selten verleugnet worden. Erst neuere, kategorial aufgeschlossene Soziologen erkennen oder erkennen wieder (vgl. bes. die Anregungen, die Erving Goffman 1959/91gab), daß Gesellschaft und Kultur – und hier namentlich die Kultur der „Postmoderne" – die Dimension des Dramatischen, einschließlich aller Rollenparts, aller Maskierungen und Demaskierungen (auch: Personalisierungen) aufweist; sie sind vornehmlich freilich auf Konzeptionen eingeschwenkt, die die „Inszenierung", die Showeffekte, die Exhibition der Dinge zum Thema machen.

Gegen die Sprachregelungen der Moderne, partiell auch der Postmoderne, schlage ich vor, auf das gleichsam „klassische", von Aristoteles herleitbare Kategorienschema zurückzugehen und Gesellschaft und Kultur als „Drama" zu verstehen (dazu näher auch Lipp 1994, 11-29). Dramen erhalten – über das Spielerische, Beliebige und Komödiantische hinaus, das sie in ihren „Geschichten" erzählen – den Charakter dabei auch des Ernsthaften, Zwingenden, Tragischen; zugleich läßt sich plausibel machen, daß ihnen für die Analyse sozialer (kultureller) Tatbestände nicht nur zweifelhafter metaphorischer Gehalt (als „Theater"-Metapher), sondern unabdingbare realanalytische Funktion zukommt. Soziokulturelles Geschehen ist – ist essentiell – dramatisches Geschehen; was in ihm sich ereignet, wird „herausgespielt" freilich nicht nach vorgegebenem, fertigem „Drehbuch", sondern in „offener Regie"; es findet im Zuge aufwühlender, das Dasein planlos „ergreifender", zunehmender Dramatisierung statt, und Sinn und Ziel werden konkretisiert erst in actu, an den Kreuzungspunkten des tätigen Lebens.

Will man die Dinge näher erhellen, kann man am Gesamtvorgang typische Phasen, Grenzmarken und Einzelfaktoren unterscheiden: Gelten an den Ausgangspunkten die Bedingungen des sozialen Normalzustands (Alltag) – Ordnung, Sicherheiten, Routinen –, schleichen sich im Fortgang diverse Störungen, Desorientierungen und Krisen, sei es wirtschaftlicher, politischer oder kultureller Art ein. Sie münden in die wachsende Durchmischung des Geschehens mit Konkurrenzen, Konflikten und scharfem Streit, und die Lage spitzt sich auf einen extremen, den bisherigen Handlungsverlauf, die bisherigen Schicksale umstürzenden Wendepunkt, die „Peripetie", zu. Die Erregung des „Chors" – des Volks, Publikums und Sprechers „im off" im Drama – nimmt zu; es schlägt die Stunde der Heroen, der Protagonisten des Stücks, ihrer Taten, ihrer Passion und ihres Leids, und man wird schockhaft am Ende der Opfer, der Opfergewalt, des tragischen Wahns des Geschehens gewahr. „Katharsis" – Läuterung, Besinnung, Ernüchterung, Blick schließlich für

Neues – tritt ein. Alte, verkommene Werte verglühen, und phönixhaft steigen neue, andere aus der Asche. Charismatiker lenken – einen Akt im Drama wenigstens lang – die Geschicke, und sie stiften – eine Sinnstufe wenigstens tief, einen flüchtigen Schimmer, ein Aufklaren wenigstens hell – neues institutionelles Leben, neue Gemeinschaft und neuen Geist.

Soweit – und so knapp – das dramatologische Modell. Was unser Oberthema – den Zusammenhang von Charisma, Bewegung und Organisation – betrifft, sollte es dazu dienen – dies sei nun wirklich zum Schluß gesagt –, Gebhardts hier so oft zitierte Zwitterformen (und Artverwandte) im Gesamtprozeß, in dem sie stehen, noch genauer, tiefenschärfer, ablaufgerechter zu verorten. Auch die Pole selbst, denen das Geschehen unterliegt, und die typischen polaren Spannungen, die sie in Gesellschaft und Kultur erzeugen, würden im Stellenwert, den sie für das Dasein haben, dann noch griffiger sichtbar werden.

Literatur

Breuer S. (1993): Das Charisma der Vernunft, in: Charisma. Gebhardt W., Zingerle A., Ebertz M.N. (Hrsg): Charisma: Theorie - Religion - Politik, Berlin, New York, 159-184

Etzioni A. (1995): Die Entdeckung des Gemeinwesens. Ansprüche, Verantwortlichkeiten und das Programm des Kommunitarismus (engl. 1993), Stuttgart

Gehlen A. (1956): Urmensch und Spätkultur. Philosophische Ergebnisse und Aussagen, Bonn

Goffman E. (1959/91): The Presentation of Self in Everyday Life. New York 1959. Deutsch: Wir alle spielen Theater. Die Sebstdarstellung im Alltag. 4. Aufl., München 1991

Lipp W. (1985): Stigma und Charisma. Über soziales Grenzverhalten (Schriften zur Kultursoziologie Bd. 1), Berlin

Lipp W. (1989/94): Gemeinschaft und Gesellschaft - Gibt es dritte Wege? Rückfragen an Ferdinand Tönnies, am Beispiel charismatischer Bewegungen, in: Annali di Sociologia/Soziologisches Jahrbuch 4/I (erschienen Trento 1989) 197 - 210. Wiederabdruck in: Lipp W., Drama Kultur. Teil 1: Abhandlungen zur Kulturtheorie. Teil 2: Urkulturen - Institutionen heute - Kulturpolitik, Berlin 1994, 236-243

Lipp W. (1990/94): Männerbünde, Frauen und Charisma. Geschlechterdrama im Kulturprozeß, in: Völger G., von Welck K. (Hrsg.): Männerbünde, Männerbande. Zur Rolle des Mannes im Kulturvergleich (Ethnologica, Neue Folge, Bd. 15, im Auftrag der Gesellschaft für Völkerkunde). 2 Bde. Köln 1990, Bd. 1, 31-40, 343-344. Wiederabdruck in: ders., Drama Kultur. Teil 1: Abhandlungen zur Kulturtheorie. Teil 2: Urkulturen - Institutionen heute - Kulturpolitik, Berlin 1994, 291-307

Lipp W. (1993): Was ist Charisma, wer oder was hat Charisma, und wie kommt es zustande? Das Konzept der Selbststigmatisierung. Mit einem Exkurs zum Verhältnis von Charisma, Magie (magischen Dingen) und Religion (Werten) und einer Nachbetrachtung zum Verhältnis von Charisma und Geschichte, in: Annali di Sociologia/Soziologisches Jahrbuch 9/II (erschienen Trento 1995), 201-231

Lipp W. (1994): Drama Kultur - Zur Einführung, in: ders., Drama Kultur. Teil 1: Abhandlungen zur Kulturheorie. Teil 2: Urkulturen - Institutionen heute - Kulturpolitik, Berlin, 11-29

Schmalenbach H. (1922): Die soziologische Kategorie des Bundes, in: Die Dioskuren. Jahrbuch für Geisteswissenschaften, hg. von W. Strich. Bd. 1. München, 35-105

Turner V. W. (1969/89): The Ritual Process. Structure and Anti-Structure. London 1969. Deutsch unter dem Titel: Das Ritual. Struktur und Anti-Struktur. Frankfurt a.M., New York 1989

Michael N. Ebertz

Die Institutionalisierung von Charisma und Stigma: Herrschaftsbegründung und Herrschaftskritik im frühen Christentum

In der vorausgesetzten Voraussetzungslosigkeit hinsichtlich des Glaubensinteresses sieht sich die Religionssoziologie mit dem Problem konfrontiert,

> „jene übernatürlichen, für eine empirische Erklärung als ursächliche Momente ausscheidenden Eingriffe" (Weber 1968, 602f)

und damit gerade diejenigen Momente ignorieren zu müssen, die dem gläubigen Denken und Handeln häufig als das unaufgebbare Wesen seiner Religion gelten. Gleichwohl hält die Soziologie und Religionssoziologie mit dem Max Weberschen Konzept des Charisma ein weitgehend aus dem theologischen Diskurs, nämlich aus den Arbeiten des theologisierenden Juristen Rudolf Sohm entlehntes, aber umgestaltetes, sozusagen empirie- und geschichtsfähig raffiniertes sozialtheoretisches Konzept bereit, welches einen Ausweg aus diesem Dilemma verspricht. Das Charisma-Konzept kann nämlich religiöse Phänomene nicht nur identifizieren und auf die Kommunikations- und Handlungszusammenhänge beziehen, sondern verweist auch auf typische Muster der gesellschaftlichen Konstruktion von Wirklichkeit, wodurch sozusagen das Göttliche im Menschlichen ahnbar wird. Das Konzept des Charisma sucht, wie Hartmann Tyrell (1996, 436) formulierte, die sozusagen „extramundane" Ambition des religiösen Kerngeschehens „einzuklammern" und es im Sozialen selbst anzusiedeln – „allerdings in der Außeralltäglichkeit, in den ‚Ausnahmezuständen' des gesellschaftlichen Lebens". So hat Max Weber – um nur ein Beispiel für die spezifisch soziologische Raffinierung des ursprünglich theologischen Charismabegriffs zu geben – den noch für Rudolf Sohm konstitutiven theologischen Dualismus „irdisch" vs. „religiös" entzaubert und ihn in ein empirie- und geschichtsfähiges Gegensatzpaar „Alltag" vs. „Außeralltäglichkeit" überführt. Statt davon zu sprechen, daß die charismatischen Beziehungen – welche die frühchristliche Ekklesia kennzeichneten – „den Normen des Irdischen (...) entrückt" (Sohm, 1923, 22) seien, spricht Weber (1972, 656) nüchtern von ihrer Distanz zu und Entflechtung aus dem „Alltag" bzw. der „Welt", und er konkretisiert:

> „außerhalb der Bande dieser Welt (...), außerhalb der Alltagsberufe ebenso wie außerhalb der alltäglichen Familienpflichten".

Das Charisma-Konzept ist aber auch Teil der *Herrschaftssoziologie* Max Webers, ja es steht im *Schnittfeld* seiner Religions- und Herrschaftssoziologie. Es signalisiert damit schon implizit nicht nur die wechselseitige Durchdringung von religiösen und Herrschaftsphänomenen, sondern verleiht auch dem – von Hans Dombois einmal formulierten – elementaren Gedanken Ausdruck, daß die Soziologie der Religion wie die

„Phänomenologie der Religion im § 1 mit dem Phänomen der Macht beginnt" (Dombois 1971, 68; vgl. Gunneweg, Schmithals 1980).

In der Tat ist der Begriff des Charisma nicht nur für die *religions- und herrschafts*soziologische Unterscheidung der – wohlgemerkt – *drei* von Weber ins Zentrum gerückten religiösen Sozialformen, nämlich „Kirche", „Sekte" und „Bewegung" am Maß der unterschiedlichen *Verteilung* oder Verfügung über das Charisma relevant, sondern auch für die *macht*soziologische Frage nach dem *Kampf* um die *Verteilung oder Verfügung über das Charisma*. Deutlich hat Weber (1972, 146) gesehen, daß sich

„die Veralltäglichung (...) in der Regel nicht kampflos (vollzieht). Unvergessen sind anfänglich die persönlichen Anforderungen an das Charisma des Herrn, und der Kampf des Amts- oder Erb- mit dem persönlichen Charisma ist ein in der Geschichte typischer Vorgang".

Man erinnere sich an den § 8 in Wirtschaft und Gesellschaft, wo Weber (1972, 20) den Begriff des Kampfes in Anspielung auf den Begriff der Macht – wenn auch sozusagen noch „unterhalb" der damit gemeinten Chance – als

„eine soziale Beziehung" definierte, in der „das Handeln an der Absicht der Durchsetzung des eigenen Willens gegen Widerstand des oder der Partner orientiert ist".

Das Konzept des Charisma bzw. der Veralltäglichung des Charisma ist ohne die Begriffe Außeralltäglichkeit und Kampf, Macht und Herrschaft nicht zu haben. Ohne diese Komponenten verliert es nicht nur seine von Weber angezielte Komplexität, sondern auch seine Pointen. In diesem Zusammenhang gewinnt auch Wolfgang Lipps (1985) Versuch einer devianzsoziologischen Assoziierung, wenn nicht Grundierung des Charisma-Konzepts an Plausibilität, und eine interessante heuristische Aufgabe scheint mir zu sein, seiner These von der handlungspraktischen Verflechtung von „Charisma und Stigma" nicht nur bezüglich der exzessiven Ausnahmezustände des gesellschaftlichen Lebens, also im Blick auf die prophetische Bewegungsphase nachzugehen, sondern auch bezüglich der religiösen Sozialformen von Sekte und Kirche bzw. bezüglich des Prozesses der Veralltäglichung des Charismas. Hier müssen einige skizzenhafte Andeutungen hinsichtlich der Veralltäglichungsprozesse im frühen Christentum genügen. Dabei ist im Blick zu halten, daß sich auch eine Religionssoziologie der Jesusbewegung und des frühen Christentums angesichts einer fragmentarischen, außerst selektiven, sachlich heterogenen, auch widersprüchlichen – nichtchristlichen und christlichen – Quellenlage (vgl. France 1986; Theißen 1986, 260ff.) und der kaum überwindbaren methodischen und methodologischen Dilemmata der historischen Bibelkritik „mit mehr oder weniger hypothetischen Rekonstruktionen begnügen“ (Hengel 1979, 12; vgl. Cook 1978) muß. Aber vielleicht vermag ja die Soziologie mit ihren theoriegeleiteten „Vorurteilen“ dazu beizutragen, das alte fragmentarische Quellenmaterial zumindest partiell in neues Licht zu rücken.

1.

An der Bewegung um Jesus von Nazareth läßt sich eine Verknüpfung ihres charismatischen Sozialcharakters mit einem vielschichtigen stigmatischen bzw. selbststigmatischen Grundzug ausmachen: im politischen Demütigungskontext der römischen Fremdherrschaft, im sozioökonomischen Antagonismus und im religionsinternen Konkurrenzpluralismus Palästinas, auch in der Rekrutierung der Jüngerschaft und in der radikaltheokratischen, an jüdische Randgruppen gerichteten Umwertungspropaganda dessen, den man als „Fresser und Weinsäufer“ diskreditierte, als charismatischen Verführer, messianischen Volksaufwiegler („falscher Prophet“) kriminalisierte und schließlich – im Jahre 30 der Zeitrechnung – als gemeingefährlichen Schwerverbrecher am römischen Kreuz, also durch eine äußerste Sanktionierung und Schändung physisch liquidierte. Bereits das aus dem Alltag-Heraustreten der jesuanischen Gruppe konnte intentionaler symbolischer Normbruch, freiwilliges – und unfreiwilliges – Aufsichziehen von Schuld und freiwilliges – und unfreiwilliges – Sichzufügen von Defekten bedeuten (vgl. Ebertz 1987; 1992; 1993). Während man somit geradezu von einem jesuanischen Charisma aus Selbststigmatisierung sprechen kann, scheint der selbststigmatische Grundzug im innerhalb weniger Jahrzehnte danach einsetzenden Prozeß der – außerordentlich differenziert verlaufenden – Veralltäglichung des jesuanischen Charisma zwar zunehmend zurückzutreten. Er bleibt allerdings, so meine These, ein charakteristisches Moment der sich wandelnden (früh-) christlichen Sozialformen, d. h. er erfährt ein ähnliches Umgestaltungsschicksal wie das in den Alltag hineinströmende Charisma. Kurz gesagt, das Stigma folgt der Konfliktlinie der Um- oder Neuverteilung des Charisma; das Stigma folgt der Konfliktgeschichte der Umbildung des ephemeren jesuanischen Charisma in die „personalcharismatischen“ Dauergebilde der paulinischen Gemeinden und schließlich auch in die „institutionencharismatischen“ Dauergebilde des frühen Christentums.

2.

Seine Thesen zum Zusammenhang von „Stigma und Charisma“ hat Wolfgang Lipp (1975, 43) selbst mit einem kurzen Hinweis auf Jesus von Nazareth illustriert:

> „Schon Jesus war in diesem Sinne nicht ‚Opfer der Justiz‘, sondern Opfer seiner selbst; er selbst war es, der sich Wunden und Stiche, der sich das Stigma des Todes einhauen ließ; indem er starb, hat er nicht sich, sondern die Justiz, die Mächte dieser Welt ‚kriminalisiert‘. Das Kreuz, das er auf sich nahm, sollte die Welt – Selbststigmatisierung erreicht hier den Gipfel – am Ende von Schuld überhaupt erlösen“.

Freilich kommt eine solche Interpretation des charismatischen Führers der Jesusbewegung in einem stark christologisch getönten sprachlichen Gewand daher. Doch läßt sie sich auf den Kern der paulinischen Erlösungslehre beziehen, die man zunächst als eine – bereits schon sehr früh entfaltete – theologisch „raffinierte“ und schematisierte charismatische Deutung der jesuanischen Selbststigmatisierung verstehen kann. In einem Brief des ehemaligen, spätestens Mitte der 30er Jahre nach visionären Konversionserlebnissen zum Christentum gewechselten und den Titel des Apostels beanspruchenden Pharisäers Paulus (vgl. Stegemann, Stegemann 1995, 190, 194) an die erste von ihm (49 n. Chr.) auf europäischem Boden gegründete Sektengemeinde in der römischen Kolonie Philippi (Phil 2, 6ff.) läßt sich – etwa 25 Jahre nach der Kreuzigung des Jesus von Nazareth – folgender Hymnus finden, in dem einige historische Theologen ein vorpaulinisches Traditionsstück vermuten:

> „Er, der in göttlicher Gestalt war, hielt es nicht für einen Raub (‚für ein gefundes Fressen‘), Gott gleich zu sein, sondern er entäußerte sich selbst, nahm Sklavengestalt an und ward den Menschen gleich. In seiner äusseren Erscheinung als ein Mensch erfunden, erniedrigte er sich selbst und wurde gehorsam bis zum Tode, bis zum Tod am Kreuz. Darum hat Gott ihn erhöht und ihm den Namen gegeben, der über allen Namen ist, auf dass im Namen Jesu sich jedes Knie beuge im Himmel, auf der Erde und unter der Erde und jede Zunge zur Ehre Gottes des Vaters bekenne: Jesus Christus ist der Herr.“

Das in diesem Hymnus symbolisierte zentrale theologische Theorem im entstehenden christlichen Kosmos hatte – so meine Doppelthese – seinen empirisch-historischen Anhalt nicht nur in der für die charismatische Bewegung um Jesus von Nazareth selbst zentralen und in mehreren Handlungsvariationen zum Ausdruck gebrachten genuinen Verhaltensfigur der Selbststigmatisierung, mit der sie gegenüber den anhaltenden und sich verschärfenden politischen, sozioökonomischen und sozioreligiösen Krisen der palästinischen Gesellschaft der Zeitenwende Stellung nahm (vgl. Ebertz 1987). Sondern es bringt auch in mythischer Form knapp und konzentriert das zum Ausdruck, was die frühen Christen auf Grund ihrer Erfahrungen mit dem „historischen Jesus“ einerseits sowie auf Grund ihrer visionär-ekstatischen Transzendenzerfahrungen *nach* seiner Hinrichtung andererseits bewegte, nämlich die *geistli-*

che Herrschaft, der geistliche Aufstieg eines *sozialen* Absteigers, der Umschlag von Ohnmacht in Macht, von Stigma in Charisma (vgl. Wengst 1987,91ff). Der Inhalt dieses hymnischen Textes repräsentiert mit anderen Worten *den* normativen Kern der christlichen Lehre und wird darüber auch zum regulativen Prinzip der Lebensführung der frühen Christen, ihres gemeinsamen Lebens *in* ihren Gemeinden, der Distanzierung von ihrer Umwelt und stellt zugleich die zentrale legitimatorische Bezugsgröße ihrer internen Autoritätsbegründung, aber auch Autoritätskritik dar. Liest man den Hymnus nämlich im Ganzen des Philipperbriefes, so fällt sein paränetischer Kontext, seine Qualität als Mahnrede also, besonders ins Auge:

> „Der *gedeutete* Jesus begegnet in ihm als verhaltenswirksames Modell, anhand dessen sich die Gemeinde Rettung erwerben soll" (Mödritzer 1994, 224).

Zugleich ist darauf aufmerksam zu machen,

> „daß Paulus bei der Abfassung des Philipperbriefes wahrscheinlich im Gefängnis sitzt. So wird der von ihm erwähnte Macht- und Positionswechsel durch den pragmatischen Kontext noch anschaulicher" (Mödritzer 1994, 224).

Als Nachahmer seines Herrn kann er sein eigenes forensisches Leidensschicksal als Heilsgewinn auslegen, als Erwählungszeichen, woraus sein – personalcharismatischer – Herrschaftsanspruch Legitimität zu schöpfen suchte und wohl auch gefunden hat. Dieses Verhaltens- und Legitimationsmuster begegnet noch in weiteren, hier nur noch anzudeutenden Zusammenhängen: Indem die Verfolgung der thessalonischen Gemeinde in Analogie zur Selbststigmatisierung der Propheten und Jesu gedeutet wird, wird Leiden als Erwählung auslegbar und anweisbar. Funktional wird die Gemeinde durch diese Form forensischer Selbststigmatisierung stabilisiert (1 Thess 2). Indem „die Starken" zum Verzicht auf Götzenopferfleisch aufgefordert werden, obwohl dieser Verzicht ihren Überzeugungen widerspricht, wird ihnen eine asketische Selbststigmatisierung abverlangt – um der immer wieder gefährdeten Einheit der Gemeinde willen (1 Kor 8). Indem schließlich Paulus in die Figur des Narren schlüpft, die konkurrierenden Wandercharismatiker delegitimiert und dabei seine eigenen defektiven und kulpativen Stigmata demonstrativ hervorkehrt, kämpft er um sein Charisma, d.h. um die *Anerkennung* seines Charisma und gewinnt erneut, ja steigert sie in seinen Gemeinden (s. 2 Kor 10-13; Gal 6, 17; vgl. Mödritzer 1994, 267).

3.

Während das christologisch zum Urbild und Vorbild entfaltete Muster der jesuanischen Selbststigmatisierung bei Paulus, der von sich sagt, daß er die „Malzeichen des Herrn" an seinem Leibe trägt (Gal 6, 17), als Quelle der

Autoritäts- bzw. Legitimitätsschöpfung von sekundärem „Personalcharisma" bzw. der Stabilisierung der personalcharismatischen Herrschaft seiner Sektengemeinden fungierte, finden wir nach der ersten Jahrhundertwende in den Gemeindebriefen des Ignatius das gleiche Muster wieder, nun allerdings zur Stabilisierung einer inzwischen entfalteten institutionscharismatischen, ansatzweise sogar bereits episkopal ausgeprägten Herrschaftsstruktur. Die spezifisch *episkopal* hierarchisierte, institutionscharismatische Herrschaftsstruktur sollte freilich erst am Ende des zweiten Jahrhunderts zur vollen Durchsetzung kommen – nach einem schier unüberschaubaren strukturellen „Variantenreichtum" (Hoffmann 1987, 32f) von keinesfalls linear verlaufenden Prozessen der dichotomen Strukturdifferenzierung sowie der Traditionalisierung, Rationalisierung und Versachlichung (Amtscharisma) des jesuanischen Ursprungscharismas. Die Leitung zieht vor allem die für die Integration der Gemeinde relevanten Funktionen der Lehre und der Gottesdienstleitung an sich, wobei die übrigen gemeindlichen Charismen entwertet bzw. der Leitung untergeordnet werden. Dieser Variantenreichtum prägte die Zwischen- bzw. Übergangszeit – im Zuge der Parusieverzögerung, des Generationswandels, des Einflusses der zeitgenössischen und des ortsspezifischen „Milieus" und der „Anpassung" (nicht Angleichung) an bewährte – profane – Struktur- bzw. Organisationsmuster, der Notwendigkeit zur innergemeindlichen Konfliktregulierung, eines wachsenden Außendrucks auf die christliche Minderheitslage, im Zuge aber auch des mit dem quantitativen Wachstums der Gemeinden einsetzenden Übergangs von der Systemebene der einfachen Interaktion zur Organisation als Effekt des Erfolgs der christlichen Mission (Schluchter 1985, 48). Es ging nicht um eine sklavische Nachahmung der in der Umwelt vorhandenen Sozialmodelle,

„sondern vielmehr um eine allmähliche und kritische Assimilation der profanen Modelle" (Milanesi 1976, 22).

Ignatius, nach seinem eigenen Zeugnis Bischof von Antiochien (Röm 2,2), setzt in seinen um 110 entstandenen Briefen an die kleinasiatischen Gemeinden – bezeichnenderweise jedoch nicht in seinem Brief an die Römer – voraus, daß an der hierarchischen Spitze der Presbyterien und der Diakone monokratische Bischöfe stehen, die er als „Gottes Stellvertreter", als „Abbild des Vaters" usw. tituliert und deren Überordnung auch über die gesamte Gemeinde er „theologisch zu legitimieren" (Hoffmann 1987, 54) sucht. Dies ist eine Tendenz, die auch der Autor der sogenannten Pastoralbriefe (1 Tim, 2 Tim, Tit) zu erkennen gibt, wo der – für Paulus und dessen Gemeindeverständnis konstitutive – Begriff des Charisma auf die Amtsträger reduziert wird, d.h. der nach Paulus in allen Christen wohnende Geist nun spezifisch der Aufgabe des Amtsträgers zugeordnet und durch Handauflegen vermittelt wird (Hoffmann 1987, 49ff.). Ich werde hierauf zurückkommen.

Auch bei Ignatius von Antiochien finden wir das Muster der sozialen Erzeugung von Charismabestätigung und Charismaerneuerung aus Selbststigmatisierung, um ein innergemeindliches – durch personalcharismatische Protest- und Oppositionskreise bewirktes – Schisma (vgl. Mödritzer 1994, 252, Anm. 10) zu überwinden, das zugleich sein bischöfliches Amtscharisma unterminierte. Mit selbsterniedrigenden Aussagen, einem gewaltigen Aufwand an „Demutspathos" (Mödritzer 1994, 256) und einer regelrecht dramaturgisch inszenierten – ein Netzwerk von Syrien bis nach Rom ausnutzenden – Exhibition von Opfer- und Martyriums-Phantasien nimmt er sein forensisches Schicksal kommunikativ vorweg und klagt mit dieser „Autorität des Beispiels" (Mödritzer 1994, 258) gezielt, ja regelrecht erpresserisch, zwingend, sein in der Gemeinde von Antiochien bestrittenes episkopales Amtscharisma wieder ein – offensichtlich „mit Erfolg, wie die Sammlung und der Gebrauch seiner Briefe zeigt". Für das Gelingen seiner Strategie konnte er bereits auf den mehr oder weniger geteilten und gefestigten Wissensvorrat der Christen vertrauen, „daß Gott das Geringe erwählt hat" (Mödritzer 1994, 267f).

Mit anderen Worten und auf eine allgemeinere Ebene gehoben: Leidensgeschick und Überwindung des Leids werden in der frühchristlichen Überlieferung semantisch miteinander verknüpft, gehen einen legitimatorischen Verweisungszusammenhang ein, der mit der symbolischen Sinnwelt des entstehenden heiligen Kosmos des Christentums verschmolzen wird: Leiden geht – kontrafaktisch – in Heil und Erwählung, Stigmatisierung in Entstigmatisierung, Stigma in Charisma über, wie der als Urcharismatiker und Urstigmatiker interpretierte Jesus den Macht-, Positions- und Statuswechsel vom Sklaven zum Weltenherrn vollzog.

4.

Daß im Prozeß der personalcharismatischen und institutionscharismatischen Stabilisierung der frühen christlichen Gemeinden Selbststigmatisierung nicht nur ein Kampfmittel war zur Machtgewinnung und geistlichen Herrschaftsbegründung, sondern Selbststigmatisierung auch ein delegitimatorisches Kampfmittel war zur Macht- und Herrschaftskritik, also auch „personalcharismatische Gegenschläge" grundierte, soll im folgenden gezeigt werden, um meine These, daß das Stigma der Konfliktlinie der Um- oder Neuverteilung des Charisma folgt, weiter zu plausibilieren.

Demonstriert werden soll dies zunächst am Schicksal der asketischen Selbststigmatisierung der Jesusbewegung *in rebus sexualibus*. Zu denken ist hier an den die Erfordernisse des Alltags ignorierenden und seine Schranken überwindenden, nämlich die Zeugung von Nachkommen verweigernden und insofern sowohl „charismatischen" als auch sozial – als schöpfungswidrig – geächteten Eheverzicht des Jesus selbst oder daran, daß die Rekrutierung in den jesuanischen Jüngerkreis einen kulpabilisierenden Verzicht auf Fortpflanzung bzw. auf Ehe und das Zerbrechen ehelicher Bindungen zur Folge haben konnte (vgl. Mk 10, 28ff.; Mt 19, 27ff.; Lk 14, 26). Zu übersehen ist auch nicht das massiv asketische Jesus-Logion (Mt 19, 12), in dem er das Zentrum seines Predigens, die von ihm propagierte nahe Gottesherrschaft, mit der (freiwilligen) Selbstkastration in Verbindung gebracht hat:

„ (...) es gibt Eunuchen, die aus dem Mutterschoß so geboren werden, und es gibt Eunuchen, die zu Eunuchen gemacht wurden von den Menschen, und es gibt Eunuchen, die sich selbst zu Eunuchen machten um des Himmelreiches willen. Der es fassen kann, fasse es!".

Im zeitgenössischen Kommunikations- und Handlungszusammenhang der Jesusbewegung war eine solche Einschätzung der Selbstkastration – übrigens nicht nur für jüdische Augen und Ohren – eine die Grenze zum Perversen hin überschreitende Provokation, selbst dann, wenn man sie nur, allegorisch abstumpfend, als Anspielung auf die freiwillig gewählte sexuelle Abstinenz zur Vorwegnahme des als nah verkündigten Heilszustandes verstehen möchte, in dem – so eine andere Aussage der jesuanischen Überlieferung (s. Lk 20, 34ff.; Mt 22, 23ff.; Mk 12, 18ff.) – Ehe und Zeugung, die Grundlagen des häuslichen Lebens in der Antike, obsolet werden (vgl. Lang, McDannell 1990, 45ff.). Kastraten waren aus der altjüdischen Kultgemeinschaft ausgeschlossen, also kultisch und gesellschaftlich disqualifiziert (vgl. Niederwimmer 1975, 55ff.; auch 30ff., 35ff., 40, 172; Blinzler 1957).

Mit der Kreuzigung des „Usurpators der Gottesherrschaft" und Kritikers der römischen Fremdherrschaft gerät seine charismatische Bewegung zunächst in eine Krise, die aber offensichtlich dadurch überwunden wurde, daß sein Charisma präventiv über eine designative Umverteilung an ein mehr oder weniger diffuses *„Heilskollektiv"* – der Zwölf, der Jünger, der Anhänger, der „Armen", also fremd- und selbststigmatisierter Randgruppen – in den „postmortalen" Alltag transponiert werden konnte (vgl. Theissen 1992, 116, 120). Diese Form der charismatischen Designation eines – auch noch diffusen und damit legitimationskonfliktträchtigen – Kollektivs hat Max Weber m. E. so noch nicht gesehen (vgl. Weber 1972, 143f.) . Dieses höchstwahrscheinlich *noch von Jesus selbst* „geweckte" und „erprobte" partizipatorische *Gruppencharisma* hat den Tod des ursprünglichen Charisma-Trägers dann sozialstrukturell bzw. sozialkulturell überlebt, und zwar in vielfältigen frühchristlichen Gemeindeformen im palästinischen Judenchristentum und im außerpalästinischen Missionschristentum. Von den verstreuten kleinen Anhänger*familien und -gruppierungen* in Galiläa abgesehen, kennt es auch noch kein eigenes Priester- oder Kultpersonal und gewinnt mit seinen tempel-, altar- und opferlosen, sprich a- oder antikultischen Zügen die soziologischen Charakteristika der Sekte, zumal es nach der antiochenischen Wende (s. Gal 2, 11-18; vgl. Stegemann, Stegemann 1995, 232), aber auch im Zuge der Neudefinition des Judentums – spätestens nach der Zerstörung des Tempels in Jerusalem (nach 70) – einem dynamischen Prozeß der sozialen Ausschließung ausgesetzt und als jüdisches Abweichlertum marginalisiert wurde (vgl. Stegemann,

Stegemann 1995, 214ff.). Dieser a- oder antikultische Zug gilt selbst für die sogenannte Jerusalemer *„Urgemeinde"*, obwohl sie relativ rasch – und beschleunigt nach der Vertreibung der „Hellenisten", des diasporajüdischen Gemeindeflügels, aus Palästina – organisationelle Untergliederungen (Hauskirchen, Sprachgruppenzirkel), Primärformen der Arbeitsteilung, der – auch kollegialen – Herrschaftsteilung ausgebildet hat, also auch – anfänglich noch relativ „fließende" – Positions-, Rollen- und Statusdifferenzierungen, diesbezügliche legitimatorische – personal- und auch erbcharismatische – Anstrengungen, Rekrutierungsregeln und überhaupt Grundzüge einer normativen Ordnung (vgl. Schenke 1990, 67ff., 74ff., 254ff.; Hoffmann 1987, 39f.; Stegemann, Stegemann 1995, 190ff.). Hierzu gehören auch Ansätze einer Ritualierung des Eintritts (Taufe), Erinnerns und in In-Beziehungs-Bleibens (Erinnerungs- oder Herrenmahl, Unservater, Maranatha) und der „Kanonisierung" eines „heiligen Wissens" (vgl. Stegemann, Stegemann 1995, 191f.).

Die sektenförmigen christlichen Gemeinden außerhalb Palästinas, in denen in der ersten Generation zunächst noch kaum dichotome Strukturbildungen hervortreten und die *charismatische Beteiligung aller*, auch von Frauen, üblich ist, verstehen sich als „Schar der Auserwählten" und übertragen in extensiver und intensiver Weise die antike kultische Terminologie auf ihre soziale und individuelle Lebensform (Hoffmann 1987, 23; vgl. 18ff., 28f.; Niederwimmer 1975, 65; Heine 1986, 96ff., 143; Nestle 1990, 46, 68; Klauck 1992, 31f.):

> „Kraft der allen geltenden Verheißung braucht die christliche Gemeinde keine Priester, keinen Tempel und keine Opfer, vielmehr sind *alle* zu Priestern bestellt (...) Die christliche *Gemeinde* (Hervorhebung MNE) ist als Gottes Priesterschaft an die Stelle jeglichen vor- oder außerchristlichen Priestertums getreten".

Auch und gerade der Körper des einzelnen Christen, in ihrer Umwelt bloß Adressat „diätetischer" Sorgen um sich selbst, wurde in diese Metaphorik miteinbezogen und zu einem Gebilde von religiöser Bedeutung erklärt, nämlich „Tempel des Heiligen Geistes" und ein Gott „wohlgefälliges Opfer" (1 Kor 6, 19; Röm 12, 1) zu sein (vgl. Radl 1987, 62; Hahn 1990). Nicht nur unter den umherziehenden urchristlichen Wandermissionaren, die – im Einklang mit ihrer außeralltäglichen Lebensführung – ihren Autoritätsanspruch personalcharismatisch, und nicht traditional oder legalistisch legitimieren, sollten sich Christen durch Ehelosigkeit selbststigmatisieren; sondern auch unter den sich bis zum Ende des 1. Jahrhunderts konsolidierenden Stadtgemeinden, die schließlich dazu übergehen, die Träger des „Wanderradikalismus" zu delegitimieren und ins Abseits zu drängen und ihre antiautoritären charismatischen Binnenstrukturen zunehmend durch pragmatische und traditional legitimierte Autoritätsstrukturen (z. B. durch das jüdische Presbyter-Institut oder den Patriarchalismus des antiken Hausverbandes) zu überlagern (vgl. Theissen 1983; Schenke 1990, 223; Hoffmann 1987, 26f., 33f., 36ff.).

Überhaupt beginnen innerhalb der sich formierenden christlichen Gemeinden, die sich aus Juden und Nicht-Juden, Griechen und Römern, Männern und Frauen, Sklaven und Freien zusammensetzen konnten, einzelne und einzelne Gruppen sexualasketische Muster der Selbststigmatisierung zu entfalten, mit denen sie den selbstbezüglichen charismatischen Erwählungsglauben, einer eschatologischen Avantgarde anzugehören, im Kontrast zur gewöhnlichen Welt zu unterstreichen suchen (vgl. Brown 1991, 67, 74ff.). Diese sexualasketischen Praktiken sind außerordentlich heterogen und weder in ein theologisches System gepresst noch in ein solches pressbar (vgl. für das palästinische Judenchristentum Mt 12, 2; Mt 19, llf.; Mk 12, 25; Niederwimmer 1975, 53ff.; für das judenchristliche Missionschristentum Niederwimmer 1975, 6f., 67ff., 80ff.; widersprüchlich erscheinen z. B. 1 Kor 6; 7 und Eph 5, vgl. auch Brown 1991, bes. 79ff.). Zu einer der *Grundfragen* wurde

„die, ob die Taufe (als Übernahme der entweltlichten Existenz) nicht eo ipso auch den Sexualverzicht fordert“, der dabei „in verschiedenen Formen in Erscheinung treten“

konnte: z. B. als Eheverzicht oder als partielle oder dauernde Kontinenz innerhalb der Ehe (Niederwimmer 1975, 222; auch 90, 169ff., 176ff.). Diese Fragen eines *Junktims von Charisma und Stigma*, d.h. hier von charismatischer Qualifizierung kraft Taufe und Sexualverzicht, wurden auch im Umkreis der paulinischen Mission – etwa in der korinthischen Gemeinde – aufgeworfen (vgl. Niederwimmer 1975, 81f.), mitten in einer Stadt also, die wie alle antiken Städte von ihren Bürgern erwartete,

„daß sie einen angemessenen Teil ihrer Energie darauf verwandten, eheliche Kinder zu zeugen und aufzuziehen, um die Toten zu ersetzen“ (Brown 1991, 20; über Korinth vgl. Klauck 1992, 17ff.).

Paulus hat diese innerhalb einer christlichen Gemeinde aufgebrochene Frage dann im Sinne seiner berühmten „antiautoritären Umbildung des Charismas“ (Weber 1972, 155ff.; vgl. Schluchter 1985, 26ff.; Meeks 1985; s. 1 Kor 12, 1ff., wo Paulus ab 1 Kor 12, 4 das vorgegebene Stichwort „pneumatika“ (Geistesgaben) durch „charismata“ (Gnadengaben) korrigierend ersetzt; vgl. Klauck 1992, 85ff.) innovativ beantwortet: der *Pluralisierung* oder *Polypolisierung, Funktionalisierung* und *Egalisierung* der Charismen (vgl. 1 Kor 12; dazu Hoffmann 1987, 30f.) einerseits und seiner weniger berühmten, aber strukturell folgewirksamen Differenzierung sexualasketischer Selbststigmatisierungspraktiken auf der anderen Seite. Jeder, so argumentiert er nämlich, habe sein Charisma, der eine dies (z. B. das Charisma der Enthaltsamkeit), der andere eben ein anderes. Und wenn die Eheleute von der Notdurft des Sexuellen nicht befreit sind und somit des Charismas der Enthaltsamkeit entbehren,

„so gehen sie doch nicht leer aus: sie werden gewiß durch irgendeine andere Gnadengabe entschädigt“ (Niederwimmer 197S, 95f.).

Damit wird der Status der sexuellen Selbststigmatisierung – in Anpassung an das biologische Realitätsprinzip des Alltags und zwecks Pazifizierung der Gemeindemitglieder – als ein Charisma unter vielen relativiert. Das Postulat der sexuellen Selbststigmatisierung im Sinne einer „formalisierten Verhaltenserwartung" für alle Getauften wird zurückgewiesen. Peter Brown (1991, 68) glaubt bei Paulus hierfür auch ideologische Motive ausmachen zu können, hätte doch die Akzeptanz des radikalen sexualasketischen Postulats auch die Delegitimation der elementaren Substrukturen der christlichen Gemeinden, des christlichen Haushalts, bedeutet und dazu beigetragen,

> „die subtile Befehlskette" zu kappen, „über die seine Lehren durch die Autorität der örtlichen Familienväter jeder einzelnen Gemeinschaft weitergereicht wurden" (vgl. Klauck 1992, 21ff.).

Gleichwohl war es – dem selbst ehelosen oder von seiner Frau getrennt lebenden – Paulus nicht gelungen, die Ehe mit dem Zentrum der christlichen Lebensform zu verbinden: Sie wird von ihm nicht vorbehaltlos in die christliche Lebensführung integriert, sondern bloß konzediert: Die Ehe ist zwar keine Sünde, aber auch kein Charisma, sondern nur ein Notmittel der Schadensbegrenzung (vgl. Müller 1930, 67f.; Niederwimmer 1975, 124; Brown 1991, 71; Riesner 1984, 24), um das Lustorgan unter Kontrolle zu halten. Sie ist deshalb auch nicht der „Charme" einer christlichen Gemeinde, also nicht das, was sie anziehend erscheinen läßt. Sein vorherrschendes Wert-Motiv bleibt das asketische (Eheverzicht), das er freilich in eine neue Balance mit dem Alltag, mit dem „in der Regel Nötigen" (sexuelle Bedürfnisbefriedigung), und mit dem aus asketischen Gründen – wegen der Gefahr der Konkupiszenz (Begierlichkeit) – christlich „immerhin Möglichen" (Ehe als Zähmung des Sexuellen) zu bringen versucht. Pointiert ausgedrückt: War für die Bewegung um Jesus von Nazareth der selbststigmatisierende Verzicht auf die Ehe eine besondere Ausnahme, wird von Paulus die Ehe selbst zur Ausnahme erklärt (vgl. Müller 1930, 69). Diese Position trägt nicht zu einer christlichen Institutionalisierung der Ehe bei, sondern eher zur Institutionalisierung der Nicht-Ehe bzw. des *Eheverzichts* – seit Paulus nun freilich *nicht mehr als eine Verhaltenserwartung an alle Christen*! Indem Paulus dazu neigte, die Frage der Plazierung der Ehelosigkeit in der christlichen Gemeinde sowohl im sozialintegrativen Interesse und unter Verweis auf kollektiv geteilte Werte als auch dadurch beantwortete, daß er sie kraft eigener Autorität „in die hohe Bahn seiner apostolischen Berufung hineinzog" (Brown 1991, 70), wird damit bereits eine entscheidende „Weichenstellung" für die spätere Entwicklung vorgenommen. Seine persönliche Auffassung sollte freilich erst dadurch normatives Gewicht erlangen, daß sie – später – in den offizialisierten neutestamentlichen Kanon und somit ins institutionelle „heilige Wissen" (Max Weber) der sich etablierenden christlichen Kirche eingehen wird (vgl. Bendix 1985, 432f.).

Als direkte (nicht-intendierte) und indirekte Folge einer widersprüchlichen Orientierung (Ideal vs. Realität) mußte diese *eschatologisch legitimierte und sozialintegrativ motivierte innovative Differenzierung* auf Dauer zwangsweise die Institutionalisierung einer religiös spezifischen „Zweistufenmoral" begünstigen (Niederwimmer 1975, 90, 123, 170), zumal in der charismatisch-stigmatischen Kontextdynamik des frühen Christentums das Postulat der „Ehelosigkeit für alle Getauften" (Müller 1930, 69) noch lange nicht erledigt war. Im Gegenteil. Im binnen*christlichen* Kontext hat es sich neben, gegen und nach Paulus auch als Identitäts- und Unterscheidungszeichen im Kontrast zur nicht-christlichen soziokulturellen Umwelt, die in der Ehe einen „beruhigenden Mikrokosmos der gesellschaftlichen Ordnung" sah (Brown 1991, 30; vgl. auch Foucault 1986), noch lange gehalten. Dies gilt *zum einen* für solche christlichen Gruppen, welche dann die weitere – in einigen Regionen früher, in anderen später zum Abschluß kommende – Transformation von der Sozialform der Sekte zur Sozialform der Kirche bzw. den Prozeß der Versachlichung und der Umstrukturierung der Verteilung des Charismas *nicht* mitgegangen sind, also gewissermaßen auf dem *Stadium der Sekte* verblieben (vgl. Niederwimmer 1975, 90, auch 170, 176ff. und 160ff. mit Blick auf einen Teil des „zurückbleibenden" palästinischen Judenchristentums sowie auf gnostisierende bzw. dann gnostische Gruppen). Dies gilt *zum anderen* aber auch für den Binnenbereich derjenigen christlichen Gemeinden, welche den Weg *von der Sekte zur Kirche* vorantrieben.

„Sexueller Verzicht", so Peter Brown, „konnte den Christen dazu führen, den Körper zu verwandeln und auf diesem Weg mit der unaufdringlichen Disziplin des antiken Staates zu brechen" (Brown, 1991, 45).

Kaum mehr überschaubar ist die Vielfalt der christlichen Gruppen innerhalb und außerhalb des römischen Reichs, die unterschiedliche Varianten – auch der Begründung – des Junktims von Taufe und Sexualboykott selbstaktiv kultivieren, darüber auch eine scharfe Trennung zu „schmutzigen" Menschen„klassen" des Alltags postulieren, also ihre soziale Außengrenze markieren, ihre exklusive Mitgliedschaft regulieren, die persönliche charismatische Qualifikation ihrer Mitglieder definieren und sich in der Einhaltung ihrer „enkratischen", also auf Enthaltsamkeit zielenden Gebote und Verbote zum Schutz ihrer gemeinsamen außeralltäglichen Befindlichkeit und zur Steigerung ihrer außeralltäglichen Erfahrungen wechselseitig kontrollieren und sanktionieren, ohne sich der entstehenden christlichen „Massenkirche" zu subordinieren, gegen deren Entwicklung sie protestieren und deren Führungspersonal sie delegitimieren (vgl. Müller 1930, 69ff.; Brown 1991, 80ff., 98ff., 118ff.; Heine 1986, 122ff., 135ff., 154ff.).

Zugleich lassen sich aber schon anfangs des 2. Jahrhunderts *sexualasketische Differenzierungen* auch im Binnenraum der sich „verkirchlichenden" Gemeinden festmachen. Es handelt sich dabei nicht nur um Witwenkommunitäten, die auf eine erneute Eheschließung verzichten (vgl. Heine 1986,

149f.), sondern auch um ausgesprochen elitäre Formierungen „von sexualasketischen Spiritualen“, die auf dem Hintergrund jener christlichen Selbststigmatisierungstradition offensichtlich „keiner besonderen Rechtfertigung oder Legitimierung bedurften“ (Niederwimmer 1975, 172f.). Der elitäre Anspruch derer, die sich „mit Weibern nicht beflecken“, darauf, eine eschatologische Avantgarde zu sein, manifestiert sich auch in der neutestamentlichen Johannesapokalypse (Offb 14, 1ff.). Diese asketischen Differenzierungen stehen teilweise *quer zu anderen Strukturbildungen* und *quer zu institutionscharismatischen Legitimationsanstrengungen* innerhalb der Gemeinden. Dort lassen sich zugleich relativ unreflektierte Assimilationen an Werte, Leitbilder und Sittennormen ihrer nicht-christlichen Umwelt beobachten (vgl. Heine 1986, 150ff.; Hoffmann 1987, 49ff., im Verweis z. B. auf Eph 5, 23.33; 1 Petr 3, 1-7; 1 Tim 2, llf.; 3, 1ff.; 5, 17ff.; Tit 1,5ff.), und die Ausbildung einer Kultordnung mit der Tendenz zur Dichotomisierung von Klerus und Laien wird ebenso faßbar wie die positionelle Verfestigung arbeitsteiliger Kooperations- und hierarchisch-zentralistischer Leitungsstrukturen sowie vielfältige Anstrengungen, diese bereits amtscharismatisch zu legitimieren. Das antiautoritär umgedeutete Charisma wird nun, wie gesagt, asymmetrisch umverteilt bzw. positionell monopolisiert, indem es, durch rituelle Handlauflegung vermittelt, „auf die Amtsgnade reduziert“ wird (Hoffmann, 1987, 50f., 43ff., 54ff.).

Offensichtlich sind es jene innergemeindlichen Sexualasketen, deren Repräsentanten die Autorität der Gemeindeleiter, „denen von Gott die Gnade gegeben ist“, dadurch herausfordern, daß sie deren Absetzung erreichen (wollen) und selbst *exklusiven* Autoritäts-Anspruch personalcharismatischer und eben auch personalstigmatischer Art erheben (1. Klemens-Brief 30, 2: Fischer 1986, 61; Niederwimmer 1975, 172ff.). Wie wir gegen Ende des 1. Jahrhunderts dem – außerbiblischen – l. Klemens-Brief entnehmen können, geht die Entwicklung dahin, daß zwar das stigmatische Charisma dieser Herausforderer, nämlich persönlich „heilig im Fleische zu sein“, als besondere Gabe Gottes bestätigt wird. Jedoch wird zugleich der damit verbundene Führungs- und Exklusivitätsanspruch abgelehnt, den sich institutionscharismatisch legitimierenden „kirchlichen“ Autoritäten unterworfen und als hochmütig nihiliert, nämlich mit dem Stigma der Demut unvereinbar erklärt (so bereits gegen Ende des 1. Jahrhunderts der 1. Klemens-Brief 38, 2: Fischer 1986, 73ff.; zum Begriff der Nihilierung s. Berger, Luckmann 1974, 121ff.):

> „Wenn jemand zur Ehre des Fleisches des Herrn in der Keuschheit zu bleiben vermag, so bleibe er es ohne Selbstruhm“,

so heißt es dementsprechend in einem der erwähnten Ignatius-Briefe Anfang des 2. Jahrhunderts, ähnlich wie schon im 1. Klemens-Brief, wo übrigens im Zusammenhang mit dem „Vollzug der Opfer und Gottesdienste“ erstmals der Begriff „Laie“ in der christlichen Literatur verwendet wird (Brief an Polykarp, 5, 2; 1. Klemens-Brief 40, 1-5; 44, 4: Fischer 1986, 75-81, 221). Charisma steht hier gegen Charisma, Personalcharisma gegen Institutionsstigma.

„Rühmt er sich“, so Ignatius weiter, „so ist er verloren, und wird er für mehr angesehen als der Bischof, so ist er dem Verderben verfallen“.

Der „Einkapselung“ (Karl Mannheim) bzw. Ankoppelung der sexualasketischen Selbststigmatisierer unter Kontrolle der großkirchlichen Autoritäten sollte auf Dauer Aussicht auf Erfolg jedoch nur durch entsprechende Zugeständnisse beschieden sein, nämlich dahingehend, daß *die Träger des Amtscharisma selbst* jene Verhaltenserwartungen der sexualasketischen Selbststigmatisierer *in das Rollenmuster ihres Amtes übernahmen*, d.h. mit ihrem Amtscharisma verknüpften. Bereits in den pseudopaulinischen, sogenannten Pastoralbriefen (an Timoteus, an Titus) zu Anfang des 2. Jahrhunderts, welche, wie erwähnt, christliche Gemeinden mit deutlichen Tendenzen der Oligarchisierung, der patriarchalischen Traditionalisierung und Versachlichung des Charisma voraussetzen, wird nicht nur das von einigen Gemeindemitgliedern geforderte Heiratsverbot für alle Christen zurückgewiesen (s. 1 Tim 4, 1ff.), sondern der „Verzicht auf Wiederverheiratung“ wird auch zur „Voraussetzung für das kirchliche Amt“ erklärt (Niederwimmer 1975, 175, Anm. 37, im Verweis auf 1 Tim 3, 2.12 und Tit 1, 5f.; vgl. dagegen Baumert 1992, 217ff.). Dieser sich also bereits anfangs des 2. Jahrhunderts ankündigende *Kompromiß, der das für alle Christen als maßgeblich postulierte Junktim von Taufe und Sexualverzicht als häretisch ausgrenzt und zugleich durch ein normatives Junktim von „Priesteramt“ und Sexualverzicht ersetzt, stellt, soziologisch gesprochen, die normative Verfestigung und Partikularisierung eines vormals umkämpften allgemeinen Postulats dar* (vgl. Popitz 1980, 72ff.). Er sollte dann allerdings erst in der Folgezeit – mit Normierungsschüben seit dem 4. Jahrhundert – im Zuge des sich weiter zur „Massenheilsanstalt“ verkirchlichenden und sektarisch wie monastisch, also charismatisch und selbststigmatisch dauerprovozierten Christentums (vgl. Blazovich 1954, 22f.; Drijvers 1985; Frend 1985) – als Zölibats*norm* für den höheren Klerus (so in der Ostkirche) bzw. für den gesamten Klerus zur Durchsetzung gelangen. Die lange umkämpfte und dann erst im Hochmittelalter erfolgte Etablierung dieses „Amtsstigmas“ wurde freilich auch von materiellen – von ökonomischen – Interessen befördert, deren Dynamik vor dem kirchlichen Handeln nicht halt macht (vgl. Weber 1972, bes. 363; Kötting 1968, bes. 13f., 18; Denzler 1993, bes. 24ff.; Hagemann 1971, bes. 7ff.).

5.

Nicht nur das Charisma der Jesusbewegung, sondern auch ihre Praxis der Selbststigmatisierung wurde also institutionell in spezifischer Form umgeformt und umverteilt. Diese These wäre am Schicksal anderer Momente der jesuanischen Selbststigmatisierung zu überprüfen, zu differenzieren und zu modifizieren: etwa am Thema der „Armut“, der „Demut“ oder des „Leidens“ (vgl. Ebertz 1987, 262; Bendix 1985, 426f., 436f.; Hahn 1990, 135; Wengst 1987). Charisma *und* Stigma werden in den Prozeß der Veralltäglichung hineingezogen und erfahren ein ähnliches Schicksal: zunächst als kollektives Sekten-Charisma und kollektives Sekten-Stigma, dann – positionell usurpiert bzw. institutionell temperiert – auch als Amtscharisma und Amtsstigma.

„Der Zölibat ist ein Zeichen des neuen Lebens, zu dessen Dienst der Diener der Kirche geweiht wird; mit freudigem Herzen auf sich genommen, kündigt er strahlend das Reich Gottes an“.

So sollte noch der am Ende des 2. Jahrtausends erschienene „Katechismus der Katholischen Kirche“ jenen uralten Stachel im Fleisch – nicht nur des Christentums – zum Glänzen bringen.

Max Weber hat es nicht versäumt, darauf hinzuweisen, daß die Versachlichung des Charismas im katholischen Priestertum, insbesondere die Vorstellung vom „character indelebilis“ als

„Loslösung der amtscharismatischen Fähigkeiten von den Qualitäten der Person des Priesters“, „Anlaß zu steten Kämpfen“ gab - „vom Donatismus und Montanismus angefangen bis zur puritanischen (täuferischen) Revolution“ (Weber 1972, 144);

man könnte Weber ergänzen: bis in die innerkatholischen Auseinandersetzungen unserer Tage, etwa in den Streit um das Recht der Laienpredigt oder um die laikale (bzw. „allgemeinpriesterliche“) Verfügung über die „geistlichen Produktionsmittel“ (z.B. Krankensalbung) hinein, um nur zwei Bespiele des Kampfes um die Kirche als Gnadenanstalt zu nennen (vgl. Ebertz 1998). Auch die Kirche wurde zu einer, wie er sagt, „charismatischen Macht“, die freilich immer wieder durch personales Kontercharisma von Bewegungen und Sekten – innerhalb und außerhalb der Kirche – herausgefordert wurde und herausgefordert wird.

Den Begriff des Charisma nicht nur auf das Stadium der Bewegung, sondern auch auf die Sekte und Kirche anzuwenden, ist zum einen insofern berechtigt, als in beiden religiösen Sozialformen einmal die Zugänglichkeit zu bestimmten Handlungen und Handlungsbereichen, welche die Heilsgüter betreffen, nur relativ wenigen gewährt bzw. eine Abstufung des Alltags vorgenommen wird: hier der Alltag der charismatisch persönlich Qualifizierten, der „Auserwählten“, dort der Alltag der von der persönlich- charismatischen Qualifikation sozial Ausgeschlossenen, der „Verworfenen“; hier der Alltag der charismatisch qua Amt Qualifizierten, dort der Alltag der „Laien“. Hier noch von Charisma – sozusagen „Alltagscharisma“ – zu sprechen, rechtfertigt sich, so Weber,

„nur dadurch, daß stets der Charakter des Außergewöhnlichen, nicht jedermann Zugänglichen (...) erhalten bleibt“ (Weber 1972, 671).

Den Begriff des Charisma auf die Sekte und Kirche anzuwenden, ist zum anderen insofern sachgemäß wie erkenntnisnützlich, als die Erinnerung an das

„Urcharisma“ zur Legitimation der institutionalisierten religiösen Sozialformen erhalten bleibt, deshalb aber auch immer gegen sie zur Geltung gebracht werden kann. Das jesuanische „Urcharisma“ und – wie hier zu ergänzen ist – „Urstigma“ ist gleichsam eine christentumsinterne kulturelle Ressource, welche – mit Marx gesagt – „versteinerte Verhältnisse zum Tanzen“ zu bringen vermag.

Im Licht dieser Fragestellung nach dem Kampf um das christliche Stigma und Charisma, nach dem charismatischen und stigmatischen Kampf um die Verfügung über die Heilswahrheiten und Heilsmittel müßten einmal die aktuellen Konflikte innerhalb des Christentums und der Kirchen neu gesichtet (vgl. Ebertz, Schultheis 1986; Ebertz 1998) und vielleicht auch die Geschichte des Christentums neu – zumindest mit anderen Akzenten – geschrieben werden! Vielleicht macht ja diese *complexio oppositorum* der institutionalisierten Spannung von Amt und Charisma *hier* und der soziokulturellen „Hybridisierung“ von Stigma und Charisma *dort* nicht zu einem unerheblichen Maß das *Fascinosum et Tremendum* des Christentums bis in die Gegenwart hinein aus, womit ebenfalls Göttliches im Menschlichen ahnbar wird – Göttliches im Sozialen: im sozusagen auf Dauer gestellten sozialen Ausnahmezustand.

Literatur

Baumert N. (1992): Frau und Mann bei Paulus. Überwindung eines Mißverständnisses, Würzburg

Bendix R. (1985): Umbildungen des persönlichen Charismas. Eine Anwendung von Max Webers Charismabegriff auf das Frühchristentum, in: Schluchter W. (Hrsg.): Max Webers Sicht des antiken Christentums. Interpretation und Kritik, Frankfurt, 404-443

Berger P.L., Luckmann Th. (1974): Die gesellschaftliche Konstruktion der Wirklichkeit. Eine Theorie der Wissenssoziologie, 4. Aufl., Frankfurt a. M.

Blazovich A. (1954) : Soziologie des Mönchtums und der Benediktinerregel, Wien

Blinzler J. (1957): Eisin eunouchoi: Zur Auslegung von Mt 19, 12, in: Zeitschrift für die Neutestamentliche Wissenschaft und die Kunde der älteren Kirche 48, 254-270

Brown P. (1991) : Die Keuschheit der Engel. Sexuelle Entsagung, Askese und Körperlichkeit am Anfang des Christentums, München, Wien

Cook M. J. (1978): Jesus and the Pharisees - the Problem as it stands today, in: Journal of Ecumenical Studies 15, 441-460

Denzler G. (1993): Die Geschichte des Zölibats, Freiburg, Basel, Wien

Dombois H. (1971): Hierarchie. Grund und Grenze einer umstrittenen Struktur, Freiburg, Basel, Wien

Drijvers H.J.W. (1985): Askese und Mönchtum im frühen Christentum, in: Schluchter W. (Hrsg.): Max Webers Sicht des antiken Christentums. Interpretation und Kritik, Frankfurt a.M., 444-465

Ebertz M.N. (1987): Das Charisma des Gekreuzigten. Zur Soziologie der Jesusbewegung (Wissenschaftliche Untersuchungen zum Neuen Testament 45), Tübingen

Ebertz M.N. (1992): Le stigmate du mouvement charismatique autour de Jesus de Nazareth, in: Social Compass 39, 255-273

Ebertz, M.N. (1993): Macht aus Ohnmacht. Die stigmatischen Züge der charismatischen Bewegung um Jesus von Nazareth, in: Gebhardt W., Zingerle A., Ebertz M. N. (Hrsg): Charisma. Theorie - Religion - Politik (Materiale Soziologie 3), Berlin, New York, 71-90

Ebertz, M.N. (1998): Erosion der Gnadenanstalt? - Zum Wandel der Sozialgestalt von Kirche, Frankfurt a.M.

Ebetz M.N., Schultheis F. (1986): Einleitung, in: Dies. (Hrsg.): Volksfrömmigkeit in Europa. Beiträge zur Soziologie popularer Religiosität aus 14 Ländern, München, 11-52

Fischer J.A. (Hrsg.) (1981): Die Apostolischen Väter (Schriften des Urchristentums, 1. Teil), Darmstadt

Foucault M. (1986): Sexualität und Wahrheit, Bd. 2 und 3, Frankfurt a.M.

France R. T. (1986): The Evidence for Jesus, London, Sydney, Auckland, Toronto

Frend, W.H.C. (1985): Die Bedeutung von Max Webers Ansatz für die Untersuchung der frühen christlichen Sektenbewegungen, in: Schluchter W. (Hrsg.): Max Webers Sicht des antiken Christentums. Interpretation und Kritik, Frankfurt a. M., 466-485

Gunneweg A. H. J., Schmithals W. (1980): Herrschaft, Stuttgart

Hagemann K. (1971): Der Zölibat der römisch-katholischen Kirche, Meisenheim

Hahn, A. (1990): Religiöse Dimensionen der Leiblichkeit, in: Kapp V. (Hrsg.): Die Sprache der Zeichen und Bilder. Rhetorik und nonverbale Kommunikation in der frühen Neuzeit, Marburg, 130-141

Heine S. (1986): Frauen der frühen Christenheit. Zur historischen Kritik einer feministischen Theologie, Göttingen

Hengel M. (1979): Zur urchristlichen Geschichtsschreibung, Stuttgart

Hoffmann P. (1987): Priestertum und Amt im Neuen Testament. Eine Bestandsaufnahme, in: Ders., (Hrsg.): Priesterkirche (Theologie zur Zeit 3), Düsseldorf, 12-61

Klauck H.-J. (1992): Gemeinde zwischen Haus und Stadt. Kirche bei Paulus, Freiburg iBr.

Kötting B. (1968): Der Zölibat in der Alten Kirche, München

Lang B., Mc Dannell C. (1990): Der Himmel. Eine Kulturgeschichte des ewigen Lebens, Frankfurt a.M.

Lipp W. (1975): Selbststigmatisierung, in: Brusten M., Hohmeier J. (Hrsg.): Stigmatisierung. Zur Produktion gesellschaftlicher Randgruppen, Bd. 1, Darmstadt, 25-53.

Lipp W.(1985): Stigma und Charisma. Über soziales Grenzverhalten (Schriften zur Kultursoziologie 1), Berlin

Meeks W.A. (1985): Die Rolle des paulinischen Christentums bei der Entstehung einer rationalen ethischen Religion, in: Schluchter W. (Hrsg.): Max Webers Sicht des antiken Christentums. Interpretation und Kritik, Frankfurt a.M., 363-385

Milanesi G. (1976): Religionssoziologie. Wandlungsprozesse im religiösen Verhalten, Zürich

Mödritzer H. (1994): Stigma und Charisma im Neuen Testament und seiner Umwelt. Zur Soziologie des Urchristentums (Novum testamentum et orbis antiquus 28), Freiburg/Schweiz

Müller K. (1930): Die Forderung der Ehelosigkeit für alle Getauften in der alten Kirche (Orig. 1927), in: Ders.: Aus der akademischen Arbeit. Vorträge und Aufsätze, Tübingen, 63-79

Nestle W. (1990): Die Haupteinwände des antiken Denkens gegen das Christentum (Orig. 1948), in: Martin J., Quint B. (Hrsg.): Christentum und antike Gesellschaft, Darmstadt, 17-80

Niederwimmer K. (1975): Askese und Mysterium. Über Ehe, Ehescheidung und Eheverzicht in den Anfängen des christlichen Glaubens, Göttingen
Popitz H. (1980) : Die normative Konstruktion von Gesellschaft, Tübingen
Radl W. (1987): Kult und Evangelium bei Paulus, in: Biblische Zeitschrift 31, 58-17
Riesner R. (1984) : Formen gemeinsamen Lebens im Neuen Testament und heute, 2. Aufl., Gießen, Basel
Schenke L.(1990): Die Urgemeinde. Geschichtliche und theologische Entwicklung, Stuttgart
Schluchter W. (1985): Einleitung: Max Webers Analyse des antiken Christentums. Grundzüge eines unvollendeten Projekts, in: Ders., (Hrsg.): Max Webers Sicht des antiken Christentums. Interpretation und Kritik, Frankfurt a.M, 11-71
Sohm R. (1923): Kirchenrecht. Die geschichtlichen Grundlagen, Band 1, 2. Aufl., Berlin
Stegemann E. W., Stegemann W. (1995): Urchristliche Sozialgeschichte. Die Anfänge im Judentum und die Christusgemeinden in der mediterranen Welt, Stuttgart
Theissen G. (1983): Wanderradikalismus. Literatursoziologische Aspekte der Überlieferung von Worten Jesu im Urchristentum (Orig. 1973), in: Ders., Studien zur Soziologie des Urchristentums (Wissenschaftliche Untersuchungen zum Neuen Testament 19), Tübingen, 79-105
Theissen G. (1986): Der Schatten des Galiläers, München
Theissen G. (1989): Jesusbewegung als charismatische Wertrevolution (New Testament Studies 35), 343-360
Theissen G. (1992): Gruppenmessianismus. Überlegungen zum Ursprung der Kirche im Jüngerkreis Jesu, in: Jahrbuch für Biblische Theologie 7, 101-123
Tyrell H.(1996): Religionssoziologie, in: Geschichte und Gesellschaft 22, 428-457
Weber M.(1963): Gesammelte Aufsätze zur Religionssoziologie, Band 1 u. III, 5. bzw. 3. Aufl., Tübingen
Weber M. (1968): Gesammelte Aufsätze zur Wissenschaftslehre, 3. Aufl., Tübingen
Weber M. (1972): Wirtschaft und Gesellschaft, 5. Aufl., Tübingen
Wengst K. (1987): Demut - Solidarität der Gedemütigten. Wandlungen eines Begriffes und seines sozialen Bezugs in griechisch-römischer, alttestamentlich-jüdischer und urchristlicher Tradition, München

III. Dilemmata der Organisierung von Religion

Knut Walf

Kirche und Recht. Das Verrechtlichungsdilemma aus religionsvergleichender Perspektive

Der oft unüberlegten Hochachtung gegen alte Gesetze, alte Gebräuche und alte Religion hat man alles Übel in der Welt zu danken.

Georg Christoph Lichtenberg

1. West – Ost

Es bestehen institutionalisierte und weniger stark institutionalisierte Religionen. Das bedeutet, daß vermutlich jede Religion mit dem Anspruch auf Allgemeingültigkeit zumindest über Ansätze von Institutionalisierung verfügt. Dabei fällt auf, daß die westasiatischen monotheistischen Religionen hochinstitutionalisiert, hingegen die südost- und ostasiatischen Religionen dies in sehr viel minderem Maße sind, ja zum Teil über lange Strecken ihrer Frühzeit nicht oder kaum institutionalisiert waren. Aus Raumgründen kann hier nicht auf den Unterschied zwischen Institution und Organisation eingegangen werden.[1] Auch bleibt der Vorgang der Bürokratisierung hier unbeachtet, der in Teilen der römisch-katholischen Kirche bereits im Hochmittelalter begann und Vorbildcharakter für die sich bildenden Staaten Europas besaß. Man denke etwa an die Organisation der römischen Kurie und die Ausformung des päpstlichen Gesandtschaftswesens (Walf 1966).

In „archaischen" Gesellschaften sind Kenntnisse und Fähigkeiten relativ gleichmäßig verteilt. In höher organisierten Gesellschaften nimmt der Spezialisationsgrad zu. Man spricht auch von Differentiation oder Differenzierung. Dieser „Vorgang" hat auch Einfluß auf Religion.

---

1 Unter Institution ist ein durch Sitte und/oder Recht zusammengehaltene dauerhafte Form einer sozialen Gruppierung oder Gruppe zu verstehen. Zahlreiche zunächst spontan entstandene gruppenartige Beziehungen werden im Laufe der Zeit institutionalisiert. In einem weiteren Sinn werden heute aber auch Art und Weise, wie bestimmte Dinge getan werden müssen, Institution genannt. Organisation ist eine zweckmäßige Gestaltung eines Gesellschaftsgebildes (Verein, Familie, Berufsstand, Partei usw.) oder eines oder vieler Unternehmen mit Rücksicht auf die zu erfüllenden Aufgaben.

Im sogenannten Westen (Judentum, Christentum und Islam) entwickelten sich obendrein Institutionen in zweierlei Hinsicht: Eine Ämterinstitution mit Macht oder Vollmacht („potestas"), eine andere Institution des Wissens und später der Wissenschaft, die Theologie. Was Religion betrifft, kann man also im Hinblick auf den Westen von einem sehr hohen und zudem frühen Grad von Differentiation und Spezialisation sprechen. Es tritt noch ein weiteres Element hinzu: Die westasiatischen Religionen bilden das Legitimationsfundament des Rechtes ihrer Gesellschaften. Es gibt bis in die moderne Zeit insbesondere in diesen Gesellschaften ein Überlappen von Religion und Recht. Man muß sich vergegenwärtigen, daß dieses Phänomen in den ostasiatischen Kulturen weitgehend unbekannt ist.

Das Verrechtlichungsdilemma der Religion ist in gewisser Hinsicht ein westliches, insbesonders ein „christliches" Problem, und zwar wegen der Theorieformung, wobei das römische Reich eine Vorbildfunktion erfüllte, sowie faktisch diese in der Christentumsgeschichte früh einsetzende Verquikkung kirchlicher und weltlicher Herrschaftsstrukturen. In anderen Kulturen stellt sich das Problem kaum oder überhaupt nicht. Sozusagen eine Gegenwelt bildet China. Dort gab es seit der Staatsbildung, zunächst in Form partikularer Gebilde, später des Kaiserreichs, immer Interaktionen zwischen Staat und Religion. Da „Religion" jedoch in China immer in vielen Formen und Entwicklungsstufen anwesend war, mußte man nach unterschiedlichen Formen eines modus vivendi suchen. Bis in unsere Zeit bestand die Auffassung, daß politische Macht mit dem Himmel verbunden ist (Malek 1996, 189ff.). Das hat bis zum heutigen Tag konkret die Folge, daß in China die Problematik der Trennung bzw. Verquickung von weltlicher und geistlicher Herrschaft in und bei den Fremdreligionen große Schwierigkeiten bereiten. Als um die Wende vom 16. zum 17. Jahrhundert der Jesuit Matteo Ricci

> „den Chinesen die episkopale Organisation der Kirche beschrieb und feststellte, daß die Würde des Papstes (...) derjenigen ‚aller christlichen Könige überlegen' sei, staunten die chinesischen Gelehrten verständnislos" (Malek 1996, 190).

Samuel P.Huntington weist in seinem m.E. bedeutenden Buch „Der Kampf der Kulturen" (The clash of civilizations) auf die erheblichen Unterschiede zwischen Ost und West in dieser Hinsicht hin:

> „Die Trennung (von geistlicher und weltlicher Macht) und die immer neuen Konflikte von Kirche und Staat, die für die westliche Kultur typisch sind, hat es in keiner anderen Kultur gegeben. Diese Teilung der Herrschaft hat unermeßlich viel zur Entwicklung der Freiheit im Westen beigetragen" (Huntington 1996, 100).

Die institutionalisierten Religionen des Westens verwenden eine Binnensprache von Symbolen und Worten, die über lange Strecken ihrer jeweiligen Geschichten lediglich die Amtsträger und Theologen verstanden. Zentrale Begriffe der westasiatischen Religionen sind reine Rechtsbegriffe (z.B.ordo). Die enge Verbindung, ja Symbiose von Recht und Religion im Westen ist sicher nur eine Möglichkeit entwickelter Religion, d.h. institutionalisierter Religion, jedoch sind rechtliche Elemente für jede Form institutionalisierter Religion sowie für ihre Stabilisierung und Objektivierung im gesamtgesellschaftlichen Kontext und des jeweils gültigen Plausibilitätshorizonts unverzichtbar.

Der Gott und die Götter wurden und werden als Ursprung und Schenker oder Setzer des Rechtes gesehen („göttliches Recht"). Sie achten auch auf die Befolgung des Rechtes. Dabei kommt es zu ausgefeilten Rechtssystemen, die praktisch alle Aspekte des täglichen Lebens regeln: der jüdische Talmud, die Schariah (Scheria) im Islam. Für die antiken Griechen waren Recht und Gerechtigkeit in der Person der jungfräulichen Göttin DIKE, Tochter des höchsten Gottes Zeus, personalisiert. Und der JAHWE des Alten oder Ersten Testaments hält auf Recht und Gerechtigkeit.

Traditionelle Symbiosen von Recht und Religion, die teilweise bis heute ihre Bedeutung behielten, sind das Orakel, der Eid, Elemente im Straf-, Vermögens-, Vertrags-, Völker-, Staats-, Familien- und Personenrecht. Insbesondere das Ehe- und Familienrecht trägt in vielen Kulturen immer noch religiöse Züge. In den sogenannten Volkreligionen ist Recht direkt mit Religion verbunden. Deshalb ist ein Leben außerhalb dieser religiösen Gemeinschaft absolut unmöglich. Das Rechtssubjekt ist nicht das Individuum, sondern die Gemeinschaft. Da diese Gemeinschaft unter dem Schutz des Gottes oder der Götter stehen, sind Verfehlungen und Verbrechen gegen oder in der Gemeinschaft zugleich religiöse Verfehlungen.

2. Religion – Recht

Wir wissen sehr wenig über das Entstehen „gesellschaftlicher" Strukturen, doch scheint es doch so gewesen zu sein, daß dies in religiösen Kontexten geschah. Größere politische Strukturen wurden und werden oft nicht in erster Linie durch militärische Macht zusammengehalten, sondern durch eine Religion oder eine (quasi-)religiöse Idee. Diese werden tabuisiert, und so gelten schließlich auch Tabuisierungen für indirekt und intrinsik rechtliche Strukturen und Institutionen. Man denke auch an die Tabuisierung von Grenzpfählen, Staatssymbolen, Flaggen u.ä. Deutlich ist auch die Entwicklung von Formalismen. Genau dieselben Handlungen oder Worte müssen gesetzt bzw. gesprochen werden, um eine gültige Handlung zu vollziehen. Bekannt ist der Ausspruch des Griechen Apollon: „Man weiß, daß der Gott in Delphi, wenn man ihn fragt, wie man den Göttern eine Freude machen kann, die Antwort gibt: ‚Durch die Befolgung der Gesetze des Staates'."

Das römische Recht ist ohne Religion nicht denkbar. Und im alten Island bestand das Amt des „Goden". Er war eine Personifizierung der Einheit von

Religion und Recht. Er war der Vorsitzende des Thing, war damit auch zugleich Richter und Priester. Zu Beginn des Things wurden Opfer gebracht und Gebete gesprochen. Danach ging man über zum Beschließen von Gesetzen, und wurde Recht gesprochen.

Der sehr unterschiedliche Grad der Verflechtung von Recht und Religion in West- und Ostasien hat sicher zum Entstehen des Phänomens eines Unterschieds zwischen „Schuld-“ und „Schamkulturen“ geführt, Schuldkulturen im Westen, Schamkulturen im Osten.

Auch die Idee göttlichen Rechts (ius divinum) ist allein dem Westen eigen. Man kann gar nicht genug überschätzen, welchen Einfluß dieses Phänomen auf die Entwicklung des Rechtes im Westen überhaupt hatte. Jede Form des Rechtes ist bedingt durch Zeit und Raum, will und soll es plausibel sein. Offensichtlich gibt es einen Katalog gewisser Rechtsnormen, die einen hohen Grad von Unveränderlichkeit beanspruchen können, etwa die Menschen- oder Grundrechte. In gewisser Hinsicht scheinen aber auch sie historischen Umständen zu unterliegen.

Was das Recht betrifft, gibt es wohl drei Konstanten, die sich gegenseitig beeinflussen: Recht, das in der Natur festliegt - der Mensch als handelndes Subjekt – Zeit und Traditionen: physis, anthropos, historia – um es in einem Gemisch ursprünglich griechischer bzw. lateinischer Begriffe auszudrücken. Alle drei Konstanten sind auch Eckpfeiler jeder Religion: (a) Physis, Natur: Die Götter haben die Natur geschaffen. Ihnen gehört darum auch das Land usw. „Mein ist das Land“, sagt Jahwe (Leviticus 25, 23). Beispiele weiterer Art gibt es in anderen Religionen; (b) Mensch: Sehr alt ist die Ahnenverehrung. In der chinesischen Kultur besteht sie ungebrochen seit vielen Jahrtausenden. Mit ihr verbunden sind die Rätsel von Geburt und Tod; (c) Zeit: Religionen bestehen nicht in einer zeitlosen Welt. Gott und die Götter wirken in der Zeit, in der Geschichte. In einigen Kulturen wird die Zeit selbst als Gott gesehen (China).

Aus dem Umgang mit diesen drei Elementen entstehen letztlich Religion und Recht. (a) Physis: In vielen Kulturen ist das Eingreifen in die Natur verbunden mit Gebet (Inka, China, Tibet), da sie als Eigentum der Götter oder bestimmter Gottheiten angesehen wird; (b) Mensch: Er bzw. sie ist Abbild Gottes. Gott und die Götter werden in der Regel anthropomorph gesehen. In vielen Kulturen sind Götter die Ahnen der Menschen, zumindest aber der Herrscher (Shinto, China, Inka), oder werden Menschen zu Göttern gemacht (Frazer 1977, 131ff.); (c) Rechtlich zentrale Begriffe vieler Kulturen sind religiöse Begriffe: Tabu, Tao (Dao), Rta (Rita), Dharma, Asha (Mazdaismus), Fridr (Alt-Germanisch), Beriet (Israel).

3. Verrechtlichung im Christentum

Die christliche Religion wird von Beginn an unter Einfluß des Judentums, des Hellenismus, besonders aber des römischen Rechtsdenkens verrechtlicht und damit institutionalisiert. So werden z.B. die Abgesandten des Christus (Apostel und andere Jünger) als Schaliach gesehen. Ihre auctoritas geht auf ihre Stellvertreter und Nachfolger über, wodurch eine Traditionskette entsteht, die sog. successio apostolica. Der altrömische Begriff des Privatrechts „auctoritas (!) rerum“ wird auf den Glauben übertragen.

Tertullian etwa hatte die Struktur des römischen Staates vor Augen, verwendete jedoch Begriffe des Privatrechts. Denn er wollte offensichtlich keine Kirche mit staatlichen Strukturen. Vielleicht spielte bei ihm auch die Ehrfurcht vor dem „sacer“, dem Unantastbaren, das dem Göttlichen Gleichen der Reichsstrukturen eine nicht geringe Rolle. Dennoch ist Tertullian der Stifter der konstitutionellen (verfaßten) und institutionalisierten christlichen Kirche. Er behauptet, dieses Rechtsinstitut sei auf direkte Weisung Christi entstanden und besitze (damit) seine Basis im ius divinum. Dies ist bis zum heutigen Tag die offizielle Lehre der katholischen Kirche geblieben. Daß Tertullian sich später von dieser Auffassung distanziert hat (er wurde Montanist), gehört zu den besonderen Spezialitäten der Kirchengeschichte.

Verschärft hat alles Cyprian (200-258), wie Tertullian ein Nordafrikaner; beide übrigens Gegner des Primats des Bischofs von Rom. Von ihm stammt das berühmte Wort „Extra ecclesiam nulla salus“, bei ihm: „salus extra ecclesiam non est“. Cyprian übernahm – anders als Tertullian – das römische Staatsrecht als Vorbild für die rechtliche Ordnung der Kirche. Auctoritas bedeutet bei ihm zugleich potestas, seitdem ein zentraler Begriff der christlich-katholischen Kirchenordnung. Bei ihm findet man auch die Formulierung „ex sedis apostolicae auctoritate“. Seiner Auffassung nach besitzt der Bischof eine große Macht. Er kann von schweren Sünden lossprechen, die bis dahin gemäß Auffassung der christlichen Gemeinden nur Gott nachlassen konnte. Die Gläubigen nennt er „plebs (!) credentium“. An diesem Beispiel kann man erkennen, daß persönliche Fragen oder Probleme zu Theorieformungen veranlassen: Cyprian selbst hatte nämlich Schwierigkeiten wegen seiner Amtsführung als Bischof von Karthago und auch mit dem Bischof von Rom.

Auctoritas und potestas: Auctoritas wurde im altrömischen Recht höher eingeschätzt als potestas. Der Senat und auch die pontifices besaßen z.B. auctoritas, die Beamten potestas. Später erklärten Päpste wie z.B. Gelasius I. (492-96), daß auctoritas den Päpsten, potestas dem Kaiser zukäme. Dennoch waren viele in dieser Zeit der Auffassung, daß auch die Bischöfe potestas besaßen, vermutlich wegen der immer stärker werdenden Verquickung von kirchlich-religiöser und weltlicher Amtsausübung.

4. Die Verrechtlichungsproblematik in der römisch-katholischen Kirche

In der christlichen Kirche wurde seit eh und je die Spannung zwischen Recht und Religion gefühlt. Wie auf einer Sinuskurve wechseln sich in ihrer Geschichte Phasen der Verrechtlichung und des antijuridischen Affekts ab. Insbesondere zwei Phänomene können als dafür typisch genannt werden: Das Entstehen der Orden und die Reformation. Am Beginn vieler Orden steht an erster Stelle das Bemühen, die starke Verrechtlichung der hierarchischen Bischofs- und später der Papstkirche innerhalb der eigenen Organisation abzuschaffen, zumindest aber abzumildern. Figuren wie Benedikt, Dominikus oder Franz von Assisi können hier idealtypisch genannt werden. Ungezählte taten Vergleichbares oder wählten die Genannten als Vorbilder, indem sie deren „regulae" übernahmen. Daß später die Orden und religiösen Kongregationen gleichfalls dem Verrechtlichungsdilemma nicht entkamen, steht auf anderen Seiten der Kirchengeschichte.

Das andere Exempel ist die Reformation sowie ihre Folgegeschichte. Ohne Zweifel sind die großen Figuren der Reformation gegen das Kirchenrecht, beflügelt sie geradezu ein antijuridischer Affekt. So verbrennt Luther öffentlich das Corpus Iuris Canonici als Symbol des abgelehnten Systems. Dennoch entsteht noch zu Lebzeiten der Reformatoren, auch Luthers, in diesen Kirchen Recht, oft materiell in größerem Umfang als in der katholischen Kirche und nicht selten auf staatlichen Oktroi. Dies führte etwa zur Jahrhundertwende zu den Thesen von Rudolph Sohm, die besagten: Die Kirche will kraft ihres Wesens kein Recht. Und: Das Wesen des Kirchenrechts steht mit dem Wesen der Kirche im Widerspruch. Aus Raumgründen kann hier nicht auf seine Argumentation näher eingegangen werden. Doch sie überzeugte und führte in den protestantischen Kirchen zu Disputen, die bis heute nicht beendet sind. Mit der gewohnten zeitlichen Verzögerung erreichten diese Auseinandersetzungen die katholische Kirche etwa ein halbes Jahrhundert später. Zu nennen ist dort insbesondere der Kirchenrechtler Joseph Klein mit seinem Büchlein (eigentlich seine Bonner Antrittsvorlesung von 1946) „Grundlegung und Grenzen des kanonischen Rechts", 1947 in Tübingen erschienen und 1950 in den damals noch bestehenden römischen Index der verbotenen Bücher aufgenommen.

Dem antijuridischen Affekt setzte die katholische Kirche als Antwort auf die Reformation Legitimationsbemühungen des Kirchenrechts gegenüber, die heute übertrieben und überzogen erscheinen müssen, von dieser Kirche aber eher verstärkt denn gemildert fortgesetzt werden. So lehrte etwa das Konzil von Trient, daß Christus nicht nur Mittler, sondern auch Gesetzgeber ist (Sessio VI de iustificatione, can. 21). Im Codex Iuris Canonici von 1983, dem heute geltenden Gesetzbuch der katholischen Kirche, finden sich immer wieder Formulierungen wie „ex divina institutione" oder „a Christo Domino instituta“, nicht nur bei fundamentalen Bestimmungen, sondern auch bei solchen von eher marginaler Bedeutung (etwa c. 113 § 1).

Ein gänzlich anderes Thema, das in diesem Zusammenhang Aufmerksamkeit verdient, ist die Frage, was in einer bislang durch den Konnex von Recht und Religion geprägten Gesellschaft geschieht, wenn dieser verloren geht. Die deutsche Grundwertediskussion der letzten Jahre ist dafür nur eines zahlreicher anderer Beispiele in modernen Gesellschaften. Wie bekannt sein dürfte, setzt Habermas in diesem Fall auf die „Rationalität“ des Rechtes, wobei er wohlgemerkt Rationalität in Anführungszeichen setzt:

> „Wenn Legitimität durch Legalität in Gesellschaften unseres Typs möglich sein soll, muß sich der Legalitätsglauben, dem die kollektiven Gewißheiten von Religion und Metaphysik abhanden gekommen sind, in irgendeinem Sinne auf die ‚Rationalität' des Rechts stützen“ (Jürgen Habermas).

Als Jurist und Theologe wird man zu diesem Problemlösungsvorschlag zudem ein Fragezeichen setzen müssen. Zu wenig wird beachtet, daß Menschen moderner Gesellschaften häufig nur noch mit den Derivaten von Recht und Religion konfrontiert werden, mit Gesetzen und Vorschriften der Gesetzgebung, mit Urteilen oder Beschlüssen der Rechtsprechung sowie bei den Religionen mit Theologien und deren Resultaten.

Ich will auch mit einem Zitat schließen, das ich vor einigen Jahren irgendwo fand und das mich seitdem immer wieder beschäftigt. Es stammt von einem ungenannten parsischen Philosophen und lautet folgendermaßen:

> „Wißt ihr, was mich stets wieder seltsam anmutet? Daß in all euren (monotheistischen) Gottesdiensten so oft gesagt wird: ‚Im Namen Gottes‘. Wer im Namen Gottes auftritt und redet, gibt damit zu verstehen, daß Gott nicht da, daß Er abwesend ist. Rechtlich handelt es sich um eine Formel der Ermächtigung, im Namen eines Unmündigen oder Abwesenden rechtskräftig verhandeln und handeln zu dürfen.“

Literatur

Frazer J. G. (1977): Der goldene Zweig. Eine Studie über Magie und Religion, Frankfurt a.M.

Huntington S. P. (1996): Der Kampf der Kulturen, München, Wien

Malek R. (1996): Das Tao des Himmels. Die religiöse Tradition Chinas, Freiburg, Basel, Wien

Walf K. (1966): Die Entwicklung des päpstlichen Gesandtschaftswesens in dem Zeitabschnitt zwischen Dekretalenrecht und Wiener Kongreß (1159-1815) (Münchener Theologische Studien, Kanonistische Abteilung, Bd. 24), München

Peter Höhmann

Das Planungsdilemma in der Volkskirche

1. Vorbemerkung

Die Frage, was an der kirchlichen Planung so bemerkenswert ist, daß von einem Dilemma gesprochen werden kann, wird in diesem Beitrag unter zwei Blickrichtungen erörtert: Einerseits sind Planungsvorgänge in der Kirche vergleichbaren sozialen Restriktionen wie beim Staat unterworfen. Anderseits kann davon ausgegangen werden, daß für die kirchliche Planung besondere Bedingungen gelten.

Der Einstieg in den ersten Schwerpunktbereich läßt sich mit dem Planungsverständnis, das der verstorbene Theologe Ernst Lange vor einigen Jahren zum Ausdruck gebracht hat, anschaulich machen. Er formuliert:

> „Planung wird erforderlich, um die Daten, die Kriterien und die Normen zur Umformung der herkömmlichen Praxis, zur Sicherung, Korrektur und Fortentwicklung der neuen Aktivitäten und zur Koordination des Herkömmlichen und des Neuen zu gewinnen" (Lange 1981, 275).

Der in dem Zitat zugrundegelegte Planungsbegriff stellt Maßnahmen und erwünschte Ziele in einen unmittelbaren Zusammenhang und weist der kirchlichen Planung eine scheinbar unproblematische Daueraufgabe zu. Diese ist darauf angelegt, daß die Kirche im Rahmen ihrer routinemäßigen Praxis möglichst selbststeuernd in der Gesellschaft handeln kann.

Der unterstellte Wirkungszusammenhang ist jedoch für verschiedene Felder staatlicher Planung seit längerem kritisiert worden. Einwände, die in dieser Diskussion geäußert wurden, werden in dem Beitrag insoweit aufgegriffen, als sie anhand von empirischen Daten auf Brüche aufmerksam machen wollen, die zwischen Maßnahmen und erwünschten Wirkungen bestehen.[1]

Für die Kirche kommt hinzu, daß ihr als Organisation aus theologischem Selbstverständnis heraus keineswegs naturwüchsig ein Planungsmandat zugeschrieben wird; es ist viel mehr prinzipiell umstritten, ob Planungen durchgeführt werden sollen und wer dies kann. Ich will diese mangelnde Planungsakzeptanz an einem Beispiel illustrieren und deutlich machen, daß hiermit zu-

1 Vgl. grundsätzlich zu diesem Thema: Ronge, Schmieg 1973; für den Bereich der Bildungsplanung etwa Offe 1975; für den Bereich der Stadtplanung z.B. Fehl 1975.

gleich die üblichen Planungsroutinen neutralisiert werden, weil sie in Teilen des kirchlichen Selbstverständnisses auf umstrittenen oder illegitimen Füßen stehen.

Die beiden angedeuteten Blickrichtungen verweisen auf Planungsdilemmata, das die alltäglichen Routinen kirchlicher Personal-, Finanz- oder Bauplanung bindet.

2. Die Verknüpfung von Maßnahmen und erwünschten Wirkungen

Eine direkte Zurechnung von Maßnahmen und erwünschtem Soll-Zustand hat nicht nur eine legitimatorische Funktion, die unter den aktuellen Finanzierungsproblemen besonders hervortritt. Sie entspricht einem Verständnis, das die Restriktionen, denen das eigene Planungshandeln unterworfen ist, allenfalls am Rande in Rechnung stellt. Um solche Hemnisse geht es mir bei der Diskussion der folgenden Daten. Die empirischen Angaben stammmen erstens aus laufenden Statistiken der Evangelischen Kirche in Hessen und Nassau (EKHN); eine zweite Datenquelle, auf die ich mich ebenfalls beziehen werde, stellt die mündliche Befragung von 1.199 Personen aus dem gesamten Kirchengebiet dar, die im Jahr 1995 durchgeführt wurde.

Die vorgelegten Daten sollen zugleich in Zusammenhang mit der aktuellen Planungsdiskussion in der Kirche gestellt werden. Diese tritt immer stärker in ihrer Funktion als Krisenmanagement auf, nachdem klar geworden ist, daß die verschiedenen Arbeitsfelder nicht mehr wie bisher finanziert werden können. Neben dem Sachverhalt selbst ist in diesem Zusammenhang auch der (informationelle) Umgang mit dem steuerungsrelevanten Wissen von Interesse, das im Planungsprozeß erzeugt wird.

Mit der folgenden Graphik (Schaubild 1) will ich zunächst auf die Zurechenbarkeit der kirchlichen Planung eingehen. Hierbei geht es mir darum, auf soziale Bedingungen aufmerksam zu machen, auf die ein kirchliches Angebot und die jeweiligen Maßnahmen trifft. In der Graphik wird gezeigt, daß Mitglieder unabhängig von ihrer Bindung gleich und in einem außerordentlich hohen Maße mit den kirchlichen Angeboten zufrieden sind. Die jeweils bestehenden kirchlichen Kontakte müssen vor diesem Hintergrund als Ausdruck einer festgefügten und nur schwer veränderbaren Einstellung gedeutet werden. Aus einer solchen Einstellung heraus werden kirchliche Angebote beachtet, genutzt oder ignoriert.

Schaubild 1

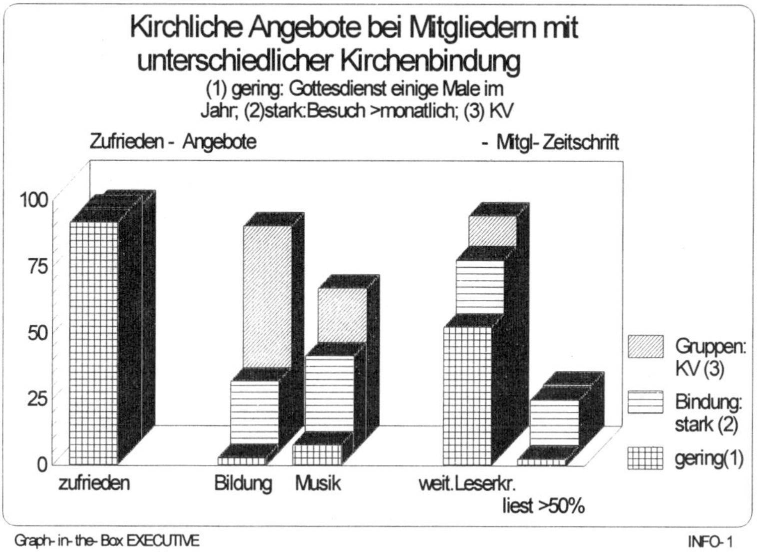

Die hohen Zufriedenheitswerte machen darüber auch sichtbar, daß kaum eine Notwendigkeit gesehen wird, eine einmal gewonnene Haltung zu ändern. Die jeweiligen Urteile bilden vielmehr geradezu die Voraussetzung für die individuelle Gestaltung der Kontakte, die hier an den drei Feldern Kirchenmusik, Erwachsenenbildung und Umgang mit einer Mitgliederzeitschrift illustriert werden.

Die Graphik ist nun nicht nur dadurch bedeutsam, weil sie darauf verweist, daß kirchliches Handeln an den Reaktionen der Mitglieder gebrochen wird und hierdurch von einzelnen Massnahmen nicht die gewünschten Wirkungen ausgehen.

Von Interesse ist weiterhin eine Perspektivenveränderung, in der trotz der angesprochenen Effekte ganz im normativen Sinne des angesprochenen Planungsverständnisses Zusammenhänge zwischen der Praxis in einem kirchlichen Arbeitsfeld und direkten externen Effekten unterstellt werden. So ist etwa das Argument der kirchlichen Erwachsenenbildung zu verstehen, die in einem Bericht zur Prioritätenplanung und Ressourcenkonzentration, der aufgrund der zurückgehenden Einnahmen erstellt wurde, schreibt:[2]

2 Das Zitat für den Bereich der Erwachsenenbildung ist für diesen Planungsvorgang als

„Die Einrichtungen der Erwachsenenbildung sind weder an Themen, noch an Zielgruppen gebunden. Dadurch sind sie in hohem Grade für Innovation und Erschließung neuer Zielgruppen offen (...) Erwachsenenbildung der Kirche (ist) die entscheidende Antwort auf den Prozeß der Individualisierung“ (EKHN 1996, Sektion 4, 12 f.)

Der Blick richtet sich entsprechend, wie das Zitat zum Ausdruck bringt, zugleich auf den Absender und die gewünschten sozialen Wirkungen.

Ich will diese doppelte Blickrichtung weiter verfolgen, und habe dazu Daten der Kirchenstatistik unter zwei Schwerpunkten zusammengestellt: Auf der einen Seite geht es um die Frage, ob und wie stark Handlungsschwerpunkte in den Gemeinden mit Merkmalen kirchlicher Bindung verknüpft sind. Als Schwerpunkte wurden Kindergartenplätze sowie Einrichtung und Teilnahme an festen gemeindlichen Kreisen aufgeführt. An Effekten wurde die Teilnahmerate am Gottesdienst, die Beteiligung an den letzten Kirchenvorstandswahlen sowie die Austrittsrate zusammengestellt. Tabelle 1 zeigt hierzu die folgenden Zusammenhänge:

Tabelle 1: Gemeindeaktivitäten und kirchliche Bindung in der Rhein-Main Region und dem übrigen Kirchengebiet 1995 (Korrelationskoeffizient r)

	Bindungsmerkmal					
	Gottesdienst		Kirchenwahl 91		Austritt 95	
	R-M	Land	R-M	Land	R-M	Land
Zahl der Kreise für feste Zielgruppen	-0.00	0.0	-0.06	-0.06	0.08	0.04
Zahl der Kindergartenplätze	-0.01	0.0	-0.04	-0.06	0.08	0.02
Beteiligung an						
Bibel- und Predigtkreisen	0.13	0.27	0.04	0.09	-0.01	0.04
Bildungsveranstaltungen	0.07	0.23	0.15	0.17	0.00	0.09
Kirchenchören	0.15	0.25	0.15	0.40	-0.12	-0.19

Die Daten vermitteln ein uneinheitliches Bild. Deutlich wird jedoch eines: Die einzelnen Indikatoren gemeindlichen Handelns beeinflussen die Bindungsstärke allenfalls am Rande. Gottesdienstbesuch, Austritte oder Beteili-

Illustrationsbeispiel zu verstehen. In den übrigen Planungsbereichen findet sich der gleiche Argumentationstyp. Mit Blick auf die Bereiche, die in der Graphik aufgelistet wurden, heißt es etwa für die Kirchenmusik: „Über die Unterstützung und Mitarbeit in Gemeinden und Dekanaten hinaus sollen die Arbeitsfelder in eigenen Angeboten und neuen Formen die kirchlich Distanzierten als wichtige Zielgruppe verstärkt wahrnehmen und berücksichtigen" (EKHN 1996, Sektion 3, 2). Für die Ziele der Mitgliederzeitschrift heißt es: "Nicht nur aus dem Auftrag der Kirche, sondern auch aus finanziellem Eigeninteresse müssen deshalb dringend Wege gesucht werden, bessere Kontakte und Angebote für die Distanzierten unter den EKHN-Mitgliedern zu entwickeln“ (EKHN 1996, Sektion 8, 5).

gung an Wahlen haben im Prinzip mit den Schwerpunkten gemeindlichen Handelns nichts zu tun.

In einer weiteren ergänzenden Darstellung wurden Daten aus der Kirchenstatistik auf dem Aggregat von Postleitzahlbezirken mit Befragungsdaten verbunden. Geprüft wird, ob und wie stark die Beteiligung am Gottesdienst, an Kirchenvorstandswahlen sowie verschiedenen Kreisen mit den Angaben aus der erwähnten Befragung verknüpft ist. In der folgenden Übersicht ist der Anteil der Personen aufgeführt, der sich als religiös bezeichnet, der angibt, daß die Kirche Werte vertritt, die als persönlich bedeutsam eingestuft werden, und der Anteil der Mitglieder, der erwägt, die Mitgliedschaft aufzugeben.

Tabelle 2 : Gemeindeaktivitäten und kirchliche Bindung Zusammenhänge zwischen Kirchenstatistik und Befragungsdaten in Postleitzahlgebieten (Korrelationskoeefizient r)

	Bindungsmerkmal		
	Bereitschaft zum Austritt	Anteil religiös	Wertbindung
Rate Wahlbeteiligung	-0.01	0.06	0.05
RateGottesdienstbesuch	-0.05	0.08	0.06
Rate Kindergottesdienstbesuch	-0.16	0.08	0.05
Teilnahme Chöre	-0.11	0.17	0.12
Bibelkreise	0.12	-0.10	-0.02
Kreise für feste Gruppen	0.00	0.04	0.06
Bildungsveranstaltungen	0.01	0.09	0.03

In der Tabelle ist zu erkennen, daß die verschiedenen Kennzeichen gemeindlicher Bindung, die aus der Kirchenstatistik gewonnen wurden und die Angaben der Mitglieder aus Befragungsdaten weitgehend unabhängig voneinander sind. Ob der Anteil der Personen, der sich als religiös bezeichnet hoch oder gering ist, ob der Anteil der Personen, der überlegt, die Kirchenmitgliedschaft aufzugeben, hoch oder gering ist, oder schließlich die Zustimmungsrate mit kirchlichen Wertpositionen, all dies hat mit den aufgeführten Indikatoren gemeindlicher Bindung nur am Rande zu tun.

Das bisher vorgestellte Argument enthält Parallelen zu dem oben erwähnten Diskussionsstrang, der mit Blick auf die staatlichen Planungen seit den siebziger Jahren als „Elend des Planungsbegriffs" angesprochen wurde. Gegenstand der Kritik war ein Planungsanspruch, der systematisch nicht einzulösen ist, der aber nicht daran hindert, staatliche Planungen als Gestaltungsaufgabe zu organisieren, die Einzelhandlungen und Zielvorstellungen normativ miteinander verbindet.

Im kirchlichen Bereich brechen sich diese Zusammenhänge mit der Art und Weise, in der der aktuelle Reformprozeß organisiert ist. Die Brüche berühren nur am Rande die avisierten Sparziele. Wenn die Evangelische Kirche in Hessen und Nassau gezwungen ist, 8% ihrer Ausgaben einzusparen (vgl. EKHN 1996, 1), so steht diesem Ziel unmittelbar nichts im Wege.

Vor dem Hintergrund der empirischen Befunde sind die indirekten Effekte von größerer Bedeutung. Durch das zugrunde gelegte Planungsmodell, das verschiedene Maßnahmen und gewünschte Effekte koppelt, wird in jedem Einzelfeld neu über die Wirksamkeit kirchlicher Praxis verhandelt. In dem zitierten Bericht wird die Logik dieser Verknüpfung in der Sektion „Religionspädagogik, Religionsunterricht, Schulen" klar formuliert:

> „Grundsätzlich ist zu bedenken, daß in den Familien religiöse Sozialisation mit ständig abnehmender Tendenz bewußt angestrebt wird. Die Kirche muß demzufolge überlegen, an welchen Stellen sie sich in welcher Form wirkungsvoll einklinken kann, um sich an einer religiösen Sozialisation zu beteiligen. Letztendlich ist dies auch eine Frage ihres Fortbestandes" (EKHN 1996, Sektionsbericht 2, 1f.).

Das Zitat bringt die vorherrschende Planungsauffassung zum Ausdruck, nach der besonders organisatorische Defizite für die Situation verantwortlich sind, in der sich die Kirche zur Zeit befindet. Sie verfügt über keine effizienten steuernden Systeme, die die vorhandenen Angebote auf die unterschiedlichen Mitgliedererwartungen beziehen können.[3]

Im Rahmen dieses Modells erscheint erfolgreiche Planung als Markttransaktion, bei der es gelungen ist, Mitgliedern den Nutzen zu vermitteln, den sie von den verschiedenen Angeboten haben können. Hierbei ist der Gedanke, daß sich Menschen auf der Basis der Vorteile engagieren, die ihnen geboten werden, zweifellos zeitgemäß. Der Kirche bietet er die Möglichkeit, nach Art moderner Heiler, ohne tiefergehende Diagnose und ohne die eigenen Voraussetzungen mit zu thematisieren, an gesellschaftlichen Modernisierungsprozessen teilzunehmen und sich in diesem Sinne auf therapeutische Maßnahmen zu beschränken. [4]

Wenn sich die Kirche auf diese Weise funktional begrenzt, wird sie, wie der Staat, Opfer der eigenen Planungsillusion. Sie kann sich darauf begrenzen, wie dieser, die einzelnen Angebote zu optimieren und ihre Energien auf die Modernisierung ihrer Organisation zu richten, auch ohne Effektverbesserungen zu erreichen.

---

3 Vgl. in diesem Sinne auch die Kritik, die mit dem Evangelischen München-Programm an den dort bestehenden Arbeitsstrukturen geübt wurde, Ev. Luth. Dekanat München (1996), Das Evangelische München-Programm.

4 Die Bedeutung, die eine konsequente Anwendung von Nutzenüberlegungen innerkirchlich erhalten kann, wird lesenswert bei Lehner H., Meran G. und Möller J. (1980) dargestellt.

3. Die Neutralisierung kirchlicher Planung

Die Art und Weise, in der vergleichbare Planungsprobleme durch den Staat aufgelöst werden, läßt sich nicht ohne weiteres auf die Kirche übertragen.

Religiöse Kommunikation und kirchliches Handeln lösen Handlungserwartungen aus, an denen sich der einzelne orientiert. Solche Erwartungen müssen jedoch nicht nur enttäuscht werden, wenn sie sich auf die Nutzenwirkung für den einzelnen beschränken. Grundlegender ist die Enttäuschung aus dem Mißverständnis heraus, daß Religion überhaupt der artige soziale Erwartungen befriedigen könne oder solle.

Hinzu kommt: Die Herrschaftsbefugnisse der kirchlichen Organisation, in der Planungsaufgaben angesiedelt sind, sind begrenzter. Ebensowenig ist es möglich, so wie der Staat dies tut, durch eine Strategie der „Integrationspolitik“ (Claus Offe) die kirchliche Organisation auszubauen. Die Kirche verletzt ihr eigenes Selbstverständnis, wenn sie nur im Sinne formaler Flexibilität agiert und inhaltliche Fragen ausklammert. Ihr ist der Weg versperrt, die inneren Probleme legitimatorisch, etwa durch die Einstellung von zuständigen Professionals, zu lösen. Schließlich ist die Kirche nicht in der Lage, ihre Sache als eine Art sozialer Kontrollinstanz, verbindlich durchzusetzen.

Die Unterschiede werden besonders augenfällig, wenn typische Reaktionen in den Blick genommen werden, mit denen innerkirchlich auf den Versuch reagiert wird, soziale Wirkungen kirchlichen Handelns herstellen zu wollen. Im Planungsvorgang selbst ist das „systemische“ Dilemma enthalten, bei dem Planungsresultate als Beleg dafür hergenommen werden können, um sich von dieser Art Planung zu distanzieren. Gerhard Rau stellt diese Möglichkeit, auf kirchliche Planungen zu reagieren, klar heraus, wenn er festhält, daß religiöse Menschen geradezu gezwungen sind, der Kirche den Rücken zu kehren, weil sie mit einer so organisierten Religion nichts zu tun haben wollen (Rau 1995, 406).

Einwände gegen ein kirchliches Planungsvorhaben, mit denen auf einen „unangemessenen“ Maßnahmenkatalog reagiert wird, bringen nicht nur, wie sonst auch, interessierte Positionen, wie den Erhalt von Macht oder Pfründen zum Ausdruck; sie repräsentieren zugleich eine protestantische Haltung, in der Kirche und Gesellschaft in einen Gegensatz zueinander gestellt wird.

Eine Auffassung, die das Wirken des Geistes gegen soziale Verhältnisse stellt, wird in einer Weise radikalisiert, die Planungen als systemfremd begreift. [5] In dieser Situation ist es kein Zufall, sondern konsistent, wenn Infor-

---

5 Eilert Herms hat sich in verschiedenen Arbeiten mit dieser Auffassung kritisch auseinandergesetzt (vgl. z.B. Herms 1990, 62ff.). Aber auch er löst die Ambivalenz nur zum Teil auf, wenn er zwar die Notwendigkeit der kirchlichen Organisation unterstellt, das berufliche Handeln der Beschäftigten jedoch eher zurückhaltend mit dem Hinweis kommentiert, gute Arbeit, und damit das Erzeugen sozialer Wirkungen, werde in der Kirche nicht ausgeschlossen.

mationen über das Verhalten der teilweise autonomen kirchlichen Teilbereiche kaum entwickelt sind oder die Durchführung eines bewußten sozialen Gestaltungsauftrags nicht einheitlich als ein integrierter Teil kirchlicher Praxis unterstellt werden kann.

Das Weltbild, das in einer solchen Auffassung zum Ausdruck kommt, schließt kirchliche Planung nicht aus, sondern neutralisiert sie. Die Trennung der Kirche von der Gesellschaft ist nicht nur theologisch begründet, sie wird zugleich sozial hergestellt. Durch den Verweis auf jeweils unterschiedliche Sphären wird der Gegenstand der Konversation gewechselt und ein Regelungssystem gegen ein anderes so verschoben, daß jedes nach eigenem Recht Geltung beanspruchen kann.[6]

Am Beispiel eines Themas der Personalplanung, mit dem sich die Evangelische Kirche in Hessen und Nassau in den letzten Jahren befaßt hat, läßt sich die angesprochene Ambivalenz demonstrieren.

Zunächst will ich anhand der veränderten Beschäftigtenzahlen darauf hinweisen, in welche Richtung sich in den letzten Jahren kirchliche Praxisschwerpunkte verschoben haben (Schaubild 2).

Schaubild 2

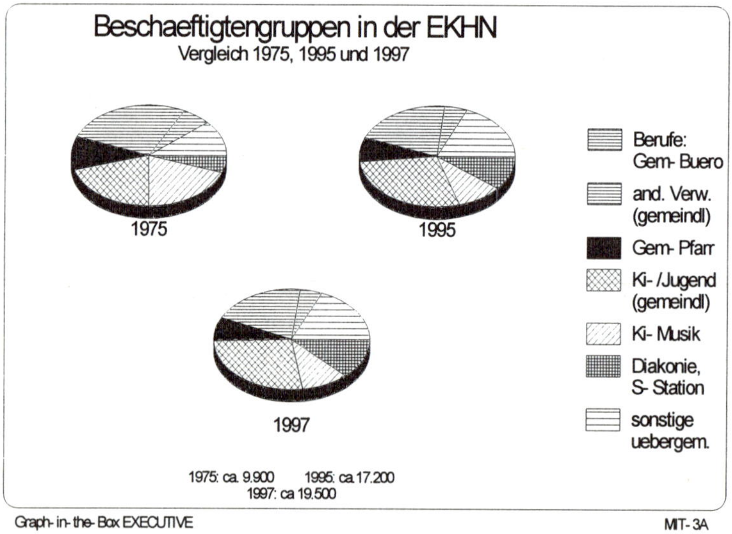

6 Vgl. über die verschiedenen Möglichkeiten der Neutralisierung und insbesondere über die hier angesprochene Berufung auf unterschiedliche Instanzen Sykes, Matza 1968.

Für die drei Zeitpunkte 1975, 1995 und 1997 zeigen sich, was die Zahl der Beschäftigten und den Wandel der Berufsstruktur anbelangt, eine Reihe von Veränderungen. Dabei werden in der Graphik unterschiedliche Entwicklungen sichtbar: Zunächst ist zu sehen, daß die Zahl der Beschäftigten erheblich ausgeweitet wurde. In den letzten gut zwanzig Jahren hat sich sowohl die hier abgebildete Zahl der Beschäftigten insgesamt, als auch, darüber hinaus, die der hauptamtlich Beschäftigten verdoppelt. Bemerkenswert ist in diesem Zusammenhang, daß die Zahl der Beschäftigten mit voller Stelle im Vergleich zum staatlichen Sektor sehr gering ist. 45% der hauptamtlich Beschäftigten sind teilzeitbeschäftigt (in den hessischen Gemeinden liegt der Wert bei 23%, im Land Hessen bei 19%).

Der Zuwachs ist einmal auf den Ausbau der kirchlichen Organisation zu beziehen, der weniger im gemeindlichen als vielmehr im übergemeindlichen Bereich erfolgt ist; diese Veränderung wird durchweg unter dem Thema einer zunehmenden Bürokratisierung beschrieben.

Auffällig ist in der Graphik weiter der Ausbau der kirchlichen Beschäftigten in Bereichen, in denen sie die Kooperation mit dem staatlichen Sektor ausweitet und versucht, Bindungen über sozialstaatliche Verankerungsformen aufrechtzuerhalten. So hat sich die Zahl der Beschäftigten in den stark refinanzierten Sektoren „Kinder- und Jugendarbeit" (ErzieherInnen) und „Sozialstationen" seit 1975 mehr als verdreifacht.

An die mit den Daten beschriebene Situation hatte eine Strukturkommission der Kirchenleitung drei Schwerpunktfragen geknüpft:[7]

- Über welche professionellen und ehrenamtlichen Kompetenzen soll die Repräsentanz der Kirche in der Gesellschaft sichergestellt werden? (Abschnitt 3.12 des Berichts).

- Wie will sich die Kirche auf die sozialen Unterschiede im Mitgliedschaftsverständnis beziehen? (Abschnitte 3.4 und 3.5 des Berichts).

- Wie will sie durch ihr Handeln in der Gesellschaft repräsentiert sein? (Abschnitt 3.11 des Berichts).

Alle diese Schwerpunktfragen wurden Ausgangspunkt eines eigenen synodalen Projekts. Im Unterschied zu anderen Themen, deren Planungscharakter weniger hervorstach, wurde keines dieser Projekte im Sinne der ursprünglichen Fragen abgeschlossen.

---

7 Die folgenden Ausführungen beziehen sich auf den Bericht einer Kommission der Kirchenleitung der Evangelischen Kirche in Hessen und Nassau, der unter dem Titel „Person und Institution" publiziert wurde (vg. EKHN 1992). Der Bericht wurde umfassend erörtert, seine Empfehlungen wurden von der Kirchensynode zu 15 Projektschwerpunkten gebündelt. Die Projekte sind mittlerweile so weit fortgeschritten, dass die weitere Arbeit in den bestehenden synodalen Ausschüssen behandelt werden kann.

Es wäre verkürzt, dieses Defizit auf die verschlechterten finanziellen Rahmenbedingungen der Kirche zu beziehen und damit auf eine von außen ausgelöste Verschiebung von Kernfragen, auf die sie ihre Aufmerksamkeit richtet. Trotz Rückgangs der Einnahmezuwächse in den letzten Jahren ist die Begrenzung der Aktivitäten auf ein Krisenmanagement noch nicht angezeigt.

Die Ausblendung von Strukturfragen und von strategischen Entscheidungen, wie sie in dem Bericht angesprochen sind, steht vielmehr eher in Zusammenhang mit einem grundsätzlichen Einwand: Direkt nach Veröffentlichung des Kommissionsberichts wurde in direkten Schreiben und einigen Publikationen die Zielrichtung der Fragen prinzipiell zurückgewiesen.

Neben einer üblichen Kritik an der theologischen und soziologischen Analyse sowie Einwänden gegen einzelne Vorschläge findet sich auch eine Grundsatzposition, die klar stellt, daß der kirchlichen Organisation ein Planungsmandat fehlt. Sie wird hier mit einigen charakteristischen, schriftlich eingegangenen Stellungnahmen angesprochen:

„Indem man so denkt, rechnet man nicht mehr ernsthaft mit einem handelnden Gott als Subjekt des Geschehens."

„Versuchen Menschen in der Kirche selbst an die Stelle des handelnden Subjekts Christus zu treten, können sie nur scheitern."

„Der Weg der Kirche wird nicht über theologische, sondern über soziologische Fragestellungen beschrieben."

Mit der Begründung, aus der heraus Strukturplanungen als illegitim gelten, wird nur eine Seite der erwähnten Ambivalenz beschrieben. Gleichzeitig wird festgehalten, daß sich die Kirche sehr wohl nach den gleichen sozialen Kriterien wie andere Großorganisationen modernisiert hat. So schreibt etwa Gerhard Rau über die Entwicklung der kirchlichen Beschäftigtenzahlen:

„Mit dem gewaltigen bürokratischen Ausbau kirchlicher Organisation (...) das heißt mit einer (...) nahezu inflationären personellen Vergrößerung kirchlicher Zentralstellen, mit einer hochdifferenzierten Arbeitsteilung in den Zentraldiensten (...) hat die Kirche in der Tat eine parallele Entwicklung vollzogen zur Gesellschaft als Produktions- und Dienstleistungsgesellschaft" (Rau 1995 , 392).

Bemerkenswert ist die Plausibilität des sozialen Prozesses, auf den Rau verweist. Die Widersprüchlichkeit von Veränderungen in der Kirchenorganisation wird jedoch gleichwohl nur unvollständig zur Sprache gebracht. Aus den Daten geht hervor, daß der Anteil der beschäftigten Theologen im Zuge der Strukturveränderungen erkennbar zurückgegangen ist. Scheinbar ist damit auch ihre Bedeutung unter den Beschäftigten der Kirche weniger hervorgehoben. Diese nahelegende Vermutung trifft jedoch nicht zu. Wenn man die Personalausgaben für die verschiedenen Berufsgruppen auf die Kirchensteuer bezieht, ist zu erkennen, daß sich der Anteil der Ausgaben für den gesamten Pfarrdienst seit 1975 deutlich erhöht hat.

So bleibt verdeckt, daß die Kirche unter dem Eindruck der verändertern Kirchenbindung mit Vorrang in ihren strategischen Kernbereich, in den Pfarrdienst, investiert hat. Bezogen auf die Kirchensteuereinnahmen stieg der Anteil der Pfarrgehälter bis zum Haushaltsansatz 1997 von 17,3% (1975) auf 29,7% (1996). Der Gehaltsanteil der angeblich „inflationär“ gestiegenen übrigen gesamtkirchlichen Berufsgruppen, der eher als Beleg für eine Bürokratisierung der Kirche genommen werden könnte, ist im gleichen Zeitraum ebenso gesunken (von 7,6% auf 6,9% der Kirchensteuermittel) wie der Anteil der Ausgaben für die zentrale Kirchenverwaltung (von 4% auf 3,9% der Mittel).

Je nach Bezug werden an die Kirche Gestaltungsanforderungen herangetragen, denen sie sich bewußt stellen soll. Ihre Praxis wird gern, auch ohne empirische Belege, über einen generell akzeptierten sozialen Mechanismus erklärt; gleichzeitig fehlt ihr, jenseits der erwähnten sozialen Restriktionen, ein Planungsmandat.

4. Schluß

Faßt man die Darstellung zusammen, so läßt sich festhalten, daß das, was unter dem Namen Planung innerkirchlich geschieht, jedenfalls nicht Planung im Sinne von „Gestaltungsplanung“ ist und sein kann.

Die Kirche steht mit einem Teil ihres Planungsdilemmas zunächst nicht allein. Wie andere Organisationen ist sie mit unterschiedlichen sozialen Planungsrestriktionen konfrontiert.

Für sie selbst tritt hinzu, daß die Art, in der sie sich gleichzeitig als Gesellschaft und Nicht-Gesellschaft versteht, Planungsanforderungen erzeugt, deren Einlösung jederzeit zurückgewiesen werden kann. Dieses Dilemma ist unauflösbar, aber es ist die Voraussetzung, in der Kirche zu planen.

Literatur

Evangelische Kirche in Hessen und Nassau (1992): Person und Institution. Volkskirche auf dem Weg in die Zukunft, Frankfurt a.M.

Evangelische Kirche in Hessen und Nassau (1996): Prioritätenplanung und Ressourcenkonzentration. Berichte der Sektionsgruppen, Darmstadt

Ev. Luth. Dekanat München (1996): Das Evangelische München-Programm, MS München

Fehl G. (1975): Sozialplanologie, in: Stadtbauwelt, Heft 45, 7-12

Herms E. (1990): Religion und Organisation, in: ders., Erfahrbare Kirche, Tübingen

Lange E. (1981): Kirche für die Welt. Aufsätze zur Theorie kirchlichen Handelns, hrsg. von Rüdiger Schloz, München

Lehner H., Meran G, Möller J. (1980): De Status Corruptionis. Entscheidungslogische Einübungen in die Höhere Amoralität, Konstanz
Offe C. (1975): Berufsbildungsreform. Eine Fallstudie über Reformpolitik, Frankfurt a.M.
Rau G. (1995): Demokratisierung und Bürokratisierung. Zwei Programmbegriffe der Kirchenreform nach 1960, in: ders. u.a., Das Recht der Kirche Bd,. II, Gütersloh
Ronge V., Schmieg G. (1973): Restriktionen politischer Planung, Frankfurt a.M.
Sykes G., Matza D. (1968): Techniken der Neutralisierung. Eine Theorie der Delinquenz, in: Sack F., König R. (Hrsg.), Kriminalsoziologie, Frankfurt a.M.

Ulrich Bätz

Die Professionalisierungsfalle. Paradoxe Folgen der Steigerung glaubensreligiösen Engagements durch professionelles Handeln

1. Einleitung

Als missionarisch ausgerichtete und in die Welt hineinwirkende Gemeinschaft stellen die Kirchen Programmatiken, Sollens-Aussagen und Handlungsnormen für viele Lebensbereiche auf. Vor allem auf der Ebene der katholischen Pfarrgemeinde werden an die Gemeindemitglieder äußerst vielfältige und zum Teil sich widersprechende Anforderungen gestellt. Die Ansprüche an die Gemeinden sind nicht nur ein getreues Spiegelbild theologischer Spezialisierungs- und Differenzierungsprozesse, sondern auch ein Reflex der vielfältigen Gremien, Organisationen und Einrichtungen, die auf regionaler, diözesaner und überdiözesaner Ebene im Rahmen ihrer jeweiligen Programmatik pfarrgemeindliche Gefolgschaft erwarten und anmahnen. Diese haben in Form der „mitsorgenden Gemeinde", „lebendigen Gemeinde", „politischen Gemeinde" usw. gleichermaßen mit einer Steigerung der Aktivierung und einer Inszenierung der Gesinnung zu tun. Der „Dienst am Nächsten" misst sich demnach nicht nur daran, ob dem Nächsten wirklich erfolgreich, d.h. effektiv und zweckmäßig geholfen werden konnte, sondern immer auch daran, ob das christliche Handeln aus „richtiger", d.h. glaubensreligiös motivierter Gesinnung vollzogen wurde. Auf diese Weise können auch erfolglose, da unwirksame Handlungen als hochlegitimiert angesehen werden, wenn sie nur als wahres Zeugnis der Nachfolge Jesu Christi gelten. Da Erfolg bekanntlich keiner der Namen Gottes sei, kann sich auf dieser Grundlage eine Zweckmäßigkeitsresistenz ausbreiten, bei der gerade die Wirkungslosigkeit zum wesentlichen Kriterium für die eigentliche Größe und Tiefe der Programmatik stilisiert wird.

Es geht nicht darum, die Bedeutung von Gesinnungstreue, Wertbindung und ethischen Pflichtvorstellungen für professionelles Handeln in Zweifel zu ziehen. So ist es z.B. richtig, von Ärzten zu verlangen, daß sie ihren Beruf nicht nur aus finanziellen Interessen ausüben, sondern auch aus ethischen

Pflichtvorstellungen heraus. Andererseits entlastet noch so hohe Gesinnungstreue nicht vom Anspruch, daß die medizinischen Heilverfahren zweckmäßig, wirksam und erfolgreich im Hinblick auf die Heilszwecke zu sein haben.

Wird ausschließlich Gesinnungstreue zum Kriterium für die Handlungsbeurteilung gewählt, dann wird das Handeln gewissermaßen „blind" für die Zweckmäßigkeit und Wirksamkeit der eingesetzten Verfahren, Mittel, Methoden oder Instrumente. Eine Beurteilung von Handlungen nur unter dem Aspekt der Gesinnungstreue verhält sich hoch irrational bezogen auf die intendierten Zwecke und Ziele.

Was oben am Beispiel des ärztlichen Handelns dargelegt wurde, läßt sich aus professionssoziologischer Sicht generalisieren: professionelles Handeln unterscheidet sich vom unprofessionellen Handeln nicht durch das Ausmaß an Gesinnungstreue, sondern durch einen Rationalitätsvorsprung hinsichtlich der Zweckmäßigkeit und Wirksamkeit des Einsatzes von Methoden, Mitteln, Verfahren oder Instrumenten zur Zielverwirklichung. Dieser professionelle Rationalitätsvorsprung legitimiert sich in der Regel über Ausbildungen, wissenschaftliche Disziplinen bzw. über die Anwendung besonderer Kenntnisse. Das unprofessionelle Handeln gilt demgegenüber als unzweckmäßiger, wirkungsloser oder weniger erfolgreich hinsichtlich der Zielverwirklichung. Gesinnungsleistungen sind nicht zwangsläufig an Kenntnisse, Ausbildungen und hohe Verfahrensrationalitäten gekoppelt. Unprofessionelles Handeln kann hoch gesinnungstreu sein, wie auch professionelles Handeln mit pflichtwidrigen Gesinnungen zusammenfallen kann.

Damit ein professioneller Rationalitätsvorsprung auch beruflich ausgeübt werden kann, ist nicht nur die Qualität der Handlung entscheidend (indem man etwa in einem Gebiet über besonders hohe Fertigkeiten verfügt), sondern auch der Bedarf, der an diesen Fertigkeiten – und den damit verbundenen Zielen – besteht. Berufliches Handeln setzt demnach nicht nur voraus, daß man etwas besonders gut kann, sondern auch, daß dieses „Können" von anderen als nützlich, bedeutsam und wichtig eingestuft wird. Auf diese Weise können neue Berufe entstehen, da entsprechende Anforderungen auftreten, während andere Berufe an Bedeutung verlieren. Beruflich werden Handlungen vor allem dann ausgeübt, wenn Interesse daran besteht, den mit dem Beruf verbundenen spezifischen Rationalitätsvorsprung auf Dauer zu stellen. In diesem Sinne tauschen professionell Handelnde ihre speziellen Fertigkeiten und Kenntnisse gegen materielle und immaterielle Güter ein, indem sie z.B. Honorar, Gehalt bzw. Lob und Anerkennung erhalten. Der Tauschwert des professionellen Handelns hängt nicht nur – wie man vielleicht annehmen könnte – mit seinem Gebrauchswert zusammen. Vielmehr ist der Tauschwert auch an die Verfügbarkeit des Gebrauchswertes gebunden. So kommt z.B. der

Fertigkeit, andere Menschen trösten zu können, eine hohe Bedeutung zu. Jedes Kind weiß die Tröstungen der Eltern zu schätzen und in Situationen der Not kann selbst das Verständnis wildfremder Menschen entlastend und tröstend wirken. Obwohl also „Trost spenden", „Verständnis haben" usw. über einen hohen Gebrauchswert verfügen und auch sehr nützlich und wirksam sein können, bedeutet dies nicht automatisch, daß der hohe Gebrauchswert zu einem hohen Tauschwert führt. Vor allem für die Berufsausübung ist wichtig, daß ein Handeln auf Dauer gestellt wird, das zwar einerseits begehrt, andererseits jedoch nicht jedermann zur Verfügung steht. Deshalb sind Monopolisierungs- und Abgrenzungsstrategien hoch wirksam bei der Sicherstellung bzw. Steigerung des Tauschwertes eines beruflichen Handelns. Berufliche Stabilität, z.B. im therapeutischen Feld, kann dadurch sichergestellt werden, indem einerseits die Klientel von der Wirksamkeit und dem Nutzen des angebotenen professionellen Handelns hoch überzeugt ist und gleichzeitig bereit ist, einen professionellen Rationalitätsvorsprung zu unterstellen, der nicht jedermann, vor allem nicht ihnen selbst, zukommt.

Auf dem Hintergrund der hier kurz skizzierten evaluationstheoretischen und berufssoziologischen Überlegungen kann man fragen,

a) ob der Einsatz hauptamtlicher Laien (Gemeinde-/Pastoralreferenten/innen) im pastoralen Dienst der katholischen Pfarrgemeinde als Instrument zur Verwirklichung vorgegebener Zwecke verstanden werden kann;

b) welche inneren und äußeren Spannungen zwischen den Ansprüchen nach Zweckrationalität einerseits und den Gesinnungsansprüchen andererseits entstehen können und

c) was das für einen berufsmäßig ausgeübtes, damit auf Dauer gestelltes und gegen Bezahlung erbrachtes Handeln bedeutet.

Dabei richten wir unser Augenmerk vor allem auf nicht-intendierte Nebenfolgen in Form von Paradoxien. Damit sind absichtsvolle Handlungen gemeint, bei denen die Handelnden die Wirkungen ihres Handelns antizipieren und mit dem Anspruch antreten, vernünftig zu handeln. Paradox ist, wenn gleichwohl nicht-intendierte Effekte auftreten, die für die Handelnden bedeutsam sind und ihrer subjektiven Handlungslogik und Wirkerwartung widersprechen. Wenn dies so interpretiert wird, daß widersinnigerweise von einem „mehr" desselben eine Auflösung der Paradoxien erwartet wird, kann faktisch durch ein „je mehr – desto besser" die Paradoxie noch gesteigert werden.

Um diese paradoxen Effekte darstellen, begründen und empirisch belegen zu können, müssen wir einerseits der inneren Handlungslogik der Beteiligten folgen, ihren Wirkungserwartungen und Ursachenzuschreibungen sowie andererseits Handlungseffekte daraufhin überprüfen, ob und warum sie den Wirkungserwartungen entsprechen bzw. nicht entsprechen.

Zu diesem Zweck wurden empirische Untersuchungen, Erfahrungsberichte von Gemeinde-/Pastoralreferenten/innen (PR/GR) in der Pfarrgemeinde, offizielle Verlautbarungen und Programme daraufhin analysiert, was sie zur Definition von Aufgaben, Funktionen und Zielen von PR/GR in der Pfarrgemeinde beitragen. Hinsichtlich der Wirkungskontrolle wurde im Sommer 1993 eine bundesweite Befragung von PR/GR durchgeführt, an der sich über 1.000 Personen beteiligt haben. Als Vergleichsgruppe dienten Pfarrgemeinderatsvorsitzende aus dem Bistum Aachen, die über persönliche Erfahrungen in der Zusammenarbeit mit PR/GR verfügten. Hier haben sich 276 Personen an der Befragung beteiligt.

Ferner wurden Experteninterviews durchgeführt mit Personen der diözesanen Leitungsebene des Bistums Aachen, die für den Einsatz bzw. die Ausbildung von PR/GR zuständig waren bzw. sind.

Die der Professionalisierungsfalle zugrunde liegenden Handlungslogiken werden hier in einem ersten Schritt aus der Perspektive der Steuerungssysteme untersucht (wie z.B. auf der überdiözesanen kirchenamtlichen Ebene oder auf der diözesanen Ebene), dann auf der Ebene des Handlungsfeldes Pfarrgemeinde sowie schliesslich auf der Ebene der handelnden Individuen PR/GR einerseits und den Gemeindemitgliedern als „Objekt“ des professionellen Handelns andererseits. Dem schließen sich einige Ergebnisse der empirischen Untersuchung an. Dieser Beitrag endet mit einer Schlußbemerkung.

2. Handlungslogiken überdiözesaner und diözesaner Steuerungsebenen

Die Situation, der sich die Kirchenleitungen bei Einführung des Berufs der „Pastoralreferenten/innen“ Ende der 60er /Anfang der 70er Jahre gegenübersahen, läßt sich in vier Stichworten illustrieren (vgl. Abbildung 1):

a) Es war absehbar, daß die Zahl der Abgänge die der Neuzugänge bei den Priestern übersteigen wird, so daß weniger Priester zur Verfügung stehen würden. Hier hat sich alltagssprachlich das Wort vom „Priestermangel“ eingebürgert.

b) Aufgrund der Reformen des Zweiten Vatikanischen Konzils und der Erwartung tiefgreifender kirchlicher Strukturreformen gab es eine Überkapazität an Diplom-Theologen/innen, deren professionelle Kenntnisse außerhalb des kirchlichen Raumes nur schwer zu vermarkten waren.

c) Begünstigt durch positive wirtschaftliche Entwicklungen standen den Bistümern entsprechende finanzielle Ressourcen zur Verfügung, die es erlaubten, neue Stellen zu schaffen.

d) Mit der Enzyklika von Papst Paul VI. („humanae vitae") stieg die Zahl der Kirchenaustritte ebenso an, wie diejenigen der kirchlich Distanzierten. Den Pfarrgemeinden drohte ein „Funktionsverlust", indem ihre Reichweite und ihr Einfluß auf die Gemeindemitglieder als zu gering bzw. zu niedrig angesehen wurde. Angesichts der schleichenden religiösen Differenzierungs- und Individualisierungsprozesse könnte man hier von einem „Christenmangel" sprechen.

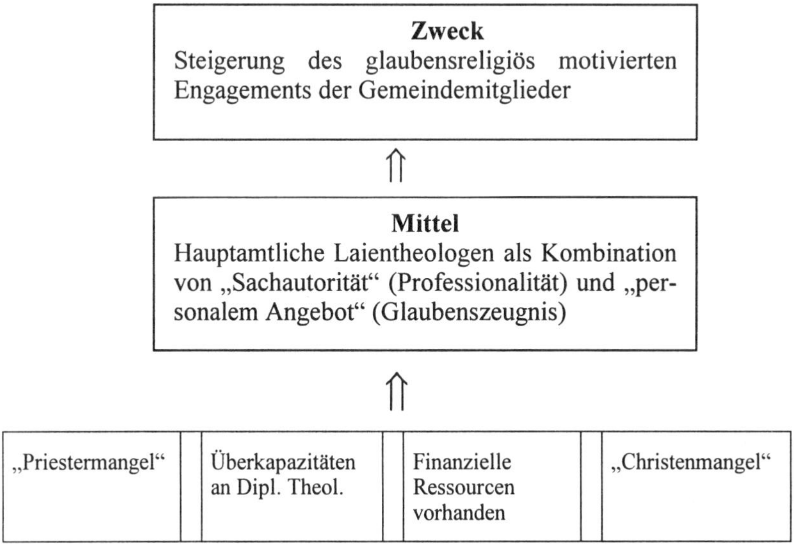

Abbildung 1: Laientheologen/innen als Rationalisierungsinstrumente

Nach der Wiederentdeckung der katholischen Gemeinde durch das Zweite Vatikanische Konzil wurde von der Würzburger Synode die „mitsorgende Gemeinde“ kreiert. Vor allem Pfarrgemeindemitglieder sahen sich einer steigenden Flut von Programmen und programmatischen Anforderungen sowie Erwartungen gegenüber, ihr Engagement in die verschiedensten Richtungen zu steigern. Kerngedanke fast aller Programmatiken war die „Verlebendigung“ von Pfarrgemeinden im Sinne einer Steigerung des glaubensreligiös motivierten Engagements der Gemeindemitglieder.

„Es ist ein Zeugnis für die Lebendigkeit einer Gemeinde, wenn möglichst viele ihrer Glieder bereit sind, ehrenamtliche Dienste zu übernehmen“ (Synodenbeschluß 1976, 610).

Ein anderes Gremium definiert z.B. 15 Jahre später in diesem Sinne als „Grundaufgabe“ aller pastoralen Dienste in der Gemeinde:

„Grundaufgabe aller Dienste ist die Verlebendigung der Gemeinden, die Befähigung und Förderung von Gemeindemitgliedern zu Diensten in der Gemeinde und in ihren eigenen Lebensbereichen. Für beruflich in der Pastoral Tätige gilt in der Wahrnehmung ihrer Aufgaben: je mehr Menschen sie zu eigenständigem und mitverantwortlichem Handeln ermutigen und dies zulassen, desto besser erfüllen sie ihren Dienst“ (Diözesanpriesterrat des Bistums Aachen 1992, 6).

Als geeignetes „Mittel“ zur Verwirklichung dieser „Verlebendigungsprogrammatiken“ gelten hauptamtlich tätige Laien in den Pfarrgemeinden oder Dekanaten, entweder als Pastoralreferenten/innen (Diplom-Theologen/ innen) oder als Gemeindereferenten/innen (Religionspädagogen/innen). Diese hauptamtlich in der Pastoral tätigen Laien sind gewissermaßen ein Instrument, mit denen man die vorgegebenen Verlebendigungsprogrammatiken wirkungsvoller und erfolgreicher verwirklichen wollte. Dieser Ansatz wurde zum Teil konzeptionell noch dadurch gesteigert, indem den PR/GR in den Pfarrgemeinden vor allem die „Multiplikatorenarbeit“ aufgetragen wurde. Dieses Modell ist durchrationalisiert nach Art eines Strukturvertriebs, bei dem jedes Mitglied auf jeder Hierarchieebene sich als Instrument versteht, um neue Mitglieder zu gewinnen bzw. zu aktivieren. Diese hauptamtlichen „Instrumente“ haben einerseits definierte Ausbildungen abgeschlossen und sich ein professionelles Wissen angeeignet. Trotzdem wurden die Verfahren und Mittel, die sie bei der Verwirklichung der Verlebendigungsprogrammatiken einsetzen sollten, weder ihrer professionellen Autonomie überlassen, noch primär an ihrer Wirksamkeit oder ihrem Erfolg gemessen, vielmehr wurde ihr Handeln gesinnungsethisch zurückgebunden und überhöht durch die Idee des „Glaubenszeugen“ im Sinne des „personalen Angebotes“. Dahinter stand die Überzeugung, daß weniger die professionellen Kenntnisse und noch weniger die Zweckrationalität der von PR/GR ausgewählten Verfahren und Instrumente bei der Verwirklichung ihrer Ziele entscheidend sei, sondern vielmehr das Ausmaß an gesinnungsethischer Selbstverpflichtung. Man ließ sich hier von dem Gedanken leiten, daß der „Zeugnischarakter“ und die Authentizität des gelebten Glaubens die zentralen Merkmale dieser neuen Berufe sein sollten (vgl. Exeler 1980, Karrer 1989, Jacob 1990).

Diesen Überlegungen lagen zum Teil naive Vorstellungen über die Funktionsweise des Lernens durch Nachahmung und die Rolle des „Vorbildhandelns“ zugrunde. Wenn das „Vorbild“ nur moralisch, authentisch und gesinnungsethisch genug handle, dann ergebe sich die „Nachfolge“ quasi von selbst. Dabei wird übersehen, daß nicht das Vorbild selbst darüber entscheidet, ob es der Nachahmung wert ist, sondern die Gefolgschaft. Und diese ist grundsätzlich frei, auch andere oder geringer gesinnungsethisch fundierte oder moralisch qualifizierte Handlungen sich zum Vorbild zu nehmen, selbst wenn diese gar nicht als Vorbildhandlungen intendiert sind. Fatal an einer Ideologie des „personalen Angebotes“ ist der Gesinnungsdruck, der hier entstehen kann: mangelnde Gefolgschaft und mangelnder „Erfolg“ bei der Verwirklichung der Verlebendigungsprogrammatiken können als Folge eines unzureichenden Glaubenszeugnisses interpretiert werden, was nur noch radikaler, noch rigider, noch „authentischer“ instrumentalisiert und inszeniert werden muß. Die Instrumentalisierung der gesinnungsethischen Pflichtüberzeugungen schließlich führt zu einem Selbstwiderspruch. Denn gerade die Zweckfreiheit, die Liebe des Nächsten um seiner selbst willen zählt zum zentralen Grundbestand glaubensreligiöser christlicher Gesinnung. Je erfolgreicher nun diese wertrationale Gesinnung als Instrument eingesetzt und durchrationalisiert wird, um so mehr entwertet sie sich selbst. Dies kann zu der paradoxen Logik führen, daß die innere Widersprüchlichkeit des durchrationalisierten, verzweckten „zweckfreien Gesinnungshandelns“ durch die Auffassung „je mehr – desto besser“ zu gesteigerten „inneren“ und „äußeren“ Konfliktlagen führt.

Neben diesem Rationalisierungsparadox ist in dieser Konzeption jedoch noch ein anderes Problem angelegt: Während professionellem Handeln sowohl ein Gebrauchs- als auch ein Tauschwert zukommen kann, ist es um den Tauschwert des gesinnungsethischen Handelns schwach bestellt. Jeder Christ ist aufgerufen, gesinnungsethisch fundiert zu handeln, nicht nur hauptamtlich in der Pfarrgemeinde Tätige. Während sich professionelle Verfahrenskenntnisse monopolisieren lassen, steht die Gesinnungsleistung immer vor dem Problem, nicht gegen Bezahlung erbracht werden zu können. Denn wenn die Gesinnungsleistung zu einem entscheidenden Merkmal des professionell Handelnden wird, können die ehrenamtlich tätigen Gemeindemitglieder zu Recht darauf verweisen, daß sie dieselben Gesinnungsleistungen erbringen (vielleicht sogar höhere), jedoch ohne Bezahlung und ohne Anspruch auf Urlaub, geordneten Arbeitsrhythmus etc. Unter diesem Aspekt wird es folglich dem hauptamtlich in der Gemeinde tätigen Laien schwer fallen zu erklären, worin ihr spezifischer Rationalitätsvorsprung bestehe. Diese Spannung lösen manche PR/GR dadurch auf, daß sie auf ihre professionellen Ansprüche verzichten und sich ganz den Gesinnungsansprüchen unterordnen. Damit werden ihre Handlungen jedoch tendenziell unprofessionell und sind eher zur Wirkungslosigkeit verdammt. Das wiederum schwächt ihre Handlungslegitimation gegenüber den diözesanen Systembetreibern, die bei ihren „Profis“ mehr erwarten als bloße persönliche Gesinnungstreue.

3. Paradoxe Handlungslogiken auf der Ebene der kirchlichen Pfarrgemeinde

Die oben skizzierten Widersprüche zwischen dem eigenwertorientierten Handeln einerseits und der Instrumentalisierung und Verzweckung dieses eigenwertorientierten Handelns zur Verwirklichung vorgegebener „Verlebendigungsprogrammatiken“ verschärft sich auf der Ebene der Pfarrgemeinde, da sie hier unter Dynamisierungsdruck geraten: „je mehr – desto besser“.

Wenn wir davon ausgehen, daß die Verwirklichung brüderlichkeitsethischer Ideale der Nachfolge Christi zum obersten Zweck (1) der pfarrgemeindlichen Existenz zählt (vgl. Abbildung 2), dann könnte die Verwirklichung der Grundfunktionen von Gemeinde als geeignetes Mittel (1a) angesehen werden, um diesen obersten Zweck zu verwirklichen. Dieses Mittel wird nun selbst zum Zweck (2) einer Handlungskette: Je mehr die Grundfunktionen von Gemeinde verwirklicht sind, um so besser. Als geeignetes Mittel zur Verwirklichung der Grundfunktionen kann das Ausmaß an Aktivität der Gemeindemitglieder gelten (2a), so daß die Erfüllung der Grundfunktion von Gemeinde nach diesen Vorstellungen um so besser gelingt, je mehr aktive Mitglieder eine Gemeinde habe. Damit wird die Aktivierung der Gemeindemitglieder in den Mittelpunkt der Überlegungen gerückt. Überträgt man die Verwirklichung der „Verlebendigungsprogrammatiken“ nun PR/GR in den Gemeinden (3), so kann man zur Auffassung gelangen, daß die Aktivierung um so besser gelinge, je mehr hauptamtlich tätige Laien in den Gemeinden tätig werden (3a). Damit wird die Stellenausweitung zu einem wichtigen Zweck (4) der kirchlichen Arbeit. Als ein Mittel dazu kann z.B. die Sicherstellung finanzieller Ressourcen gelten (4a), denn je mehr Geld zur Verfügung steht, um so mehr Laien könnten angestellt und bezahlt werden. Dieses Beispiel für durchrationalisierte Handlungsketten könnte ebensogut auf das Feld der Kommunion- oder Firmkatechese, auf das Feld der Jugendarbeit, der Missionstätigkeit, der Caritasarbeit usw. übertragen werden.

(1) oberster Zweck	Verwirklichung brüderlichkeitsethischer Ideale in der Nachfolge Christi
(1a) Mittel	Je mehr die Grundfunktionen von Gemeinde verwirklicht sind, um so besser für (1)
(2) Zweck	volle Erfüllung der Grundfunktionen von Gemeinde
(2a) Mittel	je mehr aktive Mitglieder eine Gemeinde hat, um so besser für (2)
(3) Zweck	Aktivierung der Gemeindemitglieder
(3a) Mittel	je mehr hauptamtliche Laientheologen/innen für den Dienst in den Pfarreien zur Verfügung stehen, um so besser für (3)
(4) Zweck	Ausweitung der Begeleitung pfarrlicher Arbeit durch Hauptamtliche
(4a) Mittel	je mehr Geld zur Verfügung steht, um so besser für (4)

Abbildung 2: Handlungsketten im pfarrgemeindlichen Feld

Trotz aller unterschiedlichen Inhalte führen diese durchrationalisierten Handlungsketten zu strategischen Überlegungen, wie denn z.B. Gemeindemitglieder noch besser aktiviert, der Glaube noch erfolgreicher weitergegeben oder neue Gemeindemitglieder noch besser gewonnen werden könnten. Das Problematische an durchrationalisierten Handlungsketten liegt darin, daß die Mittel jeweils unter Rationalisierungsdruck geraten und unter „Wirksamkeitsaspekten“ durch noch zweckmäßigere ersetzt werden können.

„Die Zwecke werden nicht mehr nur um ihrer selbst willen verwirklicht, sondern eben auch als Mittel zur Verwirklichung weiterer Zwecke. Mittel stehen jedoch unter Rationalisierungsdruck: Wenn sie nicht leisten, was man sich von ihnen verspricht, können sie durch (angeblich) besser geeignetere ersetzt werden“ (Bätz 1994 ,71).

Auf diese Weise können z.B. PR/GR traditionelle Regeln, bloße Gewohnheiten oder Mitgliederhandeln in der Pfarrgemeinde unter Rationalisierungsdruck stellen, indem diese „herkömmlichen“, eher „lebensweltlich“ orientierten Handlungen nachweisen müssen, was sie denn zur Verwirklichung der „politischen“, der „mitsorgenden“ oder der „diakonischen“ Gemeinde beitragen. Dadurch werden diese lebensweltlichen Handlungsformen in ihrer „Selbstverständlichkeit“ aufgebrochen und einer funktionalen Nutzenkategorie unterworfen. Unter diesem Aspekt sind aber die traditionalen, symbolischen oder ritenhaften Handlungen nicht entstanden, so daß sie den durchrationalisierteren Verfahren unterliegen. Auf diese Weise können nun auch Gemeindemitglieder als „Multiplikatoren“ zu rationalen Instrumenten definiert und das „personale Angebot“ kann zweckrationalisiert werden (Bätz 1994, 71):

„Beziehung, Nähe, Glaubenszeugnis können in diesem Handlungssystem funktional, als Mittel zur Verwirklichung glaubensreligiöser Handlungsmotivationen angesehen werden."

Diese durchrationalisierten Handlungsketten führen zu einer betrieblichen Durchorganisation der Pfarrgemeinde und damit einhergehend zu einer Versachlichung der Beziehungen der Systembetreiber. Die Versachlichung der Beziehungen ergibt sich aus den betrieblichen Abläufen, da die Funktionstüchtigkeit des Pfarrsystems und seine Leistungserbringung mit Hilfe der gegen Bezahlung tätigen Mitarbeiter/innen unabhängig von wechselnden individuellen Interessenlagen und Motivationen sichergestellt werden soll.

Der ehemalige Generalvikar des Bistums Aachen erklärt dazu in einem Interview, daß sich die hauptamtlichen pastoralen Laien von den ehrenamtlichen Mitarbeitern/innen dadurch unterscheiden,

„daß sie nach Dienstanweisung handeln sollen, dafür bezahlt werden und ihre Arbeitskraft voll zur Verfügung stellen. Das sind die unterscheidenden Merkmale. Der ehrenamtliche Laie stellt nur einen Teil seiner Arbeitskraft zur Verfügung, der bekommt kein Geld, keine Bezahlung und der ist nicht an Weisungen gebunden. Er macht das freiwillig. Der Hauptamtliche ist an Weisungen seines direkten Vorgesetzten gebunden. Natürlich kann man das im kooperativen Leitungsstil machen, aber trotzdem ist er an Weisungen gebunden. Er hat bestimmte arbeitsrechtliche Vorschriften, Dienstzeit usw." (Bätz 1994, 155).

Diese Handlungslogik ist organisationssoziologisch nachvollziehbar und führt doch zu paradoxen Folgen: Sie impliziert nämlich, daß auch die gesinnungsethischen, wertrationalen und hoch persönlichen Motivationen und Interessenlagen auf diese Weise auf Dauer gestellt und funktionalisiert werden. Auf Anweisung eigenmotiviert, gesinnungsethisch handeln zu sollen ist ähnlich paradox wie die Aufforderung: „Werden Sie doch endlich selbständig und tun Sie nicht immer, was ich Ihnen sage!" Wenn man dieser Forderung folgt, hat man sich wieder unselbständig verhalten, da man den Verhaltenserwartungen nachgekommen ist. Folgt man der Aussage jedoch nicht und bleibt unselbständig, bleibt das Verhalten appellwidrig.

Der Betriebscharakter der pfarrgemeindlichen Arbeit, bei der Über- und Unterordnungen beachtet, Arbeitsplatzregelungen definiert, Zuständigkeiten festgelegt sowie tarifliche Gegebenheiten berücksichtigt werden müssen, zeigt sich auch darin, daß von den persönlichen Motivationen, Befindlichkeiten und Interessenlagen der hauptamtlich Tätigen abgesehen werden muß, da sie ihre Leistung auch dann zur Verfügung stellen sollen, wenn sie vielleicht weniger motiviert sind, momentan weniger Interesse an der Leistungserfüllung haben oder sich anderen Aufgaben zuwenden wollen (Bätz 1994, 71):

„Doch je länger die Handlungsketten werden, je mehr Mittel und Zweck austauschbar werden, um so eher geht den Beteiligten der Handlungssinn verloren. Es häufen sich Legitimationskrisen und Fragen darüber, was diese Betriebsamkeit denn noch solle. Die als Rationalisierungsmittel eingesetzten PR/GR zweifeln zum Teil selbst, ob die zur Grundversorgung zählenden Handlungsschritte es tatsächlich wert sind, verwirklicht zu werden."

Was ursprünglich als zweckrational zur Verwirklichung der vorgegebenen Gemeindeprogrammatiken angesehen wurde, verschärft nun ihre inneren Legitimationskrisen. Auf pfarrgemeindlicher Ebene sehen sich z.B. PR/GR dem Phänomen gegenüber, daß ihre Tätigkeit von Gemeindemitgliedern danach beurteilt wird, welchen Beitrag sie zur Aufrechterhaltung der Leistungs- und Funktionsfähigkeit dieses betrieblichen Gemeindesystems leisten. Ein Pastoralreferent drückt diese Erfahrungen wie folgt aus:

„Ich verhandle mit einem Dekanat, die alles andere wollen als einen Pastoralreferenten. Natürlich wollen sie den nicht! Die wollen einen Priester und die wollen Hilfsdienste! Die Hilfsdienste aber bringen uns strukturell gerade in die untergeordnete Position den Priestern gegenüber, und da, wo wir versuchen, unsere Nische zu suchen, wächst der Legitimationsdruck. Das ist die entscheidende Aporie unseres Berufes: eingespannt zu sein in Situationen, wo wir eigentlich überhaupt nicht erwünscht sind, weder von den Gemeinden, noch von den anderen Hauptamtlichen – es sei denn, wir bewegen uns stärker zu auf die Modelle der priesterlichen „Versorgung" mit all den beschriebenen Phänomenen" (Berufsgruppenvertretungen der PR/GR im Bistum Aachen 1989, 20).

Diese paradoxe Situation, mit Hilfe hauptamtlichen Personals die Versorgungsansprüche von Gemeindemitgliedern reduzieren zu wollen, kann durch die irrige Annahme gesteigert werden, es seien noch zu wenig PR/GR in der Gemeinde tätig (je mehr – desto besser).

4. Handlungslogiken im Beziehungsgeflecht zwischen professionell tätigen pastoralen Laien in der Pfarrgemeinde und Pfarrgemeindemitgliedern

Die Überlegungen zur Handlungslogik in der Pfarrgemeinde führen dazu, daß die professionell Handelnden den Gebrauchswert ihres Handelns der Klientel gegenüber als möglichst hoch erscheinen lassen müssen. Das ist dann gegeben, wenn letztere einen ursächlichen Zusammenhang zwischen dem Handeln der Professionellen und ihrer Erfolgserwartung annehmen, so daß die Handlungen der professionell Tätigen als zweckrational und wirksam erscheinen. Trotzdem sollen sie die Erwartung nach klerikaler Versorgung jedoch nicht durch die einer professionellen Versorgung ersetzen. Der Bischof von Rottenburg-Stuttgart z.B. meint dazu:

„Daneben besteht die Gefahr der Professionalisierung in unseren Gemeinden. Aus der alten Versorgungsmentalität heraus besteht sehr oft der Wunsch oder gar der Anspruch, für jede Aufgabe möglichst eine(n) hauptamtliche(n) Mitarbeiter/in zu haben. Wenn aber für jeden anfallenden Dienst jemand angestellt wird, dann wird die Eigeninitiative der Gemeinde und ihr Subjektcharakter erneut blockiert. (...) So wenig wie wir eine reine Klerikerkirche sein dürfen, darf unsere Kirche zu einer Kirche der Hauptamtlichen werden“ (Kasper 1991, 8ff.).

PR/GR sollen in der Pfarrgemeinde die Verwirklichung von „Verselbständigungsprogrammatiken“ betreiben, um bei der Klientel einen Abbau von Versorgungserwartungen zu bewirken. Der professionell Handelnde verwirklicht diese Programmatik geradezu dadurch, indem er sich selbst entbehrlich macht und seine Handlungskompetenzen auf andere überträgt. Je erfolgreicher er in der Verwirklichung dieser Programmatik voranschreitet, um so mehr sinkt jedoch sein professioneller „Rationalitätsvorsprung“ mit der Folge, daß die darauf aufbauende Handlungs- und Herrschaftslegitimation gegenüber der Klientel an Stabilität einbüßt. Unter dem Gesichtspunkt der Monopolisierung des professionellen Handelns muß die Klientel jedoch defizitär bleiben, um die Tauschwerte zu sichern und die asymmetrische Beziehung zwischen „professionell“ und „unprofessionell“ Handelnden zu legitimieren. Demgegenüber würde es der Eigenlogik von PR/GR entsprechen, wenn sie sich gewissermaßen „unentbehrlich“ machen würden. Damit befänden sie sich zwar im Widerspruch zu den definierten Zielen der „Verselbständigungsprogrammatik“, würden andererseits jedoch ihre Berufsrolle stabilisieren. Die Tauschlogik der gegen Bezahlung verwirklichten Reproduktion glaubensreligiöser Gesinnungen läßt auch die Beziehung zu den Gemeindemitgliedern nicht unberührt. Es ist nicht auszuschließen, daß der Einsatz von PR/GR durch Gemeindemitglieder auch als Rationalisierungsprozeß im Sinne einer sozialen Arbeitsteilung verstanden wird. Nach dieser Logik erhöht der Einsatz von „Fachleuten“ die systemische Leistungsfähigkeit, so daß die Gemeindemitglieder unterstellen können, die „Experten“ handeln „rationaler“ und „wirkungsvoller“ als sie selbst. Schließlich haben die Experten das „studiert“, und wofür bekämen sie auch sonst ihr Geld?

„Die steigenden Versorgungs- und Rationalisierungsansprüche können gleichzeitig zu einer Ausweitung des pfarrlichen ‚Betriebscharakters‘ führen. Innerhalb dieser Spirale steigender Mittel und steigender Bedürfnisse ergäbe der Ruf nach ‚je mehr hauptamtlich tätige Laien in der Pfarrei – um so besser‘ einen ‚funktionalen‘ Sinn. Hinsichtlich der Verwirklichung der ‚Verselbständigungsprogrammatik‘ und der Forderung nach ‚unversachtlichen‘, nicht-alltäglichen Beziehungen zwischen den Hauptamtlichen bzw. zu den Gemeindemitgliedern, ist diese Logik jedoch paradox“ (Bätz 1994, 117).

Hauptamtlich tätige Laien in der Pfarrgemeinde stehen somit vor dem Problem, eine Programmatik bei einer Klientel verwirklichen zu sollen (Verselbständigung von Gemeindemitgliedern), die mit dem Einsatz von PR/GR in der Gemeinde ganz andere Erwartungen und Vorstellungen verbinden (z.B. Stabilisierung bzw. Steigerung der Funktionsfähigkeit des pfarrlichen Gemeindesystems). Da hauptamtlich tätige Laien in der Gemeinde auch intervenierend und steuernd eingreifen sollen, ist es aus der Sicht der professionell Handelnden rational, die Beziehungen zu den Gemeindemitgliedern über ihre höhere professionelle Rationalität oder über höhere Gesinnungsleistungen zu stabilisieren; allerdings um den Preis, daß das Handeln der Klientel als defizitär, bürgerlich, priesterzentriert usw. beurteilt wird. Das unprofessionelle Handeln der Gemeindemitglieder erscheint hinsichtlich der „bewußtseinsbildenden" (im Sinne von normativen) Programmatiken als unangepaßt, irrational und widersinnig. Unabhängig davon, ob die abgegebenen Urteile über die Gemeinde-Klientel begründet sind oder nicht: Es ist nicht auszuschließen, daß die Gemeindemitglieder sich selbst als weniger defizitär einstufen und den hauptamtlich Tätigen damit gleichzeitig Handlungs- und Herrschaftslegitimation entziehen. Vielleicht halten Teile der gemeindlichen Klientel GR und PR für entbehrlicher als diese sich selbst.

> „Denn in der fortwährenden ‚Begleitung von Charismen' kann auch eine Herrschaftsform der ‚fürsorglichen Belagerung' zum Ausdruck kommen, die den Gemeindemitgliedern erst Handlungsautonomie und glaubensreligiöse Überzeugung absprechen muß, um sie anschließend ‚professionell' wieder reproduzieren zu können" (Bätz 1994, 121).

Dabei ist es nicht so, daß die professionell Handelnden sich generell den Klienten einfach aufdrängen würden. In der Regel haben die Klienten vielmehr gelernt, ihr Problem so zu definieren, daß es auf die angebotene Begleitung hin passend erscheint.

> „Gut informierte Laien artikulieren ihre Probleme meist schon lösungsbezogen und suchen entsprechende professionelle Hilfe, und Experten bevorzugen Klienten, die Probleme ihres Kompetenzbereiches klar darstellen können" (Swaan 1993, 269).

Erfolgreiche PR/GR stimulieren dieser Handlungslogik folgend ihre Klientel dahingehend, daß eben die Nachfrage an den Leistungen steigt, die sie anbieten können. Der paradoxe Effekt dieses Sozialisationsvorganges liegt für die Gemeindemitglieder darin, daß sie hilfebedürftig bleiben müssen, um glaubhaft professionelle Betreuung und Begleitung einfordern zu können. Für PR/GR bestände die Gefahr

> „in steigenden Konflikten, Krisen und Pathologien, da sie einerseits zwar durch noch so rational organisierte Handlungsmittel die programmatisch geforderte ‚Verlebendigung' und Reproduktion der glaubensreligiösen Gesinnungen nicht tatsächlich wirksam steuern können; sie andererseits in ihren ohnehin relativ labilen Tauschbeziehungen bedroht wären, wenn sich dies herumsprechen würde. Für das Kirchensystem schließlich kann die ‚Professionalisierungsfalle' in von innen heraus wachsenden Legimitations- und Verteilungskonflikten liegen, sowie in einer Spirale steigender Mitteleinsatz für steigende Bedürfnisse, bis an die Grenzen der Leistungsfähigkeit" (Bätz 1994, 123).

Infolgedessen wird hier nicht die Sorge geteilt, die Gemeindemitglieder könnten die Tätigkeit von PR/GR generell ablehnen. Im Gegenteil ist zu erwarten, daß diese jeden freudig aufnehmen, der sich daran beteiligt, die Leistungsfähigkeit ihres Gemeindesystems, z.B. hinsichtlich der pastoralen Grundversorgung, aufrecht zu erhalten. Es drängt sich dagegen ein anderer paradoxer Effekt auf: Indem PR/GR die Nachfrage bei der Klientel nach ihren spezifischen Leistungen stimulieren, könnten diese im Prozeß der Moderne zu der Überzeugung gelangen, noch mehr PR/GR würden die gewünschten Gemeindezwecke noch wirkungsvoller verwirklichen. Das paradoxe Ergebnis wäre eine steigende Nachfrage nach PR/GR, ohne daß die nach Priestern nachlassen muß. Schließlich bieten Priester und PR/GR – kirchlich gewollt – zwar sich überschneidende, trotzdem unterscheidbare Handlungskompetenzen und Dienstleistungen an.

„Wegen der begrenzten Ressourcen könnte das Kirchensystem jedoch der Anforderung nach ‚je mehr hauptamtlich theologische Laien in der Gemeinde – um so besser' selbst dann nicht nachkommen, wenn es wollte. Angesichts sinkender Zahlen an Bewerbern und Studienanfängern in theologischen und religionspädagogischen Ausbildungsgängen, steht ganz im Gegenteil zu befürchten, daß in Zukunft zusätzlich zum Priestermangel noch ein Mangel an Gemeinde- und Pastoralreferenten/innen auftreten kann" (Bätz 1994, 124).

5. Ergebnisse der empirischen Untersuchung

Hinsichtlich der hohen Bedeutsamkeit der glaubensreligiösen Handlungsmotivation besteht zwischen Pfarrgemeinderatsvorsitzenden (PGRV) und PR/GR ein übereinstimmend hohes Ausmaß an Zustimmung.

Tabelle 1: Beurteilung glaubensreligiöser Handlungsmotivation

Nr.	Variable	Zustimmung	
		PGRV	HAL
15.1.7	Je mehr man auch in Alltag und Beruf gemäß dem Wort Gottes lebt, um so besser	99,7%	99,3%
16.1.4	Erwartung an HAL, daß an ihrem Umgang mit anderen Die Liebe Jesu zu den Menschen erfahrbar wird.	98,6%	99,3%
16.1.6	Erwartung an HAL, daß sie ihre Tätigkeit vor allem aus innerer Überzeugung ausüben und nicht, weil sie dafür Geld bekommen.	98,2%	93,3%
24.5	Der Beruf des/der hauptamtlichen Laientheologen/in sollte vor allem aus religiöser Überzeugung ausgeübt werden, damit die Menschen erkennen, daß der Glaube an den auferstandenen Christus zu Heil und Erlösung führt.	94,1%	93,8%

Zu Tabelle 1: Die hier zum Ausdruck kommende fast völlige Übereinstimmung hinsichtlich der glaubensreligiösen Handlungsmotivation ist gewissermaßen als „übergreifende" Anforderungen zu verstehen, die auf alle Christen gleichermaßen zutrifft. Diese können weder professionell monopolisiert, noch gegen Bezahlung ausgeübt werden.

Der spezifische Leistungsdruck im pfarrgemeindlichen Feld vor allem bezüglich der Aktivierung von Gemeindemitgliedern zeigt sich in den folgenden Aussagen:

Tabelle 2: Leistungsdruck im pfarrgemeindlichen Feld

Nr.	Variable	Zustimmung	
		PGRV	PR/GR
15.1.1	Je mehr aktive Mitglieder eine Gemeinde hat, um so besser.	99,7%	95,4%
15.1.5	Je mehr die Gemeindeaktivitäten dazu führen, daß neue Mitglieder gewonnen werden, um so besser.	95,0%	82,1%
15.1.2	Je mehr die Aktivitäten in einer Gemeinde danach beurteilt werden, ob sie erfolgreich sind, um so besser.	40,1%	16,3%

Zu Tabelle 2: Der Dynamisierungsdruck hinsichtlich der Aktivierung von Gemeindemitgliedern ist bei beiden Gruppen (PGRV und PR/GR) einhellig hoch. Gleiches gilt auch für die Beurteilung, daß es um so besser sei, je mehr die Gemeindeaktivitäten dazu führen, daß neue Mitglieder gewonnen werden. Größere Differenzierungen gibt es dagegen bei der Aussage, daß es um so besser sei, je mehr die Aktivitäten in einer Gemeinde danach beurteilt werden, ob sie erfolgreich sind. Dieser Aussage stimmen zwar 40,1% der PGRV, jedoch nur 16,3% der PR/GR zu ($chi^2 = 88.852$, df = 3, p = .000)

Daß die Erwartungen der Akteure im pfarrgemeindlichen Feld unterschiedlich sein können, zeigt sich in folgenden Aussagen:

Tabelle 3: Statistisch signifikant unterschiedliche Erwartungen an PR/GR

Nr.	Variable	Zustimmung	
		PGRV	PR/GR
16.1.3	Erwartung, daß PR/GR es für richtig halten, daß das kirchl. Lehramt in sittlichen und moralischen Fragen Normen festlegt, die für alle Katholiken gültig und verbindlich sein sollen.	55,3%	17,5%
16.1.5	Erwartung, daß PR/GR andere dazu motivieren, wieder mehr an Gottesdienst und Sakramentenspendung teilzunehmen.	93,7%	61,4%
16.1.7	Erwartung, daß PR/GR vorgefundene Traditionen und Gewohnheiten in der Gemeinde fortführen, so wie die Gemeindemitglieder dies wünschen.	61,9%	24,1%
16.1.10	Erwartung, daß PR/GR die Gemeindemitglieder dahin führen, sich auch politisch stärker zu engagieren.	42,6%	86,0%

Zu Tabelle 3: 55,3% der befragten Gemeinderatsvorsitzenden erwarten, daß PR/GR es für richtig halten, daß das kirchliche Lehramt in sittlichen und moralischen Fragen Normen festlegt, die für alle Katholiken gültig und verbindlich sein sollen. Dem stehen nur 17,5% Zustimmung bei den PR/GR gegenüber ($chi^2 = 190.102$, df = 3, p = .000). Hinsichtlich der Erwartung, daß PR/GR andere dazu motivieren, wieder mehr an Gottesdienst und Sakramentenspendungen teilzunehmen, geht die Zustimmung ebenfalls auseinander. Während dies 93,7% der Pfarrgemeinderatsvorsitzenden erwarten, stimmen dem nur 61,4% der PR/GR zu ($chi^2 = 261.033$, df = 3, p = .000). Auch hinsichtlich der Erwartung, daß PR/GR vorgefundene Traditionen und Gewohnheiten in der Gemeinde fortführen, so wie die Gemeindemitglieder dies wünschen, ist der Unterschied bemerkenswert hoch. Hier stimmen 61,9% der befragten Gemeinderatsvorsitzenden zu, jedoch nur 24,1% der PR/GR (chi^2 = 161.358, df = 3, p = .000). Dagegen erwarten 86% der befragten PR/GR, daß sie die Gemeindemitglieder dahin führen, sich auch politisch stärker zu engagieren. Dem stimmen allerdings nur 42,6% der befragten Pfarrgemeinderatsvorsitzenden zu (chi2 = 266.517, df = 3, p = .000).

Das macht deutlich, daß trotz gemeinsamer gesinnungsreligiöser Handlungsmotivation zwischen PR/GR und Gemeindemitgliedern unterschiedliche Auffassungen nicht nur über die Aufgaben der hauptamtlichen Laien im Gemeindedienst bestehen können, sondern auch hinsichtlich der Bedeutung der von ihnen zu verwirklichenden Gemeindeprogrammatiken. Gemeindemitglieder sind statistisch signifikant häufiger daran interessiert, daß PR/GR sich für die Leistungsfähigkeit und das Funktionieren des Gemeindesystems einsetzen.

Tabelle 4: Rangvergleich von Erwartungen an PR/GR

Nr.	Variable	Von PR/GR als wichtig eingeschätzt		Von PGRV als wichtig eingeschätzt	
		%	Rang	%	Rang
16.1.4	Erwartung, daß am Umgang von PR/GR mit anderen, die Liebe Jesu zu den Menschen erfahrbar wird.	89,7	1	75,4	1
16.1.1	Erwartung, daß PR/GR den Ansprüchen und Erwartungen an ihre Tätigkeit kritisch gegenüberstehen, auch auf die Gefahr hin, damit traditionelle Kirchenbilder und –strukturen in Frage zu stellen.	71,0	2	33,0	4
16.1.6	Erwartung, daß PR/GR ihre Tätigkeit vor allem aus innerer Überzeugung ausüben und nicht, weil sie dafür Geld bekommen.	46,3	3	72,1	2
16.1.2	Erwartung, daß PR/GR vor allem für Menschen da sind, die sich von der Kirche angewendet und keinen oder nur noch gelegentlich Kontakt zu ihr haben.	28,7	4	33,0	5
16.1.10	Erwartung, daß PR/GR die Gemeindemitglieder dahin führen, sich auch politisch stärker zu engagieren.	22,7	5	6,4	9
16.1.8	Erwartung, daß PR/GR ihre Aufgaben professionell und erfolgreich durchführen.	19,9	6	9,7	7
16.1.9	Erwartung, daß die Deutungsvorschläge und Konzepte von PR/GR nicht im Widerspruch zu wissenschaftlichen Erkenntnissen stehen.	9,8	7	3,7	10
16.1.5	Erwartung, daß PR/GR andere dazu motivieren, wieder mehr an Gottesdienst und Sakramentenspendung teilzunehmen.	9,8	7	40,1	3
16.1.3	Erwartung, daß PR/GR es für richtig halten, daß das kirchl. Lehramt in sittlichen und moralischen Fragen Normen festlegt, die für alle Katholiken gültig und verbindlich sein sollen.	2,0	9	13,9	6
16.1.7	Erwartung, daß PR/GR vorgefundene Traditionen und Gewohnheiten in der Gemeinde fortführen, so wie die Gemeindemitglieder dies wünschen.	1,2	10	7,8	8

Zu Tabelle 4: Vergleicht man nun die Rangfolge der Erwartungen, die jeweils PR/GR und Pfarrgemeinderatsvorsitzende (PGRV) mit dem Einsatz hauptamtlicher Laien im Gemeindedienst verknüpfen, so ergibt sich hinsichtlich vier Variablen zwischen beiden Gruppen einen Unterschied von *drei* Rängen oder mehr. Bei sechs Variablen dagegen beträgt der Rangunterschied zwei Ränge oder weniger.

Tabelle 5: Vermutete Rangfolge von Erwartungen an PR/GR

Nr.	Variable	Von **PR/GR** als wichtig eingeschätzt		Von **PR/GR** als wichtig vermutet bei PGRV	
		%	Rang	%	Rang
16.1.4	Erwartung, daß am Umgang von PR/GR mit anderen, die Liebe Jesu zu den Menschen erfahrbar wird.	89,7	1	32,0	5
16.1.1	Erwartung, daß PR/GR den Ansprüchen und Erwartungen an ihre Tätigkeit kritisch gegenüberstehen, auch auf die Gefahr hin, damit traditionelle Kirchenbilder und -strukturen in Frage zu stellen.	71,0	2	3,5	8
16.1.6	Erwartung, daß PR/GR ihre Tätigkeit vor allem aus innerer Überzeugung ausüben und nicht, weil sie dafür Geld bekommen.	46,3	3	34,9	4
16.1.2	Erwartung, daß PR/GR vor allem für Menschen da sind, die sich von der Kirche abgewandt und keinen oder nur noch gelegentlich Kontakt zu ihr haben.	28,7	4	15,7	7
16.1.10	Erwartung, daß PR/GR die Gemeindemitglieder dahin führen, sich auch politisch stärker zu engagieren.	22,7	5	0,4	10
16.1.8	Erwartung, daß PR/GR ihre Aufgaben professionell und erfolgreich durchführen.	19,9	6	39,4	3
16.1.9	Erwartung, daß die Deutungsvorschläge und Konzepte von PR/GR nicht im Widerspruch zu wissenschaftlichen Erkenntnissen stehen.	9,8	7	2,2	9
16.1.5	Erwartung, daß PR/GR andere dazu motivieren, wieder mehr an Gottesdienst und Sakramentenspendung teilzunehmen.	9,8	7	80,4	1
16.1.3	Erwartung, daß PR/GR es für richtig halten, daß das kirchl. Lehramt in sittlichen und moralischen Fragen Normen festlegt, die für alle Katholiken gültig und verbindlich sein sollen.	2,0	9	17,2	6
16.1.7	Erwartung, daß PR/GR vorgefundene Traditionen und Gewohnheiten in der Gemeinde fortführen, so wie die Gemeindemitglieder dies wünschen.	1,2	10	73,0	2

Zu Tabelle 5: Vergleicht man nun die Rangfolgenunterschiede hinsichtlich derselben Variablen, wie sie von PR/GR abgegeben werden und wie sie vermuten, welchen Rang dies bei den Gemeindemitgliedern einnimmt, so ist ein Unterschied von drei Rängen oder mehr bei *sieben* Variablen gegeben. Dies bedeutet, daß die vermuteten Unterschiede zwischen der Gemeindeklientel einerseits und den PR/GR bezüglich der zu verwirklichenden Gemeindeprogrammatiken größer sind als die tatsächlichen. Dieser Befund zeigt erhebliche Spannungen zwischen den Erwartungen an das Berufsbild und das Handeln von PR/GR. Dies begünstigt nicht nur innere und äußere Konflikte, sondern auch ein Berufsverständnis, wonach man als „Change Agent" in einem Feld tätig werden soll, das danach nicht gerufen hat.

Tabelle 6: Präferenz zwischen Kaplan und Laientheologe/in

Nr.	Variable Wenn man bei der Besetzung einer neuen Stelle zwischen gleichermaßen sympathisch und kompetentem Kaplan oder Laientheologen/in wählen könnte:	Häufigkeit der Nennungen %
9.1	Bezogen auf die Situation in unserer Pfarrei wäre ein Kaplan wahrscheinlich besser.	62,1
9.2	Bezogen auf die Situation in unserer Gemeinde wäre ein/e Laientheologe/in wahrscheinlich besser.	15,4
9.3	Das ist bezogen auf die Situation in unserer Pfarrei egal: beides wäre gleichermaßen geeignet.	20,6
9.4	Weiß nicht/keine Antwort	1,9

Zu Tabelle 6: Wir haben gesehen, daß der Beruf der PR/GR einerseits als eine Folge des „Priestermangels" angesehen werden, andererseits diese aufgrund unterschiedlicher Funktionen und Kompetenzen nicht vollständig ersetzen kann. Hinsichtlich der Präferenz zwischen Kaplan oder Laientheologe/in bei der Besetzung einer neuen Stelle antworten 62,1% der Befragten Pfarrgemeinderatsvorsitzenden, daß bezogen auf die Situation in ihrer Pfarrei ein Kaplan wahrscheinlich besser wäre, wenn sie bei der Besetzung einer neuen Stelle zwischen einem gleichermaßen sympathisch und kompetenten Kaplan oder Laientheologen/in wählen könnten. Demgegenüber geben nur 15,4% an, daß bezogen auf die Situation in ihrer Gemeinde ein/e Laientheologe/in wahrscheinlich besser sei. Für 20,6% der Befragten wäre beides gleichermaßen geeignet. Mit dem Einsatz von PR/GR in der Pfarrgemeinde ist folglich der Ruf nach mehr Priestern nicht verstummt. Dies zeigt sich auch bei folgender Aussage:

Tabelle 7: Beurteilung der Notwendigkeit von Priestern in den Pfarreien

Nr.	Variable	Zustimmung	
		PGRV	PR/GR
15.1.3	Je weniger Priester für den Dienst in den Pfarreien zur Verfügung stehen, um so besser.	12,4%	38,4%
20.1	Wenn es genug Priester gäbe, wäre der Einsatz von Laientheologen/innen in der Pfarrei nicht nötig.	45,6%	4,9%

Zu Tabelle 7: Während nur 12,4% der Pfarrgemeinderatsvorsitzenden der Aussage zustimmen, daß es um so besser sei, je weniger Priester für den Dienst in den Pfarreien zur Verfügung stehen, beträgt die Zustimmung bei PR/GR 38,4% ($chi^2 = 255.092$, df = 3, p = .000). Hierin wird deutlich, daß die Kleriker aus der Perspektive von PR/GR auch Wettbewerber um die Gefolgschaft der Gemeindemitglieder sind. Es stimmen 45,6% der befragten Pfarrgemeinderatsvorsitzenden der Auffassung zu, daß der Einsatz von Laientheologen/innen in der Pfarrei nicht nötig wäre, wenn es genug Priester gäbe. Dieser Aussage können sich dagegen nur 4,9% der befragten PR/GR anschließen ($chi^2 = 419.295$, df = 3, p = 000).

Die labile Berufsrolle von PR/GR im pfarrgemeindlichen Feld bezieht sich jedoch nicht nur auf die Beziehung zu den Priestern, sondern auch auf die Beziehung zu den Gemeindemitgliedern.

Tabelle 8: Beurteilung der Notwendigkeit von PR/GR in der Gemeinde

Nr.	Variable	Zustimmung	
		PGRV	PR/GR
20.2	Wenn es genug engagierte ehrenamtliche Gemeindemitglieder gäbe, wäre der Einsatz von Laientheologen/innen in der Pfarrei nicht nötig.	40,1%	19,3
20.5	Prinzipiell kann jeder die von Laientheologen/innen wahrgenommenen Aufgaben erfüllen unter der Voraussetzung, daß man damit einer Berufung Gottes folgt und aus einer tiefen inneren Gläubigkeit heraus handelt.	67,9%	37,9%

Zu Tabelle 8: Selbst wenn es genug engagierte ehrenamtliche Gemeindemitglieder gäbe, wäre der Einsatz von Laientheologen/innen in der Pfarrei nicht nötig für 40,1% der befragten Pfarrgemeinderatsvorsitzenden, jedoch nur für 19,3% der PR/GR ($chi^2 = 81.125$, df = 3, p = .000). Die Berufsrolle wird auch labil, sofern man der Überzeugung anhängt, daß prinzipiell jeder die von Laientheologen/innen wahrgenommenen Aufgaben erfüllen kann unter der Voraussetzung, daß man damit einer Berufung Gottes folgt und aus einer tiefen inneren Gläubigkeit heraus handelt. Hier stimmen 67,9% der Pfarrgemeinderatsvorsitzenden zu und 37,9% der PR/GR ($chi^2 = 87.681$, df = 3, p = .000).

Dies bedeutet, daß die Berufsrolle von PR/GR wenigstens aus drei Richtungen destabilisiert werden kann: zum einen durch einen Zuwachs an geweihten Priestern, zum anderen durch einen Zuwachs an engagierten ehrenamtlichen Gemeindemitgliedern und schließlich durch eine einseitige Priorisierung der wertrationalen Handlungslogik, die nicht professionell monopolisiert werden kann.

Tabelle 9: Beurteilung der Unentbehrlichkeit von PR/GR

Nr.	Variable	Zustimmung	
		PGRV	PR/GR
20.3	Hauptamtliche Laientheologen/innen haben in der Pfarrei eigenständige Aufgaben, die nicht ohne weiteres durch Priester oder engagierte Gemeindemitglieder erfüllt werden können.	61,5%	90,7%
20.4	Wenn sich die Laientheologen/innen über Nacht aus den Pfarreien zurückziehen würden, bräche dort vieles zusammen. Da die Kirche zur Aufrechterhaltung der Grundfunktionen der Pfarreien auf Laientheologen/innen angewiesen ist, sind sie offensichtlich auch notwendig.	73,9%	81,3%

Zu Tabelle 9: Im Gegenzug stellt sich nun die Frage, ob hauptamtliche Laientheologen/innen in der Pfarrei eigenständige Aufgaben haben, die nicht ohne weiteres durch Priester oder engagierte Gemeindemitglieder erfüllt werden können. Hier stimmen 61,5% der Pfarrgemeinderatsvorsitzenden zu, jedoch 90,7% der PR/GR. Auch hier ist das Antwortverhalten statistisch hoch signifikant verschieden ($chi^2 = 180.553$, $df = 3$, $p = .000$). Wenn die Verselbständigungsprogrammatik erfolgreich verwirklicht würde, könnten sich PR/GR aus der Gemeindearbeit zurückziehen, ohne daß dort vieles „zusammenbricht". Andererseits bedroht diese Programmatik – wie wir gesehen haben – den Tauschwert des professionellen Handelns. Sich selbst überflüssig zu machen, kann im extremen Fall die Stelle kosten. Deshalb ist es aus Gründen der Rollenstabilität für PR/GR rationaler, sich „unentbehrlich" zu machen. Hinsichtlich der Aussage, daß in den Pfarreien vieles zusammenbrechen würde, wenn sich Laientheologen/innen über Nacht zurückziehen würden, so daß die Kirche zur Aufrechterhaltung der Grundfunktionen der Pfarreien auf Laientheologen/innen angewiesen ist, stimmen 73,9% der Pfarrgemeinderatsvorsitzenden und 81,3% der PR/GR zu ($chi^2 = 13.351$, $df = 3$, $p = .004$). Hinsichtlich der funktionalen Notwendigkeit des Einsatzes hauptamtlicher Laien im Gemeindedienst differieren die Auffassungen zwischen Pfarrgemeinderatsvorsitzenden und PR/GR demnach weniger stark. Paradox wird die Situation dann, wenn einerseits – wie wir gesehen haben – die Nachfrage nach Klerikern in der Gemeinde nicht nachläßt, andererseits sich die Auffassung verbreitet, daß es die Leistungsfähigkeit der Gemeindesysteme steigern würde, wenn noch mehr hauptamtliche pastorale Mitarbeiter/innen dort tätig wären.

Tabelle 10: Dynamisierungseffekt des Einsatzes von PR/GR in der Pfarrgemeinde

Nr.	Variable	Zustimmung	
		PGRV	PR/GR
15.1.8	Je mehr hauptamtliche Laientheologen/innen für den Dienst in den Pfarreien zur Verfügung stehen, um so besser.	76,3%	63,4%

Zu Tabelle 10: Mit 76,3% stimmen fast drei Viertel der Pfarrgemeinderatsvorsitzenden der Aussage zu, daß es um so besser sei, je mehr PR/GR für den Dienst in den Pfarreien zur Verfügung stünden. Deren Zustimmung ist statistisch signifikant höher, als die der PR/GR mit 63,4% ($chi^2 = 29.284$, $df = 3$, $p = .000$).

Bei der Forderung nach „mehr" HAL muß nicht nur die Beziehung zu den Klienten in Richtung der „Unentbehrlichkeit" des professionell-bezahlten Handelns stabilisiert werden. Darüber hinaus setzt diese Forderung voraus, daß dem Auftraggeber seine „Tauschobjekte" materieller und immaterieller Art erhalten bleiben. Denn nur so können immer mehr HAL immer mehr davon profitieren. Der Forderung nach „mehr HAL" wird das Kirchensystem jedoch nicht auf Dauer nachkommen können. Somit werden sich mit dieser Forderung die bestehenden Verteilungs- und Legitimationskrisen um so mehr verschärfen, je erfolgreicher sie sich im Handlungsfeld „Pfarrgemeinde" durchsetzt.

5. Schlußbemerkung

Die hier am Beispiel professionellen Handelns in katholischen Kirchengemeinden dargestellten Paradoxien sind keine spezifischen Kirchenphänomene. Die Spannung zwischen professionell-zweckrationalen Handlungslogiken und gesinnungsethisch-wertrationalen kann in all den Feldern auftreten, wo professionelles Handeln auf ein gesinnungsethisch hoch aufgeladenes Feld trifft. Die am Beispiel von PR/GR im Gemeindedienst dargestellten Konfliktlagen sind folglich auch vorstellbar, wenn professionelles Handeln mit Umweltschutzgruppen zusammentrifft, mit Dritte-Welt-Gruppen, aktiven Tierschützern, Kämpfer/innen gegen Chemie und Gentechnik usw., sofern die Gesinnungstreue und die Durchrationalisierung des Handelns unter eine übergreifende Programmatik zu den zentralen Anliegen dieser Gruppen gehören.

Lösungen dieser Problematik sind in mehrere Richtungen denkbar. Zum einen im Abbau der programmatischen Rigorosität sowie im Bestreben nach Kompromissen. Zweitens wäre es sehr hilfreich, wenn die jeweiligen Programmatiken nicht nur ihre spezifischen Zwecke durchrationalisieren würden, sondern der Klientel konzeptionelle Hilfestellungen bei der Lösung von Ziel- und Rationalitätskonflikten anbieten würden. Zum anderen wäre es wichtig, die professionellen Anteile der Berufsrolle von PR/GR zu stärken und klarer zu definieren, worin denn der Rationalitätsvorsprung dieses bezahlten, aufgrund einer formalisierten Ausbildung erbrachten Handelns bestehen soll. Dies hat Konsequenzen für die Aus- und Fortbildung sowie hinsichtlich der Definition des Beitrages wissenschaftlicher Disziplinen zu einer professionelleren Berufsrolle. Schließlich macht es auch Sinn, professionell Handelnde nur noch dort einzusetzen, wo ihr Leistungsvorteil überwiegt. In den Pfarrgemeinden muß ein „weniger" an Hauptamtlichen nicht nur schädlich sein. Es könnten sich dadurch „Charismen" zeigen, die bislang – unbeabsichtigt – von PR/GR beiseite gedrängt bzw. überlagert werden.

Dies könnte jedoch eine Reduzierung zentraler Steuerungsmöglichkeiten bedeuten, da die diözesanen Gremien und programmatische Interessenvertreter/innen nicht mehr im bisherigen Umfang mit Hilfe ihrer hauptamtlichen „Agenten" ihre Anliegen verfolgen könnten.

Am Beispiel des Einsatzes von PR/GR in der Pfarrgemeinde läßt sich jedoch auch darstellen, wie organisatorische Steuerungseingriffe paradoxe Wirkungen erzeugen können, so daß ein Mehr desselben die Widersprüche und Konfliktlagen nur noch steigert anstatt senkt. Die Untersuchungen zur „Professionalisierungsfalle" sind schließlich ein Plädoyer dafür, es bei Organisations- und Strukturreformen in der Kirche nicht bei ungeprüften Annahmen und Wirkungshypothesen zu belassen, sondern auch die empirischen

Effekte angewandter Verfahren, Ressourcen und Mittel zu überprüfen. Das Wissen um mögliche paradoxe Folgen menschlichen Handelns spiegelt sich im bekannten Satz wieder: „Der Mensch denkt – und Gott lenkt". Wenn dem so ist, dann sollte man wenigstens ab und zu aus dem Fenster schauen, um zu sehen, wohin die Reise geht.

Literatur

Berufsgruppenvertretungen der PR/GR im Bistum Aachen (Hrsg) 1989: Fragebogen zur Berufssituation von Pastoralreferenten/inn/en. Aachen: unveröffentlichtes Manuskript, 25 S.

Bätz U. (1994): Die Professionalisierungsfalle, Freiburg/Schweiz

Diözesanpriesterrat des Bistums Aachen (Hrsg.) (1992): Perspektiven für Leben und Dienste in den Gemeinden des Bistums Aachen. Diskussionsvorlage. Erstellt durch den Diözesanpriesterrat des Bistums Aachen: unveröffentlichtes Manuskript, 13 S.

Exeler A. (1980): Von der versorgten zur engagierten Gemeinde, in: Lebendige Seelsorge 30, 342-355

Jacob H. (1990): „Wie Gott einen jeden berufen hat". Zur Spiritualität Verheirateter und Unverheirateter im pastoralen Dienst. Beiträge, Anregungen, Hilfen für Menschen in einem pastoralen Beruf. hrsg. vom Informationszentrum Berufe der Kirche. Beruf und Berufung, Freiburg i.Br.

Karrer L. (1989): Die „Laien" als Frage nach der Kirche, in: Diakonia 20, 35-42

Kasper W. (1991): Gemeindeaufbau und Gemeindeleitung. Pastorale Perspektiven angesichts des Priestermangels. Vortrag auf der Studientagung der Dekane der Diözese Rottenburg-Stuttgart vom 10. September: unveröffentlichtes Manuskript, 19 S.

Swaan A. de (1993): Der sorgende Staat. Wohlfahrt, Gesundheit und Bildung in Europa und den USA der Neuzeit, Frankfurt a.M.

Synodenbeschluß (1976): Die pastoralen Dienste in der Gemeinde, 597-636; Einleitung: Prof. Dr. Walter Kasper, 581-596, in: Gemeinsame Synode der Bistümer in der Bundesrepublik Deutschland. Beschlüsse der Vollversammlung, Freiburg i.Br.

Jörg Stolz

Rekrutierungsproblem und Rekrutierungsdilemmata des Evangelikalismus

1. Einleitung

Ein Dilemma ist im Alltagsverständnis die Wahl zwischen zwei (gleich unangenehmen) Dingen.[1] Es ist eine „schwierige Entscheidung", schwierig deshalb, weil offenbar nicht klar ist, welche Alternative besser oder weniger schlimm ist. Sehr plastisch werden Dilemmata in vielen sogenannten Action-Filmen vorgeführt. Hinter dem Held ein Rudel hungriger Wölfe, vor ihm der Abgrund, was jetzt: kämpfen oder springen? Der Held zögert; er steckt in einem Dilemma, weil in der Tat beide Handlungsalternativen etwa gleich unangenehm erscheinen. Beispiele für weniger dramatische, aber gleichwohl unangenehme Dilemmata liefert der Lebensalltag zuhauf. Aber taugt der Begriff auch etwas für soziologische Analyse? [2] Ich meine: ja.

* Für Kritik an früheren Fassungen dieses Aufsatzes danke ich Flavia Kippele, Mark Eisenegger, Dani Wintsch und Fritz Stolz.

1 Der Begriff geht auf die antike Logik zurück, wo er eine spezielle logische Schlussform bezeichnet. Es wurden verschiedene z.B. positive oder negative Dilemmata unterschieden. Dilemmata setzen generell voraus, dass nur zwei Optionen offenstehen (tertium non datur). Ein klassisches Beispiel für ein Dilemma ist die Geschichte von Euathlos und Protagoras: „E. hat mit seinem Lehrer P. vereinbart, den erhaltenen rhetorischen Unterricht nach dem Gewinn seines ersten Prozesses zu bezahlen, umgeht aber die Zahlung, indem er nie einen Prozess beginnt. Daraufhin verklagt ihn P. selbst in einem Prozess. Gewinnt nun P., so hat E. verloren, muss also nach Vereinbarung nicht zahlen; verliert P., so braucht E. auf Grund des Urteils nicht zu zahlen. Das Dilemma besteht darin, dass andererseits P. so argumentieren kann: Verliert E., so muss er auf Grund des Urteils zahlen; gewinnt er aber, so muss er auf Grund der Vereinbarung ebenfalls zahlen." Zitiert nach der Enzyklopädie Philosophie und Wissenschaftstheorie: „Dilemma", 1995, Stuttgart.

2 Der Begriff wird übrigens so gut wie überall verwendet, wo in irgendeiner Weise von einem „schwierigen Problem" die Rede ist. Man spricht vom Weiblichkeits-, Immigrations-, Manager-, Politikerdilemma, vom Bildungsdilemma der Volkskirche wie auch vom Geldpolitikdilemma der Schweiz, vom Dilemma des misshandelten Kindes wie vom Dilemma der katholischen Kirche gegenüber Homosexuellen. Der Dilemmabegriff taucht typischerweise in Buchtiteln und griffigen Formulierungen auf, wird aber selten theoretisch reflektiert. Als methodisches Werkzeug wird er dagegen in der psychologischen Forschung in Anschluss an Kohlberg verwendet.

Im folgenden Beitrag soll die These vertreten werden, der Evangelikalismus sei ein Milieu, welches sich bezüglich seines Rekrutierungsproblems in charakteristischen Dilemmata befinde. Um diese These auszuführen, gehe ich in folgenden Schritten vor. Zunächst wird gezeigt, dass der Dilemma-Begriff gut in die „Methode" der funktionalen Analyse eingebettet werden kann (2). Anschliessend wird das Rekrutierungsproblem erläutert (3), es folgen einige Bemerkungen zu den hier verwendeten Daten (4), und nachdem kurz gezeigt wird, dass der Evangelikalismus tatsächlich ein „Milieu" darstellt (5), werden in Abschnitt (6) vermittels funktionaler Analyse Probleme, Lösungen und Dilemmata bezüglich des Rekrutierungsproblems aufgezeigt.

2. Funktionale Analyse

Es soll kurz dargestellt werden, welche Art von funktionaler Analyse ich im folgenden anwenden möchte. Der Funktionalismus in der von mir favorisierten Fassung geht von folgenden Annahmen aus:

- *erstens*, dass es in Systemen Probleme gibt, die ständig gelöst werden müssen[3]
- *zweitens*, dass deshalb spezifische Strukturen aufgebaut werden, um die fortwährende Lösung der Probleme sicherzustellen
- *drittens*, dass alle institutionalisierten Strukturen immer Vorteile wie auch Nachteile aufweisen. Die Nachteile kann man dann als Folgeprobleme betrachten, die ihrerseits zu Lösungsversuchen Anlass geben können.

Von diesen Annahmen ausgehend kann man soziale Systeme vermittels einer *Problemstufenordnung* analysieren. Pionierarbeit auf diesem Gebiet haben Merton und Blau geleistet.[4]

Wie Niklas Luhmann in einer frühen Arbeit deutlich macht, hat eine solche „Analyse vermittels Problemstufenordnung" zwei Vorteile. Zum einen macht sie deutlich, dass Systemprobleme (meist) nicht direkt über Bestand oder Nichtbestand des Systems entscheiden. Allenfalls die Probleme auf der „obersten" Ebene sind bestandskritisch. In den meisten Fällen „stirbt" das System durchaus nicht, wenn Probleme der unteren Stufen (welche oft die eigentlich interessanten Probleme sind) schlecht oder gar nicht gelöst werden. Resultate sind dann etwa Umweltverschmutzungen, strukturelle Spannungen, Arbeitslosigkeit, Einsamkeit, Anomie usw. Zum zweiten zeichnet sich die

3 Man denke etwa an die vier Systemprobleme, die Parsons beschrieben hat (AGIL). Ich würde die Systemprobleme jedoch nicht auf nur vier Stück beschränken.

4 Siehe Merton 1968, 73 ff.; Blau 1955, 10 ff.; Luhmann 1970.

Methode dadurch aus, dass sie sich sehr stark an den Forschungsgegenstand anpasst. Auf jeder Problemstufe sucht man nach Lösungen, die real vorliegen, auf jeder Stufe sucht man nach realen Folgeproblemen. So kommt es, dass die funktionale Methode

> „in konkrete Probleme hineinstösst, die keineswegs durch logische Folgerung aus den Ausgangsbegriffen gewonnen werden können" (Luhmann 1970a, 20).

Die funktionale Methode, wie sie hier verwendet wird, soll also mit den Begriffen Problem, Lösung und Folgeproblem arbeiten. Wie aber ist der *Dilemmabegriff* hier zu verorten? Als Dilemma soll für unsere Zwecke ein Problem bezeichnet werden, wenn es sich als Anlass einer Entscheidung zwischen zwei gleich unakzeptablen Alternativen präsentiert.[5] Er setzt also voraus, dass das System oder die Aktoren sich einer Entscheidungssituation ausgesetzt sehen, dass die Alternativen erwogen und beide für etwa gleich unakzeptabel gehalten werden.

3. Das Rekrutierungsproblem sozialer Gruppen

Das Rekrutierungsproblem ist ein Problem, welches jede soziale Gruppe lösen muss, ob es sich nun um ein Fussballteam, eine Künstlervereinigung oder einen Hauskreis handelt. Wenn eine Gruppe in ähnlicher Form weiterbestehen will, muss sie ständig neue Mitglieder rekrutieren, weil gewisse Mitglieder sterben oder aus anderen Gründen ausscheiden. Wie andere Probleme, z.B. das Integrationsproblem, muss auch das Rekrutierungsproblem ständig gelöst werden, wenn die Gruppe längere Zeit fortbestehen will. Es ist also kein Problem, welches mit der Lösung verschwindet, wie etwa ein Rätsel.

Das Rekrutierungsproblem kann mehr oder weniger bewusst angegangen werden. In gewissen Fällen mag es sich wie von selbst lösen: Manche Personen gehen, andere kommen neu dazu, ohne dass man sich speziell darum kümmern müsste. Wenn aber für die Zwecke der Gruppe zu wenige Personen da sind, so werden sich die Akteure des Problems bewusst werden und versuchen, neue Personen zu rekrutieren.[6]

In der Folge ist es möglich, dass gewisse Strukturen für die fortwährende Lösung des Rekrutierungsproblems institutionalisiert werden. Zum Beispiel

5 Das heisst, dass nicht jedes unbefriedigend gelöste Problem auch ein Dilemma ist. Ein tropfender Wasserhahn ist kein Dilemma, sondern (möglicherweise) nur ein Problem. Zum Dilemma wird der tropfende Wasserhahn, wenn er zum Entscheidungsanlass wird, wenn man beispielsweise wegen des Tropfens nicht einschlafen kann, andererseits weiss, dass man, wenn man aufsteht, um ihn zuzudrehen, dann erst recht nicht mehr einschlafen kann.

6 Problematisch kann natürlich auch sein, dass zu viele Bewerber da sind, dann reagiert man z.B. mit Auswahl.

institutionalisiert man Ämter und Stellen, welche für Rekrutierung besorgt sind; legt Prozeduren fest, welche genau vorschreiben, wie rekrutiert und beigetreten werden muss; schliesslich formuliert man eine Begrifflichkeit, welche die Rekrutierung benennt und in einem umfassenden Rahmen verständlich macht.

Bei den heutigen Evangelikalen findet man all dies. Man findet eine soziale Form, wie beigetreten wird, nämlich die Bekehrung.[7] Man findet bestimmte Rollen, welche auf Rekrutierung aus sind, z.B. Missionare, aber auch ganze Organisationen, die sich Rekrutierung zum Ziel gesetzt haben. Schliesslich findet man, dass das Rekrutierungsproblem in extremer Weise zu Bewusstsein gelangt, nämlich im Evangelisations-, im Missions- und im Bekehrungsbegriff.[8]

Evangelisation und Mission sind – neben dem Ziel, eine persönliche Beziehung zu Jesus Christus zu haben – das zentrale Ziel der Evangelikalen. Es handelt sich um ein Ziel, dessen Erreichen oder Nichterreichen recht leicht messbar ist. Und es ist ein Ziel, welches eines der wichtigsten „Wunder" des Evangelikalismus ermöglicht. Wenn sich nämlich jemand bekehrt, wenn ein Hauskreis wächst, wenn so viele Menschen wie noch nie an einer Grossveranstaltung dabei waren, dann wird diese Tatsache als von Gott gewirkt begriffen und als Beweis gesehen, dass Er seine Hände mit im Spiel hat. Der Erfolg in der Mission, kann man sagen, zeigt, ob man mit Gott ist oder nicht. Bekehrung ist das Gegenstück zu Evangelisation und Mission. Der Begriff bezeichnet – soziologisch gesehen – den Beitritt des Individuums zur Gruppe. Um Verwirrungen zu vermeiden, sollte man an dieser Stelle die Innensicht der Evangelikalen und die Aussensicht der Soziologie sorgfältig unterscheiden. Evangelikale definieren Bekehrung als den Zeitpunkt, an dem ein Individuum sein Leben Jesus Christus übergibt. Das schliesst die Gemeinschaft mit anderen Christen mit ein, zentral ist aber die Gemeinschaft mit Jesus. Soziologisch dagegen ist Bekehrung ein „rite de passage", der symbolisierte und auf einen Zeitpunkt hin fixierte Beitritt zur Gruppe, welcher die Übernahme gewisser Werte, Normen und Verhaltensweisen miteinschliesst.

Als Fazit können wir festhalten, dass der Evangelikalismus – wie alle anderen sozialen Gruppen – ein Rekrutierungsproblem zu lösen hat; dass er auf dies Problem mit Strukturbildung und mit der Ausbildung einer speziellen Rekrutierungssemantik reagiert hat; und dass das Rekrutierungsproblem bei ihm im Vergleich zu anderen Gruppen einen besonders zentralen Stellenwert einnimmt.

---

7 Siehe zu Bekehrungstheorien Wiesenberger 1990.

8 Speziell zur Bekehrungssemantik von Evangelikalen siehe Jödicke 1995; Stolz 1993; zu Bekehrungssemantik allgemein siehe Billette 1976; Ulmer 1988.

4. Daten

Meine Daten stammen aus einer Umfrage, die ich 1991 unter Lesern und Leserinnen des „Christlichen Zeugnisses", einer evangelikalen Zeitschrift, durchgeführt habe. Das christliche Zeugnis wird von einer evangelikalen Organisation namens „Campus für Christus" herausgegeben. Die Grundgesamtheit besteht aus rund 20000 Personen, die zum Untersuchungszeitpunkt das „Christliche Zeugnis" zugeschickt bekamen. Von den Adressen dieser Personen wurden 942 zufällig ausgewählt und angeschrieben. Von 621 zurückgesandten Antwortbogen waren 594 gültig. Damit beläuft sich die Rücklaufquote auf 64%. Meine Daten sind nur für die Leser und Leserinnen des „Christlichen Zeugnisses" repräsentativ. Inwieweit die Aussagen auf „den Evangelikalismus der deutschen Schweiz" generalisiert werden können, ist eine schwierige Frage. Immerhin lässt sich zeigen, dass die vier grössten freikirchlichen Richtungen der deutschen Schweiz (Chrischona-Gemeinden, Evangelisch-methodistische Kirchen, Freie evangelische Gemeinde, Bund pfingstlicher Freikirchen) auch im Sample am stärksten vertreten sind.[9]

5. Das evangelikale Milieu in der deutschen Schweiz

Bevor die funktionale Analyse auf das evangelikale Rekrutierungsproblem angewandt wird, möchte ich kurz darlegen, dass der Evangelikalismus sehr gut vermittels des *Milieubegriffs* beschrieben werden kann.

Der Evangelikalismus ist eine christliche, vor allem protestantische Richtung, die ihre historischen Wurzeln im Pietismus und den Erweckungsbewegungen hat.[10] Neben der starken Betonung des Gefühls, der persönlichen Beziehung zu Jesus Christus und der Bekehrungsnotwendigkeit, die ihn mit Pietismus und Erweckung verbindet, zeichnet er sich durch ein stark reaktionäres Element aus. Er wendet sich explizit gegen die Liberalisierungsbemühungen in der protestantischen Kirchen wie auch in der gesamten Gesellschaft. Der Evangelikalismus erscheint daher in religiösen wie in gesellschaftlichen Fragen ausgesprochen konservativ.[11] Er bezweifelt die Ergebnis-

9 Siehe hierzu genauer Stolz 1993, 30 ff.

10 Für weitere Informationen zum Schweizer Evangelikalismus siehe Stolz, Merten 1991; ferner Stolz 1993, 35.

11 Das rückt ihn in die Nähe von anderen konservativ-reaktionären Bewegungen. In der Schweiz teilen der Evangelikalismus und die SVP recht viele Ueberzeugungen, was Familie, das Verhältnis von Individuum und Gesellschaft, des Geschlechterverhältnis usw. angeht. Siehe für eine Beschreibung der SVP Zürich Hartmann, Horvath 1995. Dass politisch reaktive Bewegungen und religiöser Fundamentalismus viele Ähnlichkeiten aufweisen, ja dass es sich möglicherweise um dasselbe Phänomen handelt, betont Altermatt 1994, 7.

se der historisch-kritischen Methode und propagiert stattdessen oft den pneumatischen Zugang zur Bibel;[12] er glaubt an Wunder, nimmt die meisten Bibelstellen wörtlich und warnt vor „modernen Uminterpretationen".[13] Was die Gesellschaft betrifft, steht er meist für ein konservatives Menschen- und Gesellschaftbild ein; er kämpft gegen den Unglauben, gegen den Zerfall der Sitten, gegen leichte und schwere Drogen, gegen „böse Mächte", denen er an vielerlei Orten, vor allem in der Esoterik- und Rock-/Heavy-Metal-Szene zu begegnen glaubt.[14] All diese historischen und inhaltlichen Bestimmungen mögen einigermassen unkontrovers sein – ungewöhnlicher ist vielleicht die Behauptung, beim Evangelikalismus handle es sich um ein Milieu.

Als Milieu definiere ich eine gesellschaftliche Grossgruppe, welche sich gegenüber anderen Grossgruppen (anderen Milieus) abgrenzt. Die Abgrenzung geschieht vor allem vermittels Milieuzeichen; d.h. an gewissen Zeichen lässt sich erkennen, wer zum Milieu gehört und wer nicht.[15] Milieus zeichnen sich aus durch erhöhte Binnenkommunikation und gemeinsame Existenzformen.[16] Die erhöhte Binnenkommunikation bedeutet, dass Kontakt zu Personen aus dem gleichen Milieu wahrscheinlicher ist als Kontakt mit Milieufremden; ferner, dass Milieus in der Interaktion erfahrbar sind. Mit gemeinsamen Existenzformen sind einerseits Wertvorstellungen, kognitive Annahmen, ästhetische Präferenzen usw (d.h.: „kulturelle Gemeinsamkeiten") gemeint,

---

12 Das heisst, es wird die Ansicht vertreten, man müsse nicht einen rationalen, historischen oder philologischen Zugang zur Bibel wählen, sondern einen durch den heiligen Geist ermöglichten. „Es gibt entweder einen persönlichen, mitten durch das Herz, das Zentrum des Menschen gehenden Zugang zur Bibel und Umgang mit ihr, oder es gibt keinen" formuliert Bergmann 1963, 108.

13 Z.B. wird die Bultmannsche „Entmythologisierung" stark bekämpft. Siehe Bergmann 1963, 57 für einige evangelikale Argumente gegen die Entmythologisierung. Bultmanns Position findet man schön dargestellt in Bultmann 1985. Dass die „Verwissenschaftlichung" des modernen Weltbildes zum Verlust der Transzendenz führe und dass so der eigentliche Kern der Religion verloren gehe, betont immer wieder Peter L. Berger, so z.B. in Berger 1994, 18. Ein Grund für den Erfolg der Evangelikalen im Vergleich zu liberalen Richtungen könnte nach dieser Argumentation genau hierin liegen: dass die Evangelikalen die Transzendenz retten.

14 Der Evangelikalismus rechnet sehr ernsthaft mit der Kraft von bösen Mächten und warnt eindringlich vor dem Hören vieler Pop-/Rock-Gruppen (z.B. AC/DC, Aerosmith), da die Texte diabolisch seien. Auch in esoterischen Entspannungs- und Heilmethoden wird oft der Teufel vermutet. Siehe dazu das Sonderheft des Christlichen Zeugnisses zu „Esoterik".

15 Vgl. Schulze 1990, 412; Schulze 1995, 184 ff.

16 Ich folge damit im wesentlichen Schulze 1990, 410: „Gegenstand der folgenden Überlegungen sind ‚soziale Milieus' im Sinne grosser Personengruppen, die sich durch gruppenspezifische Existenzformen und erhöhte Binnenkommunikation voneinander abheben. Mit dem Terminus ‚Existenzformen' sind komplexe Syndrome von Lebenssituation (Einkommen, Beschäftigung, gegebenenfalls Merkmale des Arbeitsplatzes, Bildungszertifikate, Alter, Geschlecht, Generationslage, Haushaltsstruktur, Umwelt u.a.) und Subjektivität (Wertvorstellungen, ästhetische Präferenzen und Abneigungen, Persönlichkeitsmerkmale, Deutungsmuster u.a.) gemeint." Siehe auch Schulze 1995, 169 ff. Für eine Anwendung des Milieubegriffs (allerdings nicht in der Fassung von Schulze) siehe Altermatt 1989; Riesebrodt 1995.

andererseits aber auch „soziale Lagen" (d.h. typische Kombinationen von z.B. Einkommen, Bildung, Zivilstand usw.).

Wendet man diesen Milieubegriff auf den Evangelikalismus der deutschen Schweiz an, so zeigt sich, dass der Begriff auf die Sachverhalte in den meisten Punkten sehr gut passt. Der Evangelikalismus ist in der Tat eine *Grossgruppe*, in der ganzen Schweiz gibt es schätzungsweise etwa 200'000 Evangelikale.

Der Evangelikalismus *grenzt sich* tatsächlich – und dies in extremer Weise – *von seiner Umwelt ab*. Und zwar, indem er auf der Ebene der Individuen zwischen solchen unterscheidet, die dazugehören und solchen, die nicht dazugehören. Die Zugehörigen sind sog. „echte" oder „gläubige" Christen; die anderen blosse „Namen-Christen". Oft spricht man auch von bekehrten und nichtbekehrten Christen. Die Bekehrung wird meist als Zeitpunkt im Leben des Einzelnen angesehen, an dem er sich für Jesus Christus entscheidet. In unserem Sample bezeichneten sich 529 Personen (d.h. 90%) als bekehrt. In Tabelle 1 wird klar, als wie überaus wichtig die Unterscheidung angesehen wird. Wir sehen, dass 96% der Bekehrten eher oder völlig der Meinung sind, dass sie selbst ohne diese Bekehrung keine echte Christen wären. Ferner können 75% der Befragten gar nicht oder eher nicht zustimmen, wenn man behauptet, es gebe auch Nicht-Bekehrte, die echte Christen seien. Bei letzterem Items sehen wir auch, dass die Nichtbekehrten in dieser Frage – erwartungsgemäss – ganz anderer Ansicht sind. Diese und andere Befunde stützen die operationale Definition, welche in der Untersuchung verwendet wurde. Sie lautet: Evangelikal ist, wer sich als bekehrt bezeichnet.[17]

17 Es gibt vielfältige Zeichen, vermittels derer evangelikale Christen einander erkennen können. Am wichtigsten ist vielleicht die Unterscheidung selbst. Man fragt, wenn auch nicht ganz direkt, ob der andere „Christ" sei. Wichtig sind auch Zeichen der Sprache und des Habitus; ferner Verhaltensweisen, die negativ sanktioniert werden, z.B ist unwahrscheinlich, dass ein echter Christ raucht oder in eine (weltliche) Disco geht.

Tabelle 1: Unterschiede zwischen Bekehrten und Nichtbekehrten bezüglich verschiedener Formen der Abgrenzung

		1	2	3	4	5	N
Abgrenzung gegenüber anderen Christen							
Die Bekehrung ist in meinem Leben ein Wichtiges Ereignis, ohne das könnte ich kein echter Christ sein	Bekehrt	1%	2%	1%	11%	85%	519
	Nicht bekehrt	-	-	-	-	-	-
Es gibt Menschen, die zwar nicht bekehrt sind, die aber trotzdem echte Christen sind	Bekehrt	52%	23%	7%	9%	9%	485
	Nicht bekehrt	6%	2%	4%	15%	74%	54

Cr V: .56**

1 stimme gar nicht zu 2 stimme eher nicht zu 3 keine feste Meinung
4 stimme eher zu 5 stimme völlig zu

Nachdem wir die Unterscheidung zur Umwelt aufgezeigt haben, kommen wir zu einem weiteren Punkt: zur *Binnenkommunikation.* Im Evangelikalismus lässt sich eine extrem erhöhte Binnenkommunikation nachweisen. Als Beispiel sei hier der Freundeskreis herangezogen. Bei 61% der befragten Evangelikalen waren die drei besten Freunde ebenfalls Evangelikale:

Tabelle 2: Erhöhte Binnenkommunikation unter Evangelikalen

	Drei	Zwei	Eine/r	Keine/r	N
Wieviele der drei besten Freunde/innen sind bekehrt?	61%	29%	8%	2%	516

Bezüglich der Existenzformen lässt sich zeigen, dass die Evangelikalen in extremer Weise *gemeinsame kognitive Annahmen und Werte* aufweisen (Tabelle 3). Beispielhaft habe ich hier dargestellt, dass die Evangelikalen gewissermassen en bloc ein wörtliches Bibelverständnis propagieren, dass sie von einer persönlichen Beziehung zu Jesus Christus sprechen und einer konservativen Sexualmoral das Wort predigen.[18] Nicht nachzuweisen ist jedoch – jedenfalls nach meinen Daten – das zweite Element der „gemeinsamen Existenzformen", nämlich die *gemeinsame soziale Lage* der Evangelikalen.

Tabelle 3: Gemeinsame kognitive Annahmen, Erfahrungen, Werte der Evangelikalen

		1	2	3	4	5	N
Wörtliches Bibelverständnis	Bekehrt	4%	1%	1%	2%	93%	514
Dass Jesus auferstanden ist, ist eine objektive Tatsache. Sein Grab war leer. Cr V: .39	Nicht bekehrt	12%	8%	6%	19%	56%	52
Religiöse Erfahrung Ich habe eine persönliche Beziehung zu Jesus Chrisus. Ich kann mit ihm reden, wie ich zu einem	Bekehrt	1%	1%	0%	4%	95%	527
Mitmenschen reden kann. Cr V: .60	Nicht bekehrt	14%	16%	5%	30%	34%	56
Sexualmoral Sexuelle Beziehungen sind nur in der Ehe erlaubt.	Bekehrt	0%	4%	2%	14%	79%	510
Cr V: .64	Nicht bekehrt	38%	21%	2%	24%	16%	54

1 stimme gar nicht zu 2 stimme eher nicht zu 3 keine feste Meinung
4 stimme eher zu 5 stimme völlig zu

Als Fazit dieses Abschnitts können wir festhalten, dass die hier untersuchten Evangelikalen tatsächlich ein Milieu mit einer Milieugrenze, erhöhter Binnenkommunikation und gemeinsamen Existenzformen im Sinne von gemeinsamen Werten, nicht aber gemeinsamer sozialer Lage darstellen.

18 Betrachtet man, wie extrem verschieden diese Ansichten vom gesellschaftlichen „common sense" sind, so stellt sich die Frage, wie die Evangelikalen es schaffen, diese Ansichten für plausibel zu halten. Wie können sie, mit anderen Worten, sich selbst davon überzeugen, dass die Dinge sich tatsächlich so verhalten, wie sie glauben – wenn doch sonst niemand dieser Auffassung ist? Diese Frage stellen auch Hammond und Hunter 1984. Ein wichtiger Teil der Antwort muss sicherlich in der Geschlossenheit des Milieus selbst liegen, in der Schärfe der Unterscheidung zwischen Dazugehörigem und Nichtdazugehörigem sowie an effektiver interner sozialer Kontrolle. Wie der religiöse „common sense" etwa aussieht, lässt sich in Daiber 1995 gut nachlesen.

6. Funktionale Analyse des evangelikalen Rekrutierungsproblems

Arbeitet man sich in die Rekrutierungsproblematik des Evangelikalismus ein, so bemerkt man recht schnell einen scheinbaren Widerspruch: Die meisten Veranstaltungen, die man besucht, scheinen vor allem dem Zweck der Evangelisation zu dienen. Die Anwesenden sollen sich an diesen Anlässen bekehren, die Botschaft soll ins Volk getragen werden, die Gemeinden sollen wachsen. Das ist das eine. Auf der anderen Seite bemerkt man aber bald, dass die allermeisten der Leute, die an diesen Anlässen teilnehmen, schon länger oder schon von Kindheit an Evangelikale sind. Das heisst: Rekrutierung geschieht hier offenbar nur selten. Und es stellt sich die Frage, wann und wie diese Leute zum Evangelikalismus gekommen sind. Wo kommen sie her? Wie löst der Evangelikalismus sein Rekrutierungsproblem *tatsächlich*?

Ich denke, man kann hierauf eine doppelte Antwort geben: durch die Rekrutierung vor allem Jugendlicher und junger Erwachsener einerseits und durch die Rekrutierung der eigenen Kinder andererseits. Ich behaupte nicht, dass der Evangelikalismus nur so rekrutiert; wohl aber, dass dies zwei zentrale Merkmale der evangelikalen Rekrutierung sind, die zu charakteristischen Problemen und gar Dilemmata führen.

6.1 Rekrutierung von Kindern, Jugendlichen und jungen Erwachsenen

Die Behauptung, dass der Evangelikalismus vor allem Kinder, Jugendliche und junge Erwachsene rekrutiere, lässt sich sehr gut belegen, weil die Evangelikalen von einem einmaligen Beitritt, einer einmaligen, datierbaren Bekehrung ausgehen. Fast alle Evangelikalen können einen solchen Bekehrungszeitpunkt angeben. Es genügt also, die Bekehrungsalter zu erfragen, um zu sehen, innerhalb welcher Altersklassen der Evangelikalismus rekrutiert.

In Schaubild 1 sehen wir: Etwa 2/3 der Befragten bekehren sich im Alter zwischen 16 und 25 Jahren. Etwa 85% bekehren sich bis und mit 30 Jahren. Fast 1/3 der Bekehrungen finden bis und mit 15 statt, man kann also von Kinderbekehrungen sprechen. Bekehrung ist mithin tatsächlich ein Phänomen der Kinder, Jugendlichen und jungen Erwachsenen. Spätere Bekehrungen sind eher unwahrscheinlich.[19]

---

19 Dies gilt bis in die neuste Zeit hinein, obwohl das mittlere Bekehrungsalter etwas steigt; in den 80er-Jahren bekehren sich 78% bis und mit 30 Jahren.

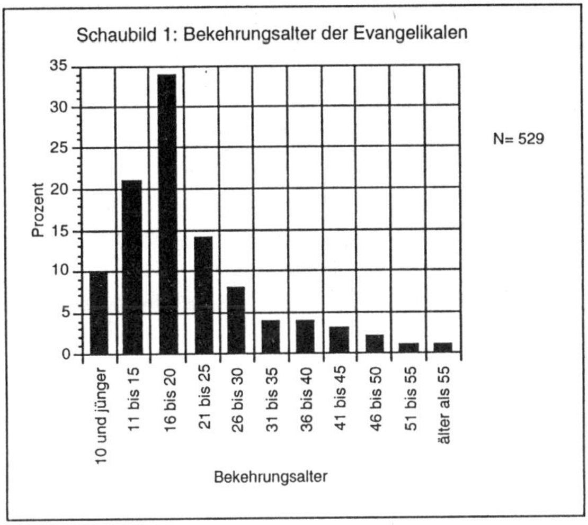

Aus der Tatsache der tiefen Bekehrungsalter lässt sich eine interessante, oben schon angedeutete Folgerung ziehen: Offenbar sind viele der von den Evangelikalen als missionarisch interpretierten Aktivitäten eher strukturerhaltender als tatsächlich missionierender bzw. rekrutierender Natur. Das gilt sicherlich für viele Hauskreise, für alle Aktivitäten bei denen vor allem ältere Evangelikale teilnehmen, sicherlich auch für viele evangelikale Grossanlässe wie z.B. Explo-Veranstaltungen.[20] Die meisten Bekehrungsgottesdienste finden fast ausschliesslich vor Personen statt, die sich schon bekehrt haben. Ähnliches gilt für die Aktivitäten von Campus für Christus selbst, wie Tabelle 4 zeigt.

Tabelle 4: Anteil der Personen, die sich wegen Campus bekehrt haben

Hat Campus für Christus oder eine mit Campus verbundene Aktivität eine Rolle gespielt, als Sie zum Glauben gekommen sind? (z.B. Aktion neues Leben, Frauen-Frühstückstreffen, Athletes in Action, Explo)?	
Ja, eine grosse Rolle	3%
Ja, eine gewisse Rolle	6%
Nein	91%
Total	100%
N	529

Bemerkung: Hier sind nur die Bekehrten ausgewiesen.

20 Diese Ansicht wird zum Teil auch im evangelikalen Lager vertreten, z.B.von Herrli 1995; siehe auch idea Pressedienst Nr 10/97.

Im folgenden möchte ich nun fragen, welches denn die soziologischen Gründe für das tiefe Bekehrungsalter sind. Warum bekehren sich vor allem Personen vor 30, ältere dagegen kaum mehr? Und wie kommt es zu Kinderbekehrungen?

Eine erste Erklärungsmöglichkeit wäre, dass dieses Rekrutierungsverhalten rein historisch und kontingent ist. Es ist möglich, dass ältere Personen sich im Prinzip genauso gut rekrutieren liessen wie jüngere – nur hat man es eben noch nicht versucht. Das entsprechende Marktsegment ist eben noch nicht erschlossen worden. Diese Erklärung überzeugt allerdings nicht besonders, vor allem wenn man bedenkt, welch missionarischer Aufwand von den Evangelikalen betrieben wird und wie viele Angebote es auch für ältere Menschen gibt.

Eine zweite Erklärung ist sicherlich relevanter: In vielen Fällen bekehren sich Kinder von schon bekehrten Eltern. Diese Personen wachsen im Evangelikalismus auf. Sie können sich daher auch sehr früh, schon als Kinder, bekehren. Wenn sich Kinder von bekehrten Eltern selbst auch bekehren, kann man von „Selbstrekrutierung" sprechen.

Eine dritte Erklärung sehe ich in einer *erhöhten Erreichbarkeit der Jugendlichen / jungen Erwachsenen.* Jugendliche und junge Erwachsene sind aus soziologischen, aber wohl auch aus psychologischen und biologischen Gründen für Bekehrungen eher empfänglich. Ich denke etwa an die höhere soziale wie geographische Mobilität junger Leute, an die Notwendigkeit, grössere Lebensentscheidungen zu treffen, welche junge Leute gewissermassen zu professionellen Suchern macht, Suchern auch in religiösen Belangen.

Man kann nun fragen: Wenn der Evangelikalismus das Rekrutierungsproblem löst, indem er vor allem Jugendliche rekrutiert, welche Folgeprobleme ergeben sich dann daraus? Und wie löst er diese Folgeprobleme und was ist an diesen Lösungen wieder problematisch? Ich möchte ein Folgeproblem nennen und die Lösungsmöglichkeiten vorstellen.

Ein zentrales Folgeproblem ist, dass der Evangelikalismus in Konkurrenz zu den mannigfaltigsten Jugendkulturen und ihren Lebens- und Freizeitstilen treten muss.[21] Der Evangelikalismus wird von den Jugendlichen verglichen mit anderen Lebensstilen, etwa der Techno-Bewegung, der Hip-Hop-Szene, der Alternativszene. Die evangelikalen Anlässe stehen im Wettstreit mit Freizeitbeschäftigungen aller Art, sei das nun Sport, Musikanlässe usw. Der Evangelikalismus muss also zeigen können, dass er die bessere Alternative ist, dass es sich lohnt, ihn zu wählen und nicht etwa ein anderes Milieu. Dabei will er auf die ideologisch zentralen Aussagen keinesfalls verzichten.

---

21 Vgl. für die Tatsache, dass Religion ganz allgemein in Konkurrenz zu Freizeitaktivitäten treten muss, Luhmann 1982, 239. Zur damit verbundenen „Privatisierung" der Religion siehe z.B. Dobbelaere 1984, 202, Luckmann 1991, 141, 151.

Wie versucht nun der Evangelikalismus, dies Problem zu lösen? Ich sehe vor allem drei Strategien, die verfolgt werden. Ich nenne sie, vielleicht etwas unüblich: „Infiltration", „Maskierung" und „Glaube als Erlebnis". Alle drei Strategien allerdings führen in ein Dilemma.

Die erste Strategie kann man „*Infiltration*" nennen. Da die Personen aus gewissen Szenen nicht von selbst kommen, geht man eben in die Szenen hinein und versucht, innerhalb und durch die dort schon bestehenden sozialen Netzwerke zu rekrutieren. Dies gestaltet sich nicht immer einfach. Man muss Kontakte zu Szenenmitgliedern knüpfen, man muss ihr Vertrauen gewinnen, ihre Sprache beherrschen, ihre Werte kennen und schätzen. Kurz: man muss sich ihnen in vielen Hinsichten angleichen. Dies ist relativ einfach in Szenen, deren Werte dem Evangelikalismus nicht a priori widersprechen wie etwa bei konservativen Studenten oder Hausfrauen[22]. Schwieriger wird es sicherlich bei Szenen mit dem Evangelikalismus widersprechenden Werten wie z.B. Techno-Bewegung, Rocker, Alternative. Und hier stossen wir auf ein Dilemma, das aus der Mission schon länger bekannt ist: Je mehr man versucht, in die Szene einzutauchen, desto grösser wird die Wahrscheinlichkeit, dass man selbst durch die Szene verändert wird, dass man seine ursprünglichen Glaubenssätze, Werte und Ziele modifiziert und den Bedürfnissen der Szene anpasst. Es besteht die Gefahr, dass man schliesslich etwas ganz anderes vertritt als man ursprünglich gewollt hatte. Taucht man dagegen nicht in die Szene ein, nimmt man sich nicht die Mühe, die fremde Sprache wirklich zu beherrschen, läuft man die Gefahr, die Leute gar nicht erst zu erreichen.[23]

Ein schönes historisches Beispiel für den zuerst genannten Fall ist in der Geschichte von Campus in den Jahren um 1968 zu finden. Damals sorgte sich Campus, da die eigenen Gruppen zu stagnieren schienen, die Alternativkultur dagegen grossen Zulauf hatte. So gaben sie dreien ihrer besten Leute, den Auftrag, eine spezielle Evangelisation für Alternative ins Leben zu rufen. Ich zitiere einen der drei:

> „Pat grew a moustache and beard for the first time in his life. Fred´s hair grew shaggier (though he never was too particular about that), and he too had a moustache. Pat´s clothes began to match Fred´s in casualness. But the biggest surprise came from me. The formerly meticulous and suit-clad Jack, I changed dress completely and grew a full beard" (Quebedeaux 1979, 32).

Man sieht, die drei versuchen als erstes einmal, gleich auszusehen wie die damaligen Alternativen. Bei diesen äusserlichen Veränderungen blieb es aber keineswegs. Tatsächlich gelang es den dreien, in die Szene einzusteigen. Das

---

22 Der Begriff „Hausfrauen-Szene" mag vielleicht etwas ungewohnt erscheinen. Zu bedenken ist aber, dass Hausfrauen eine gemeinsame soziale Lage aufweisen und möglicherweise gemeinsame Interessen und Werte, die sich auf Kindererziehung, Kochen, Hausarbeit, Mode usw. beziehen mögen. Ob eine Hausfrauen-Szene vorliegt und wer dazugehört, ist natürlich jeweils eine empirische Frage.

23 Diese Problematik ist natürlich schon lange bekannt und tritt vor allem in der Mission in anderen Kulturen typisch auf.

bedingte aber eine grosse Identifikation mit den Problemen und Bedürfnissen der Leute in der Alternativkultur. Entsprechend begann die Bewegung sehr stark soziale Hilfe z.B. für Drogensüchtige oder Obdachlose anzubieten. Und schliesslich wurde die Bewegung selbst radikalisiert. Die Leiter begannen, in Jesus einen Revolutionär zu sehen und es kam zu Problemen mit der „Mutterbewegung" Campus (vgl. ebd.).

Nach meinen Beobachtungen wird gegenwärtig kaum mit „Infiltration" in Jugendbewegungen gearbeitet. So gesehen sind die Evangelikalen gegenwärtig vorsichtiger als noch in den späten sechziger Jahren. „Infiltration", oder, wenn man so will, Arbeit innerhalb der Zielgruppe, wird zwar betrieben: es gibt Bemühungen, für Sportler/innen, Hausfrauen, Geschäftsleute, Männer, Musiker/innen eigene Programme aufzubauen.[24] Aber hier handelt es sich meist um Erwachsenenszenen, welche ja, wie wir gesehen haben, eher der Strukturerhaltung als der Rekrutierung dienen.

Die zweite Strategie nenne ich *„Maskierung*". Die Maskierung ist der Infiltration sehr ähnlich, jedoch weniger radikal. Genau wie bei der Infiltration versucht man, Personen aus ganz bestimmten Szenen anzusprechen. Genau wie bei der Infiltration gleicht man sich der entsprechenden Szene an. Der Unterschied aber besteht darin, dass es bei der Maskierung bleibt. Man steigt nicht in die fremden Szenen ein, sondern bleibt unter sich. Man schreckt vor dem letzten Schritt zurück, weil man fürchtet, durch die fremden Szenen verändert zu werden.

Indessen hofft man, das Szenenpublikum auch so abwerben zu können. Hierzu gibt es viele Beispiele; es gibt evangelikale Rock, ja sogar Hard-Rock-Musik; es gibt evangelikale Veranstaltungen, die mit Flyers werben und an welchen Techno-Musik läuft. Bei alledem wird genau darauf geachtet, den Kern der evangelikalen Botschaft nicht zu verlieren und auch die moralischen Vorstellungen nicht zu verletzen. Es bleibt also bei Geboten wie: nicht rauchen, kein Alkohol, kein Sex vor der Ehe usw. Wo bei Evangelikalen Techno läuft, wird sicherlich kein Ecstasy konsumiert. Man versucht hier gewissermassen, das gleiche Produkt in neuer Verpackung an den Mann oder die Frau zu bringen. Dadurch haftet den entsprechenden Versuchen oft etwas Künstliches, Unwirkliches an. Man merkt: Es ist irgendwie nicht echt. Auch die Rekrutierungserfolge sind m.E. gering. Allenfalls nützen solche Strategien, um die eigenen „Mitglieder" bei der Stange zu halten, indem man ihnen nicht vorenthält, was auch andere Jugendliche geniessen können.[25] Wieder sehen

---

24 Für Sportler/innen gibt es „athletes in action" für Hausfrauen „Frauen-Frühstücks-Treffen", für Musiker/innen „crescendo"; die historisch erste Zielgruppe, die ja auch den Namen „Campus" lieferte, waren natürlich die Studenten, obwohl gerade hier im Moment wenig Erfolge zu verzeichnen sind.

25 Wie sehr die Angebote für schon evangelikale Jugendliche versuchen „jung" zu sein, sieht man etwa an einer kleinen Broschüre über Sommerprojekte von Young Mission (die zu Campus für Christus). Dort heisst es etwa: „So, was machst du diesen Sommer??? Ich möchte ja deine Gefühle nicht verletzen, aber gibt es etwas so Wichtiges, dass du nicht ein

wir, jetzt von der anderen Seite, das Dilemma: Geht man ganz in die Szene hinein, betreibt man Infiltration, so läuft man Gefahr, selbst verändert zu werden; belässt man es bei einer blossen Maskierung, so ist die Gefahr, dass man die Adressaten gar nicht erreicht.

Die dritte Strategie nenne ich *„Glaube als Erlebnis"*. Hier besinnt sich der Evangelikalismus auf seine eigenen Stärken. Er versucht nicht etwa wie bei den zuvor genannten Strategien, die Erlebnisse anderer Szenen, etwa des Techno, zu übernehmen und für die eigenen Zwecke zu nutzen. Vielmehr sucht er, die Erlebnisse, die im Evangelikalismus möglich sind, zu steigern und zu propagieren. Denn tatsächlich ist es möglich, im Evangelikalismus ganz aussergewöhnliche Erfahrungen an Gemeinschaft, Geborgenheit aber auch Ekstase zu machen. Man kann sich fragen, ob Erlebnisse dieser Art nicht genügen sollten, um eine ausreichende Rekrutierungswirkung zu entfalten. Es gibt verschiedene Wege, um diese gewissermassen hauseigenen Erlebnisse zu steigern. So kann man Prediger und Evangelisten zu regelrechten Stars aufbauen, man kann Anlässe organisieren, die möglichst gross sind, man kann gemeinsame Gebete oder andere Aktivitäten effektvoll inszenieren, um die Erlebnisse der Teilnehmenden zu intensivieren.

Ein gutes Beispiel für Glaube als Erlebnis liefert in jüngerer Zeit die sog. Toronto-Bewegung. Sie entsteht Anfang der 90er Jahre und wird 1994 in die Schweiz, in die Basileia-Gemeinde in Bern importiert. 1995 wird z.B. eine Veranstaltung für 12-18jährige durchgeführt, die „Teen-Age-On-Fire" heisst; eine weitere Veranstaltung heisst „Feuer und Glut". Teilnehmer/innen an den charismatischen Gottesdiensten schreien, lachen, lallen, schütteln sich, fallen in Trance usw. Diese charismatische Erneuerung stösst innerhalb der evangelikalen Szene auf grosses Echo, trifft aber bei den meisten Freikirchen auch auf Vorbehalte.[26] Immerhin muss man zugeben, dass, was immer hier geschieht, für die Teilnehmenden offenbar ein Erlebnis ist.

Die Frage ist allerdings, ob Personen von aussen überhaupt an diese Erlebnis-Anlässe kommen. Eine weitere lautet, ob sie, wenn sie kommen, von diesen Anlässen angesprochen werden. Und hier liegt m.E. eine grosse Schwierigkeit. Denn offensichtlich erodiert gegenwärtig der christliche „background" in der Gesellschaft immer mehr. Das, was die Jugendlichen an

---

paar Wochen deiner Ferien für Gott einsetzen kannst? Hey, hey, ich spreche hier nicht davon, dass du keinen Spass haben wirst, auch nicht davon, dass du keine neuen Freunde kennenlernst und ..und.. und.. Alles klar??? Mach einen Schritt vorwärts, verzieh dich in dein Zimmer und sprich mit Gott darüber. Dann kannst du ja weiterlesen und davon träumen, was Gott in dir und durch dich diesen Sommer tun kann." Über das Lager in Paraguay heisst es dann: „Du hörst Schüsse in der Entfernung, während du im Ghetto den Jesus-Film zeigst. Eine ganze Schulklasse hört gespannt zu, während du ihnen von Jesus erzählst. Du lebst zusammen mit Schweizer und lokalen Missioneros, und wir sorgen auch dafür, dass du etwas vom Land zu sehen bekommst. Olaf sagt, der Food ist übrigens genial".

26 Siehe hierzu das idea dossier Nr. 1/95 vom 13. April 1995. Idea magazin Nr 6/95 vom 13. April 1995. Ferner allgemein Eggenberger 1994, 50.

christlichem Wissen und Erfahrungen mitbringen, wird weniger und weniger. Damit wird es immer unwahrscheinlicher, dass sie direkt auf christliche Erlebnisereignisse ansprechen. Die Terminologie, der Sinn des Geschehens, die Art der Erlebnismöglichkeiten müsste ihnen erst beigebracht werden. Tatsächlich weisen denn die Erfahrungen, die man unterdessen mit z.B. Grossanlässen hat, darauf hin, dass auch sie vor allem für Insider sind, dass sie aber keine direkt rekrutierende Wirkung haben.

Auch hier also liegt ein Dilemma. Konzentriert sich der Evangelikalismus auf seine eigenen Stärken, seine eigenen Erlebnismöglichkeiten, so läuft er Gefahr, zum Selbstunterhaltungsclub zu werden. Versucht er dagegen die Erlebnisse anderer Szenen zu benutzen, so läuft er, wie wir gesehen hatten, Gefahr, seine Identität zu verlieren.

Als Fazit dieses Abschnitts kann man sagen, dass der Evangelikalismus sich bei seiner Rekrutierung vor allem auf junge Leute beschränkt. Ein Folgeproblem ist die Konkurrenz zu anderen Aktivitäten und Lebensstilen von Jugendlichen. Drei Lösungmöglichkeiten können in den Strategien der „Infiltration", der „Maskierung" und des „Glaube als Erlebnis" gesehen werden. Diese Lösungen sind selbst mit schwierigen Folgeproblemen, mit Dilemmata behaftet und scheinen gegenwärtig nur beschränkt wirksam.[27]

6.2 Selbstrekrutierung: Rekrutierung der eigenen Kinder

Neben der Tatsache, dass der Evangelikalismus fast ausschliesslich junge Personen rekrutiert, fällt sofort eine zweite Tatsache auf: dass sehr viele Sich-Bekehrende selbst Kinder von Bekehrten sind. In diesem Fall kann man von Selbstrekrutierung sprechen.

Tabelle 5: Selbstrekrutierungsrate der Evangelikalen

	Beide	Eine/r	Keine/r
Bezeichneten sich Ihre Eltern als bekehrt, als Sie noch ein Kind waren (Alter bis 12)?	32%	15%	53%

Für meine Zwecke habe ich als selbstrekrutiert definiert, wer einen oder zwei bekehrte Elternteile hatte als er oder sie ein Kind war. Die Altersgrenze

27 Zu einer ähnlichen Einschätzung gelangt Herrli 1995.

habe ich relativ willkürlich auf 12 Jahre gesetzt. Nach dieser Definition sind 47% der Befragten selbstrekrutiert (Tabelle 5).[28] Die Höhe der Selbstrekrutierungsrate kann übrigens nicht erstaunen. Für religiöse Gruppen ist eine meist recht hohe Selbstrekrutierungsrate normal.

Schaubild 2: Bekehrungsalter nach "Bekehrtheit der Eltern"

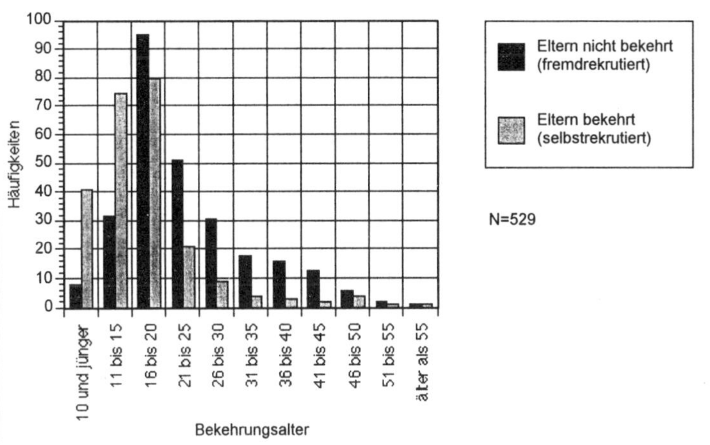

Ich hatte schon darauf hingewiesen: Selbstrekrutierung ist ein wichtiger Grund dafür, dass das mittlere Bekehrungsalter so tief liegt. Tatsächlich gehen die meisten Kinderbekehrungen, wie ja auch zu erwarten war, auf Selbstrekrutierung zurück (Schaubild 2). Ein Grund dafür ist, dass Kinder von nichtevangelikalen Eltern oft gar nicht die Möglichkeit haben, früh mit dem Evangelikalismus in Kontakt zu kommen.

Generell kann man sagen, dass für die Selbstrekrutierten Bekehrung etwas sehr anderes ist als für die Fremdrekrutierten. Selbstrekrutierte müssen kein neues Weltbild konstruieren; sie haben dieses Weltbild schon oder kennen es wenigstens sehr gut. Hier ist Bekehrung kein Beitritt, sondern ein „rite de passage" innerhalb des Systems. Viele also, die sich bekehren, waren schon immer dabei.

28 Gasser fragte in einer Umfrage bei Mitgliedern von Chrischona-Jugendgruppen: „Wodurch hast Du zum ersten Mal gehört, dass Du Dich entscheiden sollst?" Hier antworteten 55%, dass sie dies zuerst von den Eltern gehört hätten. Es folgen mit je 14% „Jungschar" und „Evangelisationsveranstaltung". Auch dies ist ein Hinweis auf die Wichtigkeit der Selbstrekrutierung.

Man kann nun fragen: Wenn der Evangelikalismus das Rekrutierungsproblem löst, indem er stark auch auf Selbstrekrutierung setzt, welche Folgeprobleme ergeben sich dann daraus?

Ein erstes Problem kann sich dadurch ergeben, dass die evangelikalen Aktivitäten sich nur noch auf die Selbstrekrutierten konzentrieren und dabei ihre Rekrutierungsfunktion gegen aussen vergessen. Dies Problem wird im Evangelikalismus durchaus gesehen und auch offen formuliert. So trägt eine Studie der Chrischona-Gemeinden der Schweiz von 1996, die zeigt, dass in den Jugendgruppen zum grössten Teil Selbstrekrutierte zu finden sind, den selbstkritischen Titel „Unter uns haben wir es schön" (Gasser 1996).

Ein zweites Problem scheint zu sein, dass es immer schwieriger wird, die eigenen Kinder im Evangelikalismus zu halten. Ob es sich so verhält, kann ich nicht sagen, da hierzu die Daten fehlen. Ich würde es aber vermuten. Meine These wäre die, dass die Individualisierung auch vor dem Evangelikalismus nicht halt macht. Die Kinder von Evangelikalen werden zur Kenntnis nehmen, dass man in der Gesellschaft über immer mehr Sachverhalte frei entscheiden kann, und dies ebenfalls tun wollen. Sie werden sich selbst immer häufiger fragen, ob sie sich wirklich bekehren wollen und die Entscheidung gegen die Bekehrung wird immer akzeptabler werden. Spricht man dies Problem in evangelikalen Kreisen an, so trifft man auf eine grosse Besorgnis. Die Angst, die Kinder nicht „halten" zu können, ist gross. Auf der anderen Seite wird das Problem offenbar kaum offen diskutiert. Es scheint für Eltern oft als Makel zu gelten, wenn ein oder mehrere Kinder sich nicht für den Glauben interessieren.

Hier liegt übrigens noch ein sehr spezielles Problem für evangelikale Eltern versteckt. Gemäss der Ideologie kann „Christ" (im emphatischen, evangelikalen Sinne) nur sein, wer sich aus freien Stücken dafür entscheidet. Das aber führt in eine Schwierigkeit, in eine Paradoxie. Von den Eltern aus gesehen lautet sie: Wie kann ich meine Kinder dazu bringen, sich freiwillig für die Bekehrung zu entscheiden?[29] Dies Ansinnen ist natürlich paradox. Wenn ich das Kind in meinem Sinn beeinflusse, ist die Entscheidung nicht frei; wenn ich ihm die freie Wahl lasse, entscheidet es möglicherweise nicht in meinem Sinne. Auf Paradoxien dieser Art hat und ihre Folgewirkungen z.B. Paul Watzlawick immer wieder hingewiesen.[30] Wie das Problem gelöst wird, hängt natürlich stark von den individuellen Präferenzen und den individuellen Erziehungsstilen der Eltern ab. Zwei Strategien, um mit dem Paradox umzuge-

29 Problematisch ist dies jedoch nicht nur für die Eltern, sondern auch für die Kinder selbst. Diese haben nämlich das Gefühl, die Bekehrungen derjenigen, die „von aussen" von einem nichtchristlichen Hintergrund her kommen, seien irgendwie „besser", „echter", da sich diese Leute tatsächlich für etwas entscheiden, was sie vorher nicht waren.

30 Siehe z.B. Watzlawick et al. 1974, S. 88. Es handelt sich nach diesen Autoren um eine Paradoxie der „sei spontan"-Form. Zu solchen Paradoxien komme es immer, wenn jemandem befohlen werde, etwas „aus innerem Antrieb", „von selbst", „aus eigenen Stücken", aus „richtiger Gesinnung" usw. zu tun.

hen, sind besonders auffällig. Zum einen scheinen evangelikale Eltern zu versuchen, eine möglichst enge, ja z.T. fast symbiotische Beziehung zu ihren Kindern aufzubauen. Die Enge der Beziehung, die natürlich auch viel Liebe und Geborgenheit spenden kann, macht die gleichzeitig erfolgende Kontrolle „natürlich" und z.T. wie unsichtbar. So wird es möglich, dass die Kinder tatsächlich aus freien Stücken, wie sie meinen, das wollen, was die Eltern auch wollen.[31] Zum anderen scheint es eine wichtige Arbeitsteilung zwischen den Eltern und dem Prediger der Gemeinde zu geben. Sehr oft liefern die Eltern den evangelikalen Hintergrund, der Prediger aber den konkreten Anstoss zur Bekehrung.[32]

Liegt nun in diesen Folgeproblemen auch ein Dilemma versteckt? Möglicherweise ja. Es scheint, als ob der Evangelikalismus gleichzeitig von zwei verschiedenen Seiten her bedroht wird. Auf der einen Seite wird es eher schwieriger, die Kinder im Evangelikalismus zu halten; dies verlangt nach vermehrten Anstrengungen und möglicherweise einer stärkeren Schliessung gegenüber der gesellschaftlichen; auf der anderen Seite scheint auch Fremdrekrutierung immer schwieriger zu werden, da der christliche Hintergrund der Bevölkerung rapid schwindet. Dies würde vermehrte Öffnung gegenüber der gesellschaftlichen Umwelt nahelegen. Die beiden Optionen schliessen sich jedoch gegenseitig aus. Vermehrte Öffnung macht das Halten der Kinder schwieriger, vermehrte Schliessung verhindert Fremdrekrutierung.

Das Fazit dieses Abschnitts: Die Evangelikalen rekurrieren in ansehnlichem Mass auf Selbstrekrutierung. Hieraus ergeben sich unter anderen die Folgeprobleme, dass a) das System die Fremdrekrutierung gewissermassen vergisst und sich nur noch auf die Unterhaltung der Selbstrekrutierten beschränkt; sowie b) dass es möglicherweise immer schwieriger wird, die eige-

---

31 Siehe für eine Fülle von Beispielen die beiden christlichen, von Campus vertriebenen Erziehungsbücher Campbell 1994 und ders. 1995. Einen Eindruck von der möglichen Enge evangelikaler Elternhäuser, die in den Erziehungsbüchern wie selbstverständlich vorausgesetzt wird, macht etwa folgende Textpassage: „Sie müssen dafür sorgen, dass Ihr Kind einsieht, dass Sie mit ihm zusammenarbeiten und nicht gegen ihn, um seine Unabhängigkeit und seine Freiheit zu sichern. Dabei müssen Sie vorsichtig sein, mehr Vertrauen als Konsequenzen einzusetzen. In den wenigen Monaten bevor der Jugendliche sein Elternhaus verlässt, können Sie seine Rechte ähnlich denen ausweiten, die er haben wird, wenn er allein in einer Wohnung oder in einem Studentenheim leben wird. Sie trainieren dadurch Ihren Teenager darin zurechtzukommen, indem er Selbstbeherrschung und Verantwortungsbewusstsein anwendet, auch wenn wenig oder keine Aufsicht da ist. Dieses Training ist schwer für Eltern. Nach Jahren sorgfältiger Erziehung und Überwachung unserer Kinder müssen wir lernen, unsere Lieben gehen zu lassen, und dies ist eine furchterregende Erfahrung" (Campbell 1994, 122). Zur „geistigen Vorbereitung" des heranwachsenden Kindes heisst es in ders. 1994, 112: „Die beste Art, wie man einem Teenager helfen kann, ist, dass man sein eigenes geistiges Leben mit ihm teilt. Wenn ein Teenager heranwächst, müssen wir Eltern ihm allmählich immer häufiger erzählen, wie es um unsere Liebe zu Gott steht."

32 Es zeigt sich nämlich, dass Selbstrekrutierte viel häufiger als Fremdrekrutierte angeben, durch einen evangelikalen Prediger zum Glauben gekommen zu sein, siehe dazu Stolz 1993, 104 .

nen Kinder tatsächlich im Evangelikalismus zu halten. Es gibt ein Dilemma, wenn man sich zwischen der Notwendigkeit einer grösseren Öffnung und dem Ziel einer ideologischen Geschlossenheit entscheiden muss.

7. Schluss

Ich habe versucht, die These zu vertreten, der Evangelikalismus sei ein Milieu, welches sich bezüglich seines Rekrutierungsproblems in charakteristischen Dilemmata befinde. Ich bin von gewissen recht gut belegbaren Sachverhalten ausgegangen (Rekrutierung Jugendlicher, Selbstrekrutierung) und habe nach Folgeproblemen und Folgelösungen gesucht. Es zeigten sich verschiedene charakteristische Probleme, die grossteils im Evangelikalismus auch als solche wahrgenommen werden und diskutiert werden. Vor allem stellt sich dem Evangelikalismus das Problem der „Anpassung", d.h. die Frage, ob und inwieweit er seine recht rigiden ideologisch und moralischen Auffassungen an die sehr viel liberalere gesellschaftliche Umwelt anpassen soll oder ob es nicht umgekehrt von Vorteil ist, wenn er an seiner eigenen ideologischen Substanz gerade festhält und sie betont.

Wie „schlimm" sind nun diese Probleme und Dilemmata? Ist der Evangelikalismus in einer ähnlich aussichtslosen Lage wie unser Held aus dem Action-Film, der zwischen hungrigen Wölfen und dem Abgrund wählen muss? Wird auch er höchstwahrscheinlich gefressen, so oder so? Dies ist offensichtlich nicht der Fall. Der Evangelikalismus hat mit schwierigen Problemen und Dilemmata zu kämpfen, aber er scheint alles andere als gelähmt durch die teils vertrackten Situationen. Im Gegenteil, er zeigt grosse Vitalität und Ideenreichtum. Dies lässt sich dadurch erklären, dass Dilemmata im sozialen Bereich sehr viel weniger eindeutig sind als in der klassischen Logik, sie können bearbeitet und transformiert werden; man kann versuchen, die Optionen zu vermehren oder einfach Zeit verstreichen zu lassen; Dilemmata können zu Kreativitätsschüben, völlig neuartigen Lösungsideen und so zu ihrer eigenen Beseitigung führen. Die Lage ist also keineswegs hoffnungslos, und es bleibt abzuwarten, wie der Evangelikalismus reagiert.

Literatur

Altermatt U. (1989): Katholizismus und Moderne, Zürich

Altermatt U. (1994): Ausbruchsversuche aus dem Korsett der Konkordanz. Essay zur Schweizer Politik am Ende des 20. Jahrhunderts, Basel, Frankfurt a. M.

Berger P. L. (1995): Sehnsucht nach Sinn: Glauben in einer Zeit der Leichtgläubigkeit, Frankfurt a. M.

Bergmann G. (1963): Alarm um die Bibel. Warum die Bibelkritik der modernen Theologie falsch ist, Gelsenkirchen

Billette A. (1976): Se raconter une histoire. Pour une analyse revisée de la conversion, in: Social Compass 23, 47-56

Blau P. M. (1955): The Dynamics of Bureaucracy. A Study of Interpersonal Relations in Two Government Agencies, Chicago

Bultmann R. (1985): Neues Testament und Mythologie: das Problem der Entmythologisierung der neutestamentlichen Verkündigung, München

Campbell R. (1994): Teenager brauchen mehr Liebe. Ein Handbuch für Eltern, die ihre Teenager richtig lieben wollen, Marburg

Campbell R. (1995): Kinder sind wie ein Spiegel. Ein Handbuch für Eltern, die ihre Kinder richtig lieben wollen, Marburg

Daiber K.-F. (1§995): Religion unter den Bedingungen der Moderne. Die Situation in der Bundesrepublik Deutschland, Marburg

Dobbelaere K. (1984): Secularization Theories and Sociological Paradigms: Convergences and Divergences, in: Social Compass 21, 199-219

Eggenberger O. (1994): Die Kirchen, Sondergruppen und religiösen Vereinigungen: ein Handbuch. 6., überarb. u. erg. Aufl., Zürich

Gasser W. (1996): Analyse 95. „Unter uns haben wir es schön“. Versuch einer Standortbestimmung der Jugendarbeit in den Chrischona-Gemeinden der Schweiz, Manuskript

Hammond P. E., Hunter J. D. (1984): On Maintaining Plausibility: The Worldview of Evangelical College Students, in: Journal for the Scientific Study of Religion 23, 221-238.

Hartmann H., Horvath F. (1995): Zivilgesellschaft von rechts, Zürich

Herrli F. (1995, 21. Juli 1995): Wie können wir denn evangelisieren? Die alten Methoden sind unwirksam, die neuen noch nicht gefunden - Was tun? 4-7

Jödicke A. (1995): Evangelikalismus und Bekehrung. Qualitative Interviews mit Jugendlichen in der Schweiz., in: Dressler B. u.a. (Hrsg.), Fundamentalistische Jugendkultur, Loccum, 7-41

Luckmann T. (1991): Die unsichtbare Religion, Frankfurt a. M.

Luhmann N. (1970): Funktion und Kausalität, in: ders., Soziologische Aufklärung, Bd. 1, Opladen, 9-30

Luhmann N. (1970a): Funktionale Methode und Systemtheorie, in: ders., Soziologische Aufklärung, Bd. 1, Opladen, 31-53

Luhmann N. (1982): Funktion der Religion, Frankfurt a. M.

Merton R. K. (1968): On Theoretical Sociology, in: ders. (Hrsg.), Social Theory and Social Structure, New York, 1-156

Quebedeaux R. (1979): I Found It! The Story of Bill Bright and Campus Crusade, London

Riesebrodt M. (1995): Generation, Kulturmilieu und Lebensführung, in: Dressler B. u.a. (Hrsg.), Fundamentalistische Jugendkultur, Loccum, 42-59

Schulze G. (1990): Die Transformation sozialer Milieus in der Bundesrepublik Deutschland, in: Berger P. A., Hradil S. (Hrsg.), Lebenslagen, Lebensläufe, Lebensstile, Göttingen, 409-432

Schulze G. (1995): Die Erlebnisgesellschaft. Kultursoziologie der Gegenwart, Frankfurt a.M.

Stolz F. (1995): „Fundamentalismus“, Religion der Jugend und Jugendkulturen - Vergleich dreier Forschungslagen, in: Dressler B. u.a. (Hrsg.), Fundamentalistische Jugendkultur, Loccum, 7-41

Stolz F., Merten V. (1991), Zukunftsperspektiven des Fundamentalismus, Freiburg/ Schweiz

Stolz J. (1993): Evangelikalismus und Bekehrung in der deutschen Schweiz. Eine theoretische und quantitativ-empirische Untersuchung. Lizentiatsarbeit, Zürich

Stolz J. (1995): Wie rekrutiert sich der Evangelikalismus?, in: Dressler B. u.a. (Hrsg.), Fundamentalistische Jugendkultur, Loccum, 132-155

Ulmer B. (1988): Konversionserzählungen als rekonstruktive Gattung. Erzählerische Mittel und Strategien bei der Rekonstruktion eines Bekehrungserlebnisses, in: Zeitschrift für Soziologie 17, 19-33

Wiesberger F. (1990): Bausteine zu einer soziologischen Theorie der Konversion. Soziokulturelle, interaktive und biographische Determinanten religiöser Konversionsprozesse, Berlin

Michael Hochschild

Kirche zwischen Organisation und Kommunikation. Neue geistliche Bewegungen als Vermittlungsinstitutionen

1. Problemstellung von Kirche in moderner Gesellschaft: doppelte Umweltreferenz

Überall dort, wo in der modernen Gesellschaft Ambivalenzen sichtbar werden, kann man damit rechnen, daß sie, aufgrund unterschiedlicher Präferenzen, zu einer unterschiedlichen Einschätzung des zugrundeliegenden Problems führen. Folglich verlangen Ambivalenzen nicht nur einen Interessensabgleich der beteiligten Parteien ab, sondern auch die Bereithaltung von Mitteln, um diesen Interessensabgleich zu organisieren. Einem befürchteten Kulturkampf an der Schwelle zum 21. Jahrhundert (vgl. Huntington 1996) will man heute vor allem durch Ausweis sogenannter „mediating institutions" (vgl. Berger 1997, 25ff) entgegenwirken. Die Erwartung ist, daß solche Vermittlungsinstitutionen mindestens Konfliktentschärfung leisten. Das gilt gesamtgesellschaftlich wie für die Belange der einzelnen gesellschaftlichen Teilsysteme, also auch für Religion.

In der Tat leistet die christliche Religion einen Beitrag zur Entstehung der modernen Organisationsgesellschaft und verstrickt sich dabei selbst in ein Organisationsdilemma, mit der Folge, daß sich Kirche als intermediäre Organisation herausbildet (vgl. Gabriel in diesem Band). Mit Hilfe dieses Organisationstyps soll zum Ausdruck gebracht werden, daß es Kirchen heute mit einer doppelten Umweltreferenz zu tun haben (vgl. Luhmann 1972): einerseits in der Form von Mitgliederverhalten mit Individuen und deren Interaktionen und andererseits in der Form von wechselseitigem Organisationskontakt. Damit lassen sich die bekannten religionssoziologischen Einsichten von konfessioneller Milieuauflösung und struktureller Individualisierung reformulieren und die derzeitigen Phänomene der Kirchenkrise als Verlust einer Balance zwischen den verschiedenen Umweltkontakten, als Balanceverlust zwischen Mitgliedschaftslogik einerseits und organisationsbezogener Einflußlogik andererseits, interpretieren. Ein Krisenmanagement müßte demnach darauf aus sein, diese Balance wiederherzustellen, sozusagen eine Re-Symmetrisierung zu leisten. Darin läge eine Vermittlungsleistung. Die Frage ist, welche Vermittlungsinstitutionen sich dafür anbieten.

2. Eine Vermittlungsfunktion ist gefragt

Bei der Wiederherstellung symmetrischer Umweltreferenzen von Religion könnte man zunächst etwa an eine „Vermittlungs-Theologie" (vgl. Scheffczyk 1965, 471-522; Graf 1989) denken. Immerhin verbirgt sich unter diesem Titel sowohl auf protestantischer als auch auf katholischer Seite ein historisches Reintegrationsprogramm von Glauben und Wissen, das jedoch nicht ganz frei von theologischen Verkirchlichungsbemühungen ist und deshalb auch einen Brückenschlag zwischen Kirche und Gesellschaft im Auge hat. Eine solche anspruchsvolle ekklesiologische Aufgabenstellung der damaligen wie heutigen Theologie ist freilich nicht ohne prominente Inspiration. Schleiermacher z.B. sieht die Theologie als Integrationsfunktion religiöser Differenzierung und ordnet sie daher der Kirche zu (vgl. Schleiermacher 1977, 2). Aber mit den gegenwärtig zunehmenden Entkirchlichungsphänomenen wird ja auch gerade Theologie von der Wucht einer Verdachtshermeneutik getroffen und ihr gegenüber (zuweilen sowohl von der Basis als auch vom Amt) offen ein Mißtrauen ausgesprochen. Ob Theologie klassischer Provenienz diesem Vermittlungsanspruch daher erfolgreich nachkommen kann, scheint fraglich. Deshalb macht es Sinn, sich nach alternativen Vermittlungsinstitutionen umzuschauen. Die Frage ist, ob diese theologische Funktion der Vermittlung heute auch von den sogenannten „Neuen geistlichen Bewegungen" erbracht werden könnte. Damit sind jedoch vornehmlich Phänomene des deutschen Katholizismus gemeint, unter denen man – im Unterschied zu religiösen Bewegungen – institutionell geprägte spirituelle Erneuerungsaufbrüche (vornehmlich des 20. Jahrhunderts), wie sie unter Namen wie Fokolar-Bewegung, Schönstatt-Bewegung, Equipes Notres Dame, Cursillo, Neokatechumenale, Charismatische Erneuerung und anderen in der Literatur und in der Kirche begegnen (vgl. Valentin, Schmitt 1988; ZdK 1995), versteht. Infolge ihrer kurzen Entstehungsgeschichte genießen sie – gegenüber der traditionsreichen Theologie – den entscheidenden Vorteil, nicht allzu stark von der Wucht des aufgebrochenen Mißtrauens getroffen zu werden, ja sogar hin und wieder als innerkirchliche Protestbewegung verstanden werden zu können, weil sie auf Defizite volkskirchlich etablierter Glaubenspraxis aufmerksam machen. Die These ist, daß sich diese Bewegungen *zwischen* Kirche als Organisation und Religion als Hort geistlicher Kommunikation (beziehungsweise Interaktion) situieren und damit für die moderne Problembearbeitung der Vermittlung doppelter Umweltreferenz von christlicher Religion in Frage kommen.

3. Neue geistliche Bewegungen als innerkirchliche „Zwischen"-räume

Aber warum gibt es überhaupt einen innerkirchlichen Zwischenraum, den diese Bewegungen dann einnehmen? Eine Antwort fällt zweifach aus, zum einen historisch, zum anderen systematisch. Zunächst historisch: Wenn heute über Kirche gesprochen wird, fällt der Blick fast wie selbstverständlich auf den Unterschied zwischen Mittelalter und Moderne. Es wird dann oft genug darauf hingewiesen, daß die mittelalterliche Gesellschaft eine religiöse Gesellschaft war, dominiert von einem christlichen Weltbild und mitgeprägt von einer bürokratischen Universalkirche, die das Monopol auf die Vergabe begehrter Heilsgüter erfolgreich für sich in Anspruch nehmen konnte. Das kann man mit unterschiedlichem Akzent bei Wolfgang Schluchter (vgl. Schluchter 1988, 524) genauso wie bei Peter Sloterdijk (vgl. Sloterdijk 1993, 24) nachlesen. Es scheint so, als ob diese historische Beobachtung besonders geeignet wäre, um die heutige Situation zu kontrastieren.

Um von der Verkirchlichung zur Entkirchlichung in der Moderne zu kommen, braucht es aber – zumindest im Katholizismus – einen Zwischenschritt: das Erste Vaticanum. Der wiederum vielbeachtete Jurisdiktionsprimat, der dort zustande kommt, ist freilich nur ein Indiz für das dahinter liegende Gesamtprojekt der Sakralisierung von Kirche als Organisation. Nachfolgende theologische Publikationen verfolgen demgemäß das Interesse, Kirche als Ur-Sakrament zu begründen (vgl. Semmelroth 1953). En passant erfolgt nämlich eine Zuspitzung der ekklesiologischen Ambivalenz von sichtbarer und unsichtbarer Kirche, und zwar insofern, als beide zur Deckung gebracht werden und die sichtbare Kirche Chiffre der unsichtbaren Kirche sein soll (explizit vgl. Rademacher 1931, 85; aber auch noch heute z.B. als Konvergenzmoment des reformiert/römisch-katholischen Dialogs auf der Weltebene: vgl. BM dokum 2 (ST) 708). Es gehört dann zur Obliegenheit des Organisationssystems Kirche, geistliche Kommunikation zu betreiben, und umgekehrt finden geistliche Kommunikationen stets als kirchliche Kommunikationen statt. In der Chiffrierung wird sozusagen der Unterschied zwischen religiöser Organisation und geistlicher Kommunikation absorbiert, ja annulliert. Das Problem der doppelten Umweltreferenz von Religion, mit dem es Kirche in der modernen Gesellschaft zu tun bekommt, entsteht – so gesehen – im Kontext jener De-Chiffrierung. Im Zuge dieser Entlarvung kann Religion weder auf Organisation noch auf geistliche Kommunikation enggeführt werden.

Die neuen geistlichen Bewegungen sind ein typischer Antwortversuch auf die vorliegende Ambivalenz. Sie gehen weder als Sekte vor den Toren der Kirche auf, noch werden sie dem Organisationssystem Kirche gänzlich einverleibt. Sie legen Wert auf ihre Kirchlichkeit, wollen jedoch zugleich über die Konfessions- und Religionsschwellen hinweg Offenheit ihrer Anhängerschaft demonstrieren (vgl. die diesbezügliche Selbstbeschreibung einiger

Bewegungen in ZdK 1995, 57-61). Sie stellen sich zwar in den Rahmen der christlichen Tradition hinein, leisten aber zugleich einen Beitrag zur Entwicklung neuer geistlicher Motive: Die Gemeinschaft von Charles de Foucauld beispielsweise entwickelt im 20. Jahrhundert einen neuen theologischen Grundsatz des Ordenslebens unter dem radikalen Leitgedanken der menschlichen Solidarität. Ein solcher Grundsatz ist in der Geschichte eigentlich nur fünfmal entwickelt worden: im anachoretischen Mönchtum seit Antonius, bei den klassischen Schöpfern koinobitisch-monastischen Lebens von Pachomius bis Benedikt, in den Bettelorden des 13. Jahrhunderts, bei Ignatius von Loyola und dann erst wieder bei Charles de Foucauld. Alles andere sind im Grunde Variationen oder auch Kombinationen dieser fünf Grundgestalten.

Neben dem historischen Grund gibt es aber auch noch einen systematischen Grund, warum gerade neue geistliche Bewegungen zwischen Kirche als Organisation und Religion als Hort geistlicher Kommunikation Platz finden. In der Regel hebt die Entstehungsgeschichte einer solchen Bewegung mit einem Gründercharisma an. Diese Tatsache ist für eine kirchliche Einordnung folgenschwer. In seinem Essay „Die drei reinen Typen der legitimen Herrschaft" unterscheidet Max Weber traditionale, legale und charismatische Herrschaftstypen.

> "Charisma soll eine als außeralltäglich (...) geltende Qualität einer Persönlichkeit heißen, um derentwillen sie als mit übernatürlichen oder übermenschlichen oder zumindest spezifisch außeralltäglichen, nicht jedem andern zugänglichen Kräften oder Eigenschaften [begabt] oder als gottgesandt oder als vorbildlich und deshalb als Führer gewertet wird" (Weber, 1922, 140).

Schon sprachlich fällt auf, daß eine *theologische* Beschreibung des Führers herangezogen wird. Seine Einsichten und Intuitionen sind nicht allen zugänglich, und so unterscheidet sich der Führer auch vom Beamten, dem Vertreter der „legalen Herrschaft". Während der Bürokrat begründen muß, seine Entscheidungen allseits anerkannten Regeln gemäß treffen muß, fehlt charismatischer Führung fast jede Orientierung an Regeln. Charismatische Herrschaft stabilisiert sich aus dem Glauben der Gefolgschaft. Und für diesen Glauben ist Bewährung die Grundvoraussetzung. Deshalb unterliegen die Entscheidungen des Führers keiner anderen Regel als der des Erfolgs, genauer: der je befriedigten Erfolgserwartung seiner Gefolgschaft (Bei Gustav Le Bon heißt es sogar: „Für die Massen muß man entweder ein Gott sein oder man ist nichts." Ders., o.J., 58). Eine Erfolgsgarantie und damit eine Existenzsicherung als Bewegung ist aber nur unter den Bedingungen strikter äußerer Abgeschlossenheit gegeben: im Fall von Bewegungen heißt das, sowohl zur Kirche als auch zur Gesellschaft hin sich abzuschließen (und sich gerade dadurch für mögliche und vor allem erwünschte Kontakte zu sensibilisieren) und die kirchliche Bürokratie, so gut es geht, zu dispensieren. Wenn es gutgeht, werden aus den Gründern Heilige, und wenn es nicht gutgeht, bleiben sie zumindest bewegungsintern als Märtyrer verehrungswürdig. Wenn es also zutrifft, daß der Katholizismus heute an den Folgen der Dechiffrierung leidet und sich das Problem einer doppelten Umweltreferenz einstellt, lassen sich die neuen geistlichen Bewegungen als „Zwischen“ insofern sozialstrukturell plausibilisieren, als sie „irgendwie“ eine Reintegration der beschriebenen Ambivalenz von Kirche in moderner Gesellschaft leisten. Die Frage ist nur: wie? Diese Frage zielt auf Vermittlungsstrukturen, über die die „Neuen geistlichen Bewegungen“ als Vermittlungsinstitutionen verfügen.

4. Vermittlungsstrukturen der „Neuen geistlichen Bewegungen“

4.1. Überblendung eigener Organisiertheit

Zwar bilden sich auch in diesen Bewegungen Organisationsstrukturen heraus, aber es gelingt meist, den Organisationsgrad durch Metaphern wie „Familie sein“ oder „Gemeinschaft leben“ zugunsten des jeweiligen spirituellen Programms abzudunkeln. Zumindest gilt das für eine diesbezügliche Selbstbeschreibung. So kann man z.B. der Zeitschrift einer solchen Bewegung entnehmen, daß ihre Ekklesiologie gerade durch die Absicht besticht, die eigene Infrastruktur möglichst informell – eben familiär – und minimal zu halten (vgl. Faatz 1996). Und aus Untersuchungen und Dokumenten z.B. aus der Frühzeit der Schönstatt-Bewegung von 1912-1914 erfährt man, daß die Statuten der Marianischen Kongregation Schönstatt gerade dadurch beeindrukken konnten, daß sie einen reduzierten Organisationsgrad von Kirche für sich selbst verwirklichten (vgl. Kastner 1939). Im Vordergrund steht der Realisierungswille eines spirituellen Programms.

Aber auch die einzelnen Mitglieder solcher Bewegungen müssen Auto fahren oder Vereinbarungen treffen (und Verbindlichkeiten einhalten), um ihre Gemeinschaft zu inszenieren. Auch „Neue geistliche Bewegungen“ sind dazu auf Entscheidungen angewiesen und deshalb zur Organisationsbildung gezwungen (vgl. Luhmann 1994). Innerhalb solcher Bewegungen weiß man zwar um den jeweiligen Organisationsgrad, nimmt ihn aber in Kauf, weil die formale Organisationsstruktur zum Bestandteil des entsprechenden Gemeinwesens zählt, das ansonsten seine Effizienz einbüßen würde. Was zählt, ist die Durchsetzung des spirituellen Programms, mit anderen Worten: die Umsetzung einer Idee des Gründers. Solange solche Bewegungen sich nämlich im Sinne einer Organismusmetaphorik nach außen darstellen können, so lange können sie sich ihre Existenz mit einem (auf den Gründer bezogenen) Schöpfungsmodell erklären. In diesem Sinne überblendet die Organismusmetapher nicht nur den jeweils vorhandenen Organisationsgrad, sondern gestattet auch noch einen besonders ursprungsbezogenen Kommunikationsstil der Bewegung (zu diesem Schöpfungsmodell vgl. Rademacher 1931, 136; zu Gründungsmythen und deren Auswirkungen auf Kommunikationsstile vgl. Lipp 1973). Allgemein entsteht so neuer Raum für Gemeinschaftsbildungen, der die „verfestigten Interaktionsgefüge“, von denen Simmel im Blick auf Organisationsbildung spricht (vgl. Simmel 1993, 182), aufweicht und hohe Instabilitäten schafft.

4.2. Prinzip der Entterritorialisierung

An dem Bewegungsprinzip der Entterritorialisierung von Kirche wird das besonders deutlich. Während Kirche außerhalb des Bewegungssektors weitgehend am Organisationsprinzip der Territorialisierung festhält (erst allmählich werden beispielsweise mit Kommunikations- (vgl. Ebertz 1997, 140-145) und Sozialpastoral (vgl. Steinkamp 1991) Ablöseanträge an eine Gemeindepastoral (vgl. Zulehner 1989) gestellt), differenzieren sich die Bewegungen aufgabenspezifisch, man möchte fast sagen: „arbeitsteilig“. Im Rahmen der Szene „Neuer geistlicher Bewegungen“ kommt es zu einer thematischen Dezentralisation der kirchlichen Kommunikationskultur. Während sich die eine Bewegung schwerpunktmäßig um das Thema der christlichen Ehe (Marriage Encounter) herum kristallisiert, stehen bei anderen Bewegungen etwa das Gebet und die Sakramente (Opus Dei) oder das Apostolat (Schönstatt) im Zentrum ihrer Kommunikationspraxis. Produkt einer kommunikativen Spezialisierung der einzelnen Bewegungen ist, insgesamt gesehen, die thematische Dezentralisation kirchlich verfügbarer Themen. Angeregt durch einen biographischalltagsbezogenen Frömmigkeitsstil kommt es darüber hinaus zu einem ständigen Zerfall und zu Neubildungen von Gruppenzusammenhängen (vgl. Gabriel 1992, 45f). Es entsteht eine relative Ungeordnetheit, eine Unüberschaubarkeit der Bewegung und somit eine Komplexitätssteigerung, die nicht mehr adäquat über eindimensionale Über- und Unterordnungsverhältnisse reduziert werden kann. Das hierarchische Prinzip versagt, und an seine Stelle tritt eine stärkere Zurechnung auf Personen: den Gründer, den Bewegungsleiter, den Kursleiter, aber auch einfach auf die einzelne Person selbst. Der religiösen Individualisierung wird damit eine kirchliche Hintertür geöffnet.

4.3. Lebensform Säkularinstitut

Neben der kirchlichen Individualisierungschance verdeutlicht die im Zuge der Bewegungen aufkommende neugestaltete Lebensform „Säkularinstitut“ die instabilen Bewegungsverhältnisse. Ihre leitende Idee und ihr Spezifikum einer „geweihten Welthaftigtkeit“ (Pollak 1996, 340) sprengte vor ihrer kirchenrechtlichen Anerkennung 1947 durch die Konstitution „Provida Mater“ die herkömmlichen Einteilungskriterien möglicher christlicher Lebensformen (vgl. Pollak 1986). Entscheidender kirchenrechtlicher Unterschied zum Ordensleben ist es, daß die Gruppenzugehörigkeit gerade nicht unter dem Siegel der Unauflöslichkeit erfolgt, sondern in der Form eines reversiblen Vertragsabschlusses gehalten ist. Eintritts- und Austrittsbedingungen liegen so wiederum in der Reichweite persönlicher Entscheidung. Die Freiheit der Entscheidung wird dadurch auf Dauer gestellt – und das heißt: es wird Zeit impliziert –, und so wird daraus eine Freiheit der Entschiedenheit.

4.4. Verzeitlichung

"Zeit“ scheint ein Schlüssel zur Beantwortung der Frage, wie die neuen geistlichen Bewegungen eine Position zwischen Kirche als Organisationssystem und Religion als Hort geistlicher Kommunikationen und Interaktionen einnehmen. Zunächst ist festzuhalten: Solche Bewegungen beherbergen beide Aspekte, sie sind also durch ein Sowohl-als-auch gekennzeichnet. Neben die äußere Abgeschlossenheit tritt aber mit der „inneren Unabgeschlossenheit“, dem „Versuchslabor“ (einer welthaften Kirche), wie Paul VI. die Säkularinstitute nannte, ein bedeutsamer Zeitfaktor bei der Selbstbeschreibung der Bewegungen. Meist geschieht diese Einblendung von Zeit in Form von Idealen (vgl. Voillaume 1955, 97-239; Penners 1983, 94-101), die es anzustreben gelte; ob als Familienideal, Gemeinschaftsideal oder eben auch persönliches Ideal. Solche Ideale weisen über die aktuelle Wirklichkeit hinaus und setzen Aufgaben für die weitere Zukunftsgestaltung. Mit dem jeweiligen Ideal stellt sich ein gegenwärtiges Versprechen für die Zukunft ein, das jedoch schon gegenwärtig wirkt, weil es Defizite der Gegenwart benennt, an denen es sich abzuarbeiten gelte, um die entsprechende Zukunftsoption überhaupt realisierbar erscheinen zu lassen. Die Einblendung von Zeit begründet gegenwärtiges Handeln vom Ausgriff auf eine bestimmte wünschenswerte Zukunft her. Und weil das für jede aktuelle Realität gilt, liefert diese Begründung zugleich ein nahezu unerschöpfliches Reservoir an Handlungsmotiven und dazugehörigen Motivationen. Damit stellt sich die „innere Unabgeschlossenheit“ einer Bewegung prinzipiell auf Dauer. Nach der Entlarvung der kirchlichen Sakralisierungschiffre in der modernen Gesellschaft übernehmen solche Bewegungen die Form des ausgeschlossenen Dritten, das heißt sie sind weder auf Organisations- noch auf Kommunikationszusammenhänge von Kirche reduzierbar, sondern zeichnen sich diesbezüglich durch eine gewisse Janusköpfigkeit aus. Die Form des ausgeschlossenen Dritten wird aber nur dadurch wieder möglich, daß eine Einblendung von Zeit den Wechsel von der einen Seite der

Unterscheidung – nämlich Kirche als Organisationssystem – auf die andere Seite – nämlich Religion als Hort geistlicher Kommunikationen – ständig abverlangt; ob zur Überprüfung des Realisierungsgrades des Ideals oder zur Kontrolle der „äußeren Abgeschlossenheit".

5. Perfektibilität statt Perfektion: Kirche mit Zeitindex als Vermittlungsinstitution?

Man kann am Beispiel der „Neuen geistlichen Bewegungen" schließlich beobachten, wie Religion ihr Problemlöseverhalten den Bedingungen der Modernisierung anpaßt. Mit „Modernisierung" wird allgemein ein verzeitlichtes Bewußtsein im Zuge der Neuzeit bezeichnet. „Modernisierung" ist deshalb der begriffliche Reflex einer Beschleunigung des sozialen Wandels seit dem Beginn der Industrialisierung (vgl. Kaufmann 1996, 5ff.), die – so läßt sich schlußfolgern – den Weg zu gesellschaftlichen Perfektionsvorstellungen versperrt. Vor diesem Hintergrund ist ein kirchliches Selbstverständnis als „societas perfecta" kaum noch haltbar. Wo Kirche aber, wie in den „Neuen geistlichen Bewegungen", mit einem Zeitindex versehen wird, zeigt sich eine große Lernbereitschaft, denn dort wird Perfektion durch Perfektibilität ersetzt. Wenn das zutrifft, käme es darauf an, einmal konkret zu zeigen, *wie* solche Bewegungen das Problem der doppelten Umweltreferenz von Religion funktional äquivalent zu einer „Vermittlungs-Theologie" bearbeiten. Dazu hätte man auf entsprechende Vermittlungsstrukturen zu rekurrieren. Daß die Bewegungen durchaus als Vermittlungsinstitutionen in Frage kommen, sagt ja nur, daß sie sich (im Blick auf eine Vermittlungs-Theologie) an einem durchaus ähnlichen Problem mit einem anderen Lösungsansatz versuchen. Charakteristik dieses Lösungsansatzes dürfte es vor allem sein, daß das Problemlöseverhalten selbst bereits als verzeitlichte Problemlösung zu verstehen ist, so daß das Wort von der „ständigen Erneuerungsbedürftigkeit der katholischen Kirche" (vgl. Oek. 4), wie es in der Ekklesiologie des Zweiten Vatikanums sehr oft anklingt, schließlich eine erstaunliche Nähe zum Problemlösestil *moderner* Gesellschaften erkennen läßt. Vielleicht sind also die sogenannten „Neuen geistlichen Bewegungen" nicht nur eine geistlich, sondern auch eine soziologisch bedeutsame Chance des Katholizismus unter den Bedingungen der modernen Gesellschaft.

Literatur

Auf dem Weg zu einem gemeinsamen Verständnis von Kirche. Bericht vom „Reformiert/römisch-katholischen Dialog“ (1984-1990), provisorische deutschsprachige Fassung vom 16.5.1991 [(BM) dokum 2 (ST) 708]

Berger P.L. (Hrsg.) (1997): Die Grenzen der Gemeinschaft. Konflikt und Vermittlung in pluralistischen Gesellschaften. Ein Bericht der Bertelsmann Stiftung an den Club of Rome, Gütersloh

Ebertz M. N. (1997): Kirche im Gegenwind. Zum Umbruch der religiösen Landschaft, Freiburg i.Br.

Faatz M. (1996): Bausteine für eine Ekklesiologie im Geist Pater Kentenichs, in: Regnum 30/3, 105-114

Gabriel K. (1992): Christentum zwischen Tradition und Postmoderne, Freiburg i.Br.

Graf F.W. (Hrsg.): Profile des neuzeitlichen Protestantismus I, Gütersloh

Huntington S. (1996): Kampf der Kulturen - The Clash of Civilizations, München

Kastner F. (1939): Unter dem Schutze Mariens. Untersuchungen und Dokumente aus der Frühzeit Schönstatts 1912-1914, Paderborn

Kaufmann F.-X. (1996): Das Zweite Vatikanische Konzil als Moment einer Modernisierung des Katholizismus, in: Wittstadt, Verschooten (Hrsg.), Der Beitrag der deutschsprachigen und osteuropäischen Länder zum Zweiten Vatikanischen Konzil, Leuven, 3-24

LeBon G. (o.J.): Psychologie der Massen, Stuttgart

Lipp W. (1973): Plan, Sprache und Gründung. Zur Soziologie geschichtlicher Initiative, Frankfurt a.M.

Luhmann N. (1972): Die Organisierbarkeit von Religionen und Kirchen, in: Wössner J. (Hrsg.): Religion im Umbruch, Stuttgart, 245-285

Luhmann N. (1994): Funktionen und Folgen formaler Organisation, Berlin, 2. Aufl.

Penners L. (1983): Eine Pädagogik des Katholischen, Vallendar-Schönstatt

Pollak G. (1986): Der Aufbruch der Säkularinstitute und ihr theologischer Ort, Vallendar-Schönstatt

Pollak G. (1996): Artikel: Säkularinstitute, in: Schönstatt-Lexikon, 339-341

Rademacher, A. (1931): Die Kirche als Gemeinschaft und Gesellschaft. Eine Studie zur Soziologie der Kirche, Augsburg

Rahner K., Vorgrimler H. (Hgg.) (1993): Kleines Konzilskompendium. Sämtliche Texte des zweiten Vatikanums, Freiburg i.Br.

Scheffczyk L. (1965): Theologie in Aufbruch und Widerstreit. Die deutsche katholische Theologie im 19. Jahrhundert, Bremen

Schleiermacher F. (1977): Kurze Darstellung des theologischen Studiums zum Behuf einleitender Vorlesungen, Darmstadt

Schluchter W. (1988): Religion und Lebensführung. Studien zu Max Webers Religions- und Herrschaftssoziologie (Bd.2), Frankfurt a.M.

Semmelroth O. (1953): Die Kirche als Ursakrament, Frankfurt a.M.

Simmel G. (1993): Das Individuum und die Freiheit, Frankfurt a.M.

Sloterdijk P. (Hrsg.) (1993): Mystische Zeugnisse aller Zeiten und Völker, München

Steinkamp H. (1991): Sozialpastoral, Freiburg i.Br

Valentin F., Schmitt A. (Hrsg.) (1988): Lebendige Kirche. Neue geistliche Bewegungen, Mainz

Voillaume R. (1955): Mitten in der Welt. Das Leben der Kleinen Brüder Jesu von Pater de Foucauld, Freiburg i.Br.

Weber M. (1922): Wirtschaft und Gesellschaft, Tübingen

Zentralkomitee der deutschen Katholiken (1995): Miteinander auf dem Weg. Einladung zum Dialog zwischen Gemeinden, Verbänden und geistlichen Gemeinschaften und Bewegungen (Berichte und Dokumente, Heft 99)
Zulehner P.M. (1989): Pastoraltheologie, Bd. 2: Gemeindepastoral, Düsseldorf

Hermann Denz

Das Kirchenvolks-Begehren in Österreich (3.-25. 6. 1995) – eine religiöse Bewegung? Ergebnisse einer Begleitstudie

Am 11. und 12. Oktober 1997 ist in Rom die Internationale Kirchenvolks-Begegnung (Incontro Internazionale del Popolo di Dio) als Treffen der verschiedenen Initiativen für Kirchenvolks-Begehren geplant. In Österreich, Deutschland, Italien (nur Südtirol), Belgien und in den Niederlanden wurden die Volksbegehren bereits durchgeführt, in Frankreich, Italien, Spanien, Portugal, Großbritannien, Irland, USA und Canada läuft es derzeit, in Brasilien, Kolumbien, Costa Rica, Nicaragua, Uruguay, Südafrika, Indien und Neuseeland gibt es zumindest erste Initiativen (nach einer Aussendung der Plattform „Wir sind Kirche": Auf nach Rom, August 1997. Einige Informationen sind auch über die Internetadresse http://www.kvb-wsk.co.at/wsk zu erhalten). Die Themen sind in allen Ländern ähnlich: Mitbestimmung, Gleichberechtigung (insbesondere von Frauen), Sexualität und Zölibat. In Österreich waren die Forderungen in dem zur Unterschrift aufgelegten Text:

1. Aufbau einer geschwisterlichen Kirche
2. Volle Gleichberechtigung der Frauen
3. Freie Wahl zwischen zölibatärer und nicht-zölibatärer Lebensform
4. Positive Bewertung der Sexualität als wichtiger Teil des von Gott geschaffenen und bejahten Menschen
5. Frohbotschaft statt Drohbotschaft

Österreich ist also nur Beispiel für das Kirchenvolks-Begehren, an dem die Hypothese überprüft werden soll, ob bzw. wie weit Elemente einer sozialen Bewegung innerhalb dieser Initiative zu finden sind. Daß Österreich das erste Land war, ist sicher ein Grund hier mit der Analyse zu beginnen, wobei es hier auch wahrscheinlich die bisher einzige ausführliche Begleituntersuchung gibt. Das bedeutet aber nicht, daß Österreich repräsentativ ist. Denn das Volksbegehren darf nicht isoliert gesehen werden, sondern ist Teil eines längeren Prozesses innerhalb der österreichischen Kirche, der sicher nicht so ohne weiteres verallgemeinert werden darf: Durch eine Reihe von umstrittenen Bischofsernennungen sind die ersten Initiativen entstanden (vgl. Kap.2) und dazu kam dann der „Fall Groer“, dessen Bedeutung nicht einheitlich eingeschätzt wird (vgl. dazu z.B. Kaspar 1996).

So etwas wie ein Volksbegehren ist allerdings nur im Kirchenbereich etwas Neues. Die Kirche holt hier ein Stück gesellschaftlicher Modernisierung nach. Der Ausdruck Volksbegehren ist ja eigentlich für dieses innerkirchliche Unternehmen auch nicht zutreffend, denn Volksbegehren ist eine in den verschiedenen Verfassungen genau festgelegte Vorgangsweise zur Artikulation des Bürgerwillens als ein Stück direkter Demokratie. Das Kirchenrecht sieht eine solche Mitbestimmung nicht vor. Eigentlich wäre deshalb die Bezeichnung Bürgerinitiative als einer gesetzlich nicht vorgesehenen Form der Mitbestimmung richtiger (vgl. dazu Mayer-Tasch 1976, 75ff.). Dies war den Initiator/inn/en auch bewußt, weshalb die Schreibweise Kirchenvolks-Begehren (und nicht Kirchen-Volksbegehren) gewählt wurde.

Volksbegehren sind auch nicht grundsätzlich typisch für soziale Bewegungen, sind aber in den 70er Jahren politisch in diesem Zusammenhang bedeutsam geworden. Soziale Bewegungen sind bereits im 19. Jahrhundert entstanden: Demokratie-, Arbeiter-, Frauen-, Naturbewegung usw. (Nullmeier, Raschke 1988, KE 1, 16, 52ff.). Die Studentenbewegung und die in der 70er und 80er Jahren entstandenen sozialen Bewegungen, die meist als „Neue Soziale Bewegungen” bezeichnet werden, lenkten die Aufmerksamkeit der wissenschaftlichen und politischen Öffentlichkeit wiederum verstärkt auf diese politischen Organisationsformen. Der gesellschaftliche Aufbruch der 60er und 70er Jahren brachte aber auch neue politische Artikulationsformen hervor bzw. benutzte zwar legistisch vorgesehene, aber in der Praxis kaum angewendete Möglichkeiten, darunter das Volksbegehren (z.B. in Österreich seit der Verfassung von 1920; die Verfassungsreformen der 80er Jahre erleichterten dann diese Möglichkeiten der direkten Demokratie, indem die Zugangsbedingungen vereinfacht wurden). Das wurde dann auch von den sozialen Bewegungen und Bürgerinitiativen (Mayer-Tasch 1976) aufgegriffen. Die Hypothese aber, daß hinter einem Volksbegehren eine soziale Bewegung steht, ist oft zutreffend, eine Gleichsetzung wäre – zumindest für die österreichischen Verhältnisse – sicher nicht gerechtfertigt, denn es gibt in Österreich auch Volksbegehren, die von der Presse oder einer Partei initiiert wurden.

Es ist also vorerst nur eine Hypothese, daß das Kirchenvolks-Begehren (das doch eher eine Bürgerinitiative ist), Ausdruck einer sozialen Bewegung ist. Oder anders formuliert: Wie weit ist das Kirchenvolks-Begehren eine soziale Bewegung oder Ergebnis einer sozialen Bewegung bzw. wie weit findet man bewegungshafte Elemente? Für die Überprüfung der Hypothese werden zwei Zugänge gewählt: Ein struktureller, indem Diözesen miteinander verglichen werden, und ein personeller, indem Eigenschaften der „Unterzeichner/innen“ analysiert werden.

1. Kirchenvolks-Begehren (KVB) und Begleitstudie – einige Grunddaten

Die Begleitstudie in Form einer standardisierten mündlichen Befragung wurde im Auftrag und mit einem von der Arbeitsstelle für kirchliche Sozialforschung (AfkS) am Institut für Pastoraltheologie und Kerygmatik an der Katholisch-Theologischen Fakultät der Universität Wien in Zusammenarbeit mit dem Ludwig-Boltzmann-Institut für Werteforschung entwickelten Fragebogen von Fessel & GfK durchgeführt (Samplegröße = 1000, repräsentativ für Österreicher/innen über 16 Jahre; Erhebungszeitraum: 7.6.-29.6.1997).

Tabelle 1 Ergebnisse des Kirchenvolks-Begehrens

Diözese	Kirchliche Basisbewegung evtl. Anlaß der Gründung Jahr der Gründung	Anteil Gottesdienstbesucher/innen	Unterzeichner/innen tatsächlich	Umfrage: „Unterzeichner/innen"
Eisenstadt	-	28.9	6.1	18
Feldkirch	Aktionsgemeinschaft „Kirche sind wir alle", Bischofsernennung, 1989	20.3	10.2	10
Graz	Verein Regenwurm – Initiative engagierter Christ(inn)en und christlicher Gruppen in der Steiermark, als Basisgruppe 1989	14.3	7.0	9
Innsbruck	Basisgemeinde Micha, 1982 Plattform „Wir sind Kirche", 1995	23.6	9.7	21
Klagenfurt	-	13.9	5.3	15
Linz	Gruppe 9. Mai (9. Mai 1987)	23.4	8.7	16
Salzburg	Forum für eine offene Kirche Nachwirkung der Bischofsernennung, 1989	17.4	7.7	6
St.Pölten	Solidaritätskreis „Weg der Hoffnung" Bischofsernennung, 1991	24.4	9.4	7
Wien	Kirche ist Gemeinschaft Ernennung des Weihbischofs, 1986	15.6	7.5	14
Österreich		19.1	7.9	13

Quelle: Katholiken und Gottesdienstbesuch: Zentralstelle für kirchliche Statistik 1994, Ergebnisse des Kirchenvolksbegehrens: Presseaussendung der Organisator/inn/en; diese Zahlen werden so wie in der Presseaussendung mit einer Kommastelle geschrieben; Prozentsätze aus der Befragung werden ohne Kommastellen, andere statistische Kennzahlen wie Mittelwert, Korrelation usw. mit zwei Kommastellen angegeben. Der Anteil an Unterzeichner/innen wird in Relation zur Anzahl von Katholik/inn/en angegeben. Als Unterzeichner/innen in der Umfrage werden jene gewertet, welche auf die Frage: „Werden Sie das Kirchenvolks-Begehren unterschreiben?" die Antwort „ganz sicher" gaben.

Eine methodische Anmerkung: Da die Befragung abgeschlossen war, bevor die Ergebnisse des KVB bekannt waren, sind keine Effekte des Ergebnisses auf das Antwortverhalten möglich. Es ist also anzunehmen, daß die Antworten auf die Frage tatsächlich die Absicht der Befragten widerspiegeln. Ein Vergleich der beiden Spalten der Tabelle – tatsächliche Unterschriften und in der Befragung als Absicht angegebene – zeigt bereits zwei wichtige Ergebnisse:

- Dort wo es in Form von kirchlichen Basisstrukturen organisierten Protest gibt, ist die Anzahl der Unterzeichner/innen besonders groß (Feldkirch und St. Pölten). Der hohe Wert in Innsbruck erklärt sich dadurch, daß die Plattform, welche das KVB getragen hat, in Innsbruck organisiert wurde.

- Die Zahl derer, die bei der Befragung angegeben haben, daß sie sicher unterzeichnen werden, ist deutlich größer als die Zahl der tatsächlichen Unterzeichner/innen, jedoch wiederum mit sehr systematischen Unterschieden zwischen den Diözesen: Wieder ist die Übereinstimmung von Absicht und tatsächlichem Handeln in Feldkirch und St. Pölten am höchsten (ähnlich noch in Salzburg und mit Einschränkungen in Graz).

Die Erklärung ist für beide Ergebnisse sicher gleich: Es gab in Diözesen, in denen die Konflikte bereits schon länger manifest und die Konfliktgruppen auch bereits in Form einer gut ausgebauten kirchlichen „Alternativstruktur" organisiert sind (eigene Zeitschriften, Kommunikationsstrukturen, Räumlichkeiten, Gruppen usw.), eine hohe Motivation zum Unterschreiben und eine Vielzahl von Personen und Orten, wo unterschrieben werden konnte.

Diese kirchlichen Alternativstrukturen haben den Charakter von sozialen Bewegungen, vom Typus her vielleicht ähnlicher den klassischen sozialen Bewegungen als den „Neuen Sozialen Bewegungen" – eher demokratische als ökologische Bewegungen. Die Leitideen der klassischen sozialen Bewegungen waren Freiheit und Mitbestimmung. Historisch sind sie der industriellen bzw. sogar vorindustriellen Phase zugeordnet (Kampf um die Verfassung gegen den Monarchen im 19. Jahrhundert). Die neuen sozialen Bewegungen der postindustriellen Phase (nach der Studentenbewegung) haben als Leitidee die Suche nach Sinn und Identität (Nullmeier, Raschke 1988, KE 2, 41). In diesem Sinne versucht hier eine innerkirchliche Gruppe (möglicherweise) ein Stück gesellschaftlicher Modernisierung nachzuholen. Das II. Vatikanum hatte ein neues Verständnis von Kollegialität und der Rolle der Laien in der Kirche gebracht. Daraus entstanden neue Möglichkeiten des Mitberatens, Mitdenkens, Mitredens, allerdings kaum Möglichkeiten realer Mitbestimmung. Dazu kommt sicher auch eine Rückbesinnung auf die Anfänge der Kirche als „Jesusbewegung", in der sehr viel mehr an Gleicheit verwirklicht war (z.B. Hoffmann 1994, aber auch die anderen Beiträge in diesem Band).

2. Wer unterschreibt? - Kausalanalyse

Einige weitere Grunddaten über das Echo des KVB und die Begründung, weshalb in Tabelle 1 als Bezugsgröße die Anzahl von Mitgliedern der römisch-katholischen Kirche verwendet wurde, zeigt die Aufgliederung nach Religionsbekenntnis. Die Daten zeigen, daß das KVB fast ausschließlich eine Sache innerhalb der römisch-katholischen Kirche ist:

Tabelle 2 KVB-Typologie und Religionsbekenntnis (in %)

	Unterzeichner/innen	Sympathisant/innen	Uninteressierte	Gegner/innen	gesamt (Anzahl)	Österreich
Römisch-katholisch	87.8	90.2	70.9	76.3	79.7(754)	78.0
Protestantisch	2.4	3.9	6.0	7.9	5.5(52)	5.0
Andere Konfession	0	0	4.8	2.0	2.1(20)	4.9
Aus kath. K. ausgetreten	7.3	2.4	9.8	6.7	6.7(63)	
Aus and. Konf. Ausg.	0	0.8	0.9	0.8	0.7(7)	8.8
o. r. Bekenntnis	2.4	2.8	7.6	6.3	5.3(50)	
Gesamt(Anzahl)	100(123)	100(253)	100(316)	27(254)	100(946)	96.5

KVB-Typologie ist eine Variable, die aus zwei Fragen gebildet wurde: Einer ersten Frage nach dem Bekanntheitsgrad und einer zweiten nach der Unterschreibbereitschaft; in dieser Anordnung der Kategorien kann man dieser Variablen eine Ordinalität unterstellen (Dimension pro-contra). Die Vergleichszahlen für Österreich sind Ergebnisse der Volkszählung 1991 – 3.5% machten allerdings bei dieser Frage keine Angabe. Für alle Tabellen gilt: Durch fehlende Antworten bei einzelnen Fragen kann die absolute Anzahl leicht variieren.

Der Großteil der Unterzeichner/innen und Sympathisant/innen ist römisch-katholisch, aber von den aus der katholischen Kirche Ausgetretenen haben dennoch (oder deshalb?) relativ viele unterschrieben.

In einem weiteren Analyseschritt sollen die Personen, welche angaben, das KVB zu unterschreiben, vor allem hinsichtlich ihrer Reformorientierung und hinsichtlich ihrer Kirchenbindung analysiert werden. Abhängige (ordinale) Variable ist die bereits verwendete KVB-Typologie (= verbal geäußerte Bereitschaft zur Unterschrift): Unterzeichner/innen, Sympathisant/innen, Uninteressierte, Gegner.

Tabelle 3 Regressionsanalyse für KVB-Typologie

Unabhängige Variable	partieller Korrelationskoeffizient (pos. = Unterschrift, neg.= Gegner)
Geschlecht	0.07 (Frauen unterschreiben eher)
Alter	über 60: -0.06
Bildung	.11
Haushaltsgröße	
Ortsgröße	
Diözese	0.12 Tirol: 0.07 St.Pölten: -0.07
religiöse Selbsteinschätzung	.06
Gottesdienstbesuch	.06
Übereinstimmung mit der kath. Kirche	-.08
Typ der Mitgliedschaft	0.18 kritisch aktiv: 0.09 Mitglied: 0.07 ohne rel. Bekenntnis: -0.08 andere Konfession: -0.14
Reformtyp	0.24 Unentschlossen: -0.22 Reform gemeinsam: 0.17
Gesamt	0.41

Es werden partielle Korrelationskoeffizienten berechnet, welche den Erklärungswert jeder einzelnen Variablen angeben (PRE); so ist es möglich, vergleichbare Informationen für nominale Variable insgesamt, für die einzelnen Ausprägungen und für die quantitativen Variablen zu erhalten.

Variable „Religiöse Selbsteinschätzung“: Wie würden Sie Ihre eigene Religiosität einstufen? sehr religiös, religiös, eher nicht religiös, nicht religiös.

Variable „Gottesdienstbesuch“: Häufigkeit: mehrmals pro Woche, Sonntags, mehrmals im Jahr, nie.

Variable „Übereinstimmung mit der katholischen Kirche“: Wie sehr stimmen Sie mit der katholischen Kirche überein: 1=stimme völlig überein, 10=überhaupt nicht.

Variable „Typ der Mitgliedschaft“: Ausprägungen: aktiv, kritisch-aktiv, Mitglied, nicht verbunden, austrittsbereit, keine Konfession, andere Konfession.

Variable „Reformtyp“: Ausprägungen: unentschlossen, Reform nicht notwendig, Reform nicht möglich, Reform von Oben, Reform gemeinsam, Reform nur durch Druck von Unten.

Die potentiellen Unterzeichner/innen sind zwar leicht kirchenkritisch, aber grundsätzlich in die Kirche integriert: religiös, Gottesdienstbesucher/innen, Reform soll gemeinsam mit den Bischöfen erfolgen usw. Von der demographischen Struktur her: eher weiblich, höhere Bildung, alle Altersgruppen (außer über 60jährige), keine Stadt-Land-Differenz. Die Reformorientierten sind offensichtlich nicht Außenseiter, sondern eine gut integrierte Gruppe innerhalb der Organisation, die sie ändern möchten. Es sind die aktiven Mitglieder, die eine gewisse Distanz zu den die Organisation derzeit bestimmenden Strukturen, Inhalten und die sie verkörpernden Personen haben.

3. Die Forderungen des KVB im Detail

Beim KVB konnte man nur das ganze Paket an Reformwünschen unterzeichnen. Man kann sich nun zwei Fragen stellen: Tragen wirklich alle Unterzeichner/innen alle Reformwünsche im selben Umfang? Gibt es unter den Nichtunterzeichner/innen auch Personen, welche diese Reformwünsche mittragen würden? Deshalb wurde im Fragebogen eine Liste von 34 Fragen zur Beantwortung vorgelegt, welche die Themen des KVB abdecken. So war eine sehr differenzierte Stellungnahme zu den einzelnen Reformwünschen möglich.

Tabelle 4 Reformwünsche nach KVB-Typologie (nur jeweils die Kategorie „sehr stark" in %)

Reformwünsche	Unterzeichner/innen	Sympathisant/inn/en	Gegner/innen	Uninteressierte	Gesamt
Index Zölibat	92	89	79	65	79
Index Scheidung	95	82	73	56	72
Index Sexualmoral	87	75	57	64	68
Index Mitbestimmung	86	75	68	48	66
Typologie Bischofsernennung	79	69	51	58	62
Index Frohbotschaft	74	73	64	47	62
Index Frauen	72	60	33	49	50
Index Homosexualität	62	46	37	28	40
Index Priester-Laien	16	15	12	9	12

Jeder dieser Indizes ist die Summe aus mehreren Fragen, die mit Hilfe der Faktorenanalyse auf ihre Eindimensionalität überprüft wurden. Die Kategorie „sehr stark" bei den Indizes bedeutet, daß diese Befragten mehr als 75% der möglichen Punkte erreicht haben. Eine Ausnahme bildet die Typologie der Bischofsernennung: „sehr stark" bedeutet nun „Wahl des Bischofs durch alle Gläubigen einer Diözese". Eine ausführliche Darstellung der empirischen Ergebnisse und der Konstruktion der Indizes: Denz, Zulehner 1995, 55ff.

Die Grundaussagen der Indizes sind:

- *Zölibat*: Die Entscheidung soll freigestellt werden, mehr Verständnis für verheiratete Priester.
- *Scheidung:* Möglichkeit der Wiederverheiratung wie in der Ostkirche; versöhnlicher Umgang mit Wiederverheirateten (Kommunionempfang).

- *Sexualmoral:* Gewissen des einzelnen (Empfängnisverhütung), Kritik der Gleichsetzung von Empfängnisverhütung und Abtreibung, kirchliche Sexualmoral wenig hilfreich.
- *Mitbestimmung:* Mitsprache und Mitentscheidung aller Betroffenen.
- *Bischofsernennung:* Mehr Mitbestimmung bis zur Wahl durch alle Gläubigen.
- *Frohbotschaft* statt Drohbotschaft, Wunsch nach pastoraler Milde und Verständnis.
- *Frauen:* Öffnung der kirchlichen Ämter für Frauen bis zur Weihe (die Korrelation dieses Index mit Geschlecht ist mit 0.009 sehr klein; 60% könnten sich eine Pfarrerin vorstellen: 57% der Männer, 62% der Frauen; bei der Reform der Frauenrolle fordern insgesamt sehr starke Reformen: 48% der Männer, 51% der Frauen;).
- *Homosexualität:* Verständnis für Homosexualität als Lebensform.
- *Priester-Laien:* Beibehaltung des Unterschieds vs. Gleichheit aller Getauften.

Drei Beobachtungen sind hier wichtig:

- Auch unter den Gegner/inne/n des KVBs überwiegen jene Personen, die Reformen wünschen (mit Ausnahme der Themen: Frauen, Homosexualität und Verhältnis Priester-Laien). Es muß also unterschieden werden zwischen der Bereitschaft, das KVB zu unterzeichnen, und den tatsächlich vorhandenen Reformwünschen, die weit mehr Verbreitung besitzen.

- Es gibt unter den Unterzeichner/inne/n tatsächlich eine differenzierte Anschauung über die Notwendigkeit von Reformen. Aber mit Ausnahme der Frage Priester-Laien gibt es überall eine deutliche Mehrheit für Reformen.

- Die schwächsten Reformwünsche finden wir nicht bei den Gegner/inne/n des KVBs, sondern bei den Uninteressierten. Letztere interessieren sich offenkundig weder für die Kirche noch deren Erneuerung.

4. Reformwünsche - Zusammenfassung und Differenzierung

Diese Reformwünsche wurden nach zwei verschiedenen Verfahren zusammengefaßt: Itemanalyse durch eine Faktorenanalyse und daraus Faktorwerte für jede Person und eine Clusteranalyse der Personen hinsichtlich der Reformdimensionen. Beide Verfahren führen zum grundsätzlich gleichen Ergebnis: Hinter der Zustimmung zu diesen Themenbereichen steht im wesentlichen eine grundlegende Einstellung – nämlich die (subjektiv gesehene) Notwendigkeit zu den hier formulierten Reformen der Kirche, aber dennoch können auch einige Differenzierungen innerhalb der Reformvorstellungen aufgezeigt werden.

4.1 Dimensionen der Reformwünsche - Itemanalyse

Tabelle 5 Dimensionen der Reformwünsche

Reformwünsche	Faktor 1	Faktor 2
Mitbestimmung	.84	-.12
Sexualmoral	.85	-.04
Frohbotschaft	.82	-.10
Scheidung	.76	-.05
Zölibat	.75	.03
Frauenrolle in der Kirche	.53	.34
Homosexualität	.35	.42
Verhältnis Priester-Laien	-.22	.95

Die Faktorladungen wurden schiefwinklig rotiert; die Frage nach der Bischofsernennung wurde hier ausgelassen, weil sehr viele keine eindeutige Stellungnahme beziehen wollten.

Die Faktorenanalyse zeigt, daß zwei Fragen abseits liegen: Vor allem die Frage nach dem Verhältnis zwischen Priestern und Laien – auch von grundsätzlichen Reformanhänger/inne/n wird kein so hoher Reformbedarf gesehen – und auch die Frage nach der Akzeptanz der Homosexualität. Hier äußert sich das gesamtgesellschaftlich ambivalente Verhältnis zu diesem Thema. Auch die Einstellung zur Frauenrolle paßt nicht genau auf die allgemeine Reformdimension, liegt aber doch noch deutlich näher – aber auch hier sieht man, daß die Reformbereitschaft von einer zweiten Dimension überlagert wird (Frauenrolle). Aus diesen Dimensionen (mit Ausnahme von Homosexualität und Verhältnis Priester-Laien) wurde ein allgemeiner Reformwunsch (Gesamtpunktewert) errechnet. Zur Validitätskontrolle und Veranschaulichung werden die Mittelwerte (bzw. Anteile) aller Reformdimensionen, auch der nicht in die Indexberechnung einbezogenen, für den in Klassen zusammengefaßten Gesamtpunktewert errechnet

Tabelle 6 Reformwünsche nach Ausprägungen des Gesamtpunktewerts

Reformwünsche	Sehr stark	stark	Schwach	sehr schwach
Zölibat	0.49	-0.69	-1.19	-2.53
Scheidung	0.46	-0.46	-1.67	-3.96
Sexualmoral	0.55	-0.60	-1.60	-3.34
Mitbestimmung	0.48	-0.63	-1.44	-2.66
Frohbotschaft	0.45	-0.52	-1.61	-3.47
Frauen	0.49	-0.69	-1.19	-2.53
Homosexualität	0.38	-0.45	-0.63	-1.75
Priester-Laien	0.08	-0.10	-0.29	-0.46
Bischofsernennung durch Wahl (in%)	65	38	6	0
Bischofsernennung durch Papst (in %)	10	24	35	100

Mittelwerte der standardisierten Daten bzw. Prozent bei der Frage nach der Art der Bischofsernennung. Die Teilindizes gehen mit dem gleichen Gewicht in den additiven Gesamtpunktewert ein. Die Klassen des Gesamtpunktewerts wurden nach der theoretisch möglichen Anzahl erreichbarer Punkte gebildet.

Alle Mittelwerte und Anteile entsprechen der theoretischen Dimension. Die beiden Indizes Homosexualität und Verhältnis Priester-Laien, die nicht einbezogen wurden, differenzieren allerdings viel weniger deutlich.

Tabelle 7 Ausprägung des Reformwunsches nach KVB-Typ (%)

Reformwunsch	Sehr stark	Stark	schwach	Sehr schwach
Unterzeichner/innen	92	8	-	-
Sympathisantinnen	72	28	-	-
Uninteressierte	45	41	14	-
Gegner/innen	63	29	6	2
Gesamt (Anzahl)	63(600)	30(287)	6(61)	1(6)

Diese Ergebnisse entsprechen den Aussagen zur Tabelle 4: Die Unterzeichner/innen sind nahezu ausschließlich sehr reformorientiert, die am wenigesten Reformorientierten sind nicht die Gegner/innen des KVB, sondern die Uninteressierten.

4.2 Die Kombination von Reformwünschen – Typologie der Personen

Die Faktorenanalyse geht von einem linear additiven Modell aus. Diese Annahme soll durch das typologische Verfahren der Clusteranalyse auf ihre Gültigkeit hin überprüft werden. Die empirische Analyse zeigt, daß es fünf sinnvoll unterscheidbare Gruppen gibt; eine sechste zusätzliche Gruppe würde nicht sehr viel mehr Erklärungskraft haben als diese fünf Gruppen. Für die

Berechnung wurden wiederum die Reformindizes verwendet (ohne die Frage nach der Form der Bestellung von Bischöfen).

Tabelle 8 Häufigkeit der fünf Gruppen

Bezeichnung	Prozent (Anzahl)
Konservative (gemäßigt bei Frauenrolle und Homosexualität)	15% (149)
Gemäßigt Konservative (außer Frauenrolle und Homosexualität)	12% (111)
Durchschnittstyp (aber Abneigung gegen Gleichheit)	23% (239)
Reformer/innen (außer Homosexualität)	16% (149)
Radikalreformer/innen	33% (345)

Tabelle 9 Definition der fünf Gruppen durch Reformindizes (standardisierte Mittelwerte)

Cluster-Variable	Kon-ser-vative	Gemäßigt Konser-vative	durch-schnitt-lich	Refor-mer-innen	Radikal-reformer-innen
Zölibat	-20.71	-1.45	-0.35	9.09	25.92
Scheidung	-21.97	-1.05	0.49	6.74	17.29
Sexualmoral	-21.32	-3.43	-4.83	8.10	25.59
Mitbestimmung	-20.15	-0.82	-8.07	11.91	16.78
Frohbotschaft	-17.98	-1.01	-3.46	6.82	12.91
Frauenrolle	-13.32	-17.74	-5.48	17.88	20.57
Homosexualität	-9.88	-29.73	5.53	-17.29	43.80
Priester-Laien	-2.14	-1.14	-4.60	0.54	4.77
Bischofsernennung durch Wahl (in %)	14	51	45	73	66
Bischofsernennung durch Papst (in %)	33	21	20	9	8

Die Ausprägungen der Typologie können in eine ordinale Abfolge gebracht werden, die als „Ausmaß der Reformbereitschaft" interpretiert werden kann. Die Ergebnisse der nicht in die Analyse einbezogenen Variable „Bischofsernennung" stützen diese Annahme.

Für die beiden nun so gebildeten Variablen, welche die Reformbereitschaft messen (Gesamtpunktewert und ordinale Typologie) können nun Bestimmungsgründe errechnet werden.

5. Wer unterstützt die Reformen? – Kausalanalyse

Beide Analysen führen zu einem sehr ähnlichen Ergebnis: Entscheidende Variable sind eine eher geringe Übereinstimmung mit der Kirche und eine bestimmte Reformhaltung (Reformer/innen wollen die Reformen gemeinsam mit den Bischöfen durchführen, wer gegen die Reformen ist, sagt nicht, daß Reformen nicht notwendig sind, sondern äußert keine Meinung zu den Reformen, die Uninteressierten sind am wenigsten für Reformen, nicht die Gegner/innen). Daneben machen für Reformen aufgeschlossener: weiblich und höhere Bildung, ein höheres Alter spricht eher dagegen.

Tabelle 10 Regressionsanalyse für Reformbereitschaft

Unabhängige Variable	Partieller Korrelationskoeffizient Für Gesamtpunktewert	partieller Korrelationskoeffizient für Personentypen
Geschlecht	0.10 (Frauen reformorientierter)	0.10 (Frauen reformorientierter)
Alter	0.14 40-50 Jahre: 0.11 über 60 Jahre: -0.11	0.13 25-30 Jahre: 0.06 30-35 Jahre: 0.05 über 60 Jahre: -0.12
Bildung	0.06	0.09
Haushaltsgröße	-0.08	
Ortsgröße		
Diözese	Vorarlberg: -0.08	Tirol: 0.06 Steiermark: 0.06 Burgenland: 0.07
Religiöse Selbsteinschätzung		
Gottesdienstbesuch	-0.08	-0.07
Übereinstimmung mit der kath. Kirche	-0.22	-0.18
Typ der Mitgliedschaft	0.20 Unkritisch aktiv: -0.17 Kritisch aktiv: 0.07	Unkritisch aktiv: -0.06
Reformtyp	0.43 Unentschlossen: -0.40 Nicht notwendig: -0.07 Nicht möglich: 0.12 Reform gemeinsam: 0.26	0.30 Unentschlossen: -0.27 Nicht möglich: 0.09 Reform von Oben: -0.06 Reform gemeinsam: 0.17
Gesamt	0.61	0.50

Vergleicht man diese Ergebnisse mit der Bereitschaft, das KVB zu unterzeichnen (Tabelle 3), so zeigen sich einige Parallelen und Unterschiede:

- gleich: Geschlecht, Bildung, Übereinstimmung mit der Kirche, Typ der Mitgliedschaft, Reformtyp
- unterschiedlich: religiöse Selbsteinschätzung, Gottesdienstbesuch

Die Analysen zeigten (vgl. Tabelle 4), daß die Reformwünsche weit über den Kreis der Unterzeichner/innen hinausgehen. Der Vergleich der beiden Analysen zeigt auch in welcher Hinsicht: Die Unterzeichner/innen sind viel mehr in die christliche Religion und auch die Kirche (Gottesdienstbesuch) integriert. Reformwünsche haben sehr viele, die zumindest in einer Verbindung mit der Kirche sind (alle wollen die Reformen gemeinsam mit den Bischöfen durchführen, Unentschlossene sind gegen Reformen), die Bereitschaft zur Unterschrift hatte ein kleinerer, stärker integrierter Kreis und – so könnte man eine Hypothese formulieren – den Schritt zur konkreten Unterschrift haben nur mehr die gemacht, die sich noch mehr engagieren.

6. Zusammenfassung – KVB als Soziale Bewegung?

Die Ausgangsfrage war: Ist das KVB eine soziale Bewegung, Ausdruck einer sozialen Bewegung oder im Zusammenhang mit einer sozialen Bewegung?

Das KVB zeigt nur einen Teil der Reformwünsche, nämlich den Teil, der sich in dieser Form der politischen Aktivität – nämlich einem Volksbegehren – äußert. Dahinter steht ein noch viel breiterer Wunsch nach Reformen in der römisch-katholischen Kirche. Nicht alle Forderungen des KVB finden die gleiche Akzeptanz, aber bei den derzeit strittigen Themen (Zölibat, Scheidung, Sexualmoral, Mitbestimmung einschließlich Bischofsernennungen) ist die Forderung nach Reformen in allen Gruppen deutlich. Zum Zeitpunkt der Befragung war das KVB also eher ein Ventil für eine weitverbreitete Unzufriedenheit mit der Kirche. Es war aber eine kleine Gruppe, welche für diese Unzufriedenheit einen Ausdruck fand. Wie bedeutsam die aktuellen Anlässe (Fall Groer) waren, wird sich nur schwer entscheiden lassen, aber eine neue Untersuchung über Kirchenaustritte in der Diözese Wien zeigt, daß der Fall Groer immer noch eine Rolle spielt (bei den Kirchenaustritten geben 52% an „Ärger über Vertreter der Kirche“. Die genannten Vertreter sind in der Reihenfolge der Häufigkeit: 1. Krenn, 2. Groer, 3. Johannes Paul II; Kurier 3.3.1997, 2).

Unterschrieben haben in erster Linie Personen, die sich als religiös bezeichnen und die in einem Naheverhältnis zur Kirche und ihren Strukturen stehen (kritisch aktiv, Gottesdienstbesuch, Reformen gemeinsam mit den Bischöfen), die Übereinstimmung mit der katholischen Kirche (gemeint ist wahrscheinlich mit bestimmten Lehren und Vertretern) ist eher niedriger.

Bevor eine Antwort auf die Frage nach dem Charakter des KVB gesucht werden soll, noch einige theoretische Anmerkungen zum Begriff der sozialen Bewegung. Soziale Bewegungen stehen im Gegensatz zu Institutionen:

> „Soziale Bewegungen verkörpern gegen die in Routine befangenen politischen Institutionen das Spontane, das Neue, das Überraschende. Sie stellen eingefahrene Denkweisen in Frage, sie drängen auf Veränderungen, sie fordern neue Verhaltensweisen, neue Gesetze, gewandelte oder neue Institutionen. Und damit bedrohen sie die alten Institutionen. Die Institutionen als das Dauerhafte, Beständige geraten unter den Druck der Außeralltäglichkeit der Bewegung. (...) Die politische Auseinandersetzung lautet: Bewegung contra Institution“ (Nullmeier, Raschke 1988, KE 1, 14).

Nach dieser eher funktionalen Bestimmung sollen noch einige Strukturmerkmale aufgeführt werden. Solche Merkmale können sein: Dauer und Kontinuität, innere Organisation, struktureller Wandel als gemeinsame Zieldefinition, die Bewegung als kollektiver Akteur. Daraus kann als Definition einer sozialen Bewegung abgeleitet werden:

„Soziale Bewegung ist ein mobilisierender kollektiver Akteur, der mit einer gewissen Kontinuität auf der Grundlage hoher symbolischer Integration und geringer Rollenspezifikation mittels variabler Organisations- und Aktionsformen das Ziel verfolgt, grundlegenderen sozialen Wandel herbeizuführen, zu verhindern oder rückgängig zu machen" (Nullmeier, Raschke 1988, KE 1, 46).

Definitionselement Dauer und Kontinuität: Zum Zeitpunkt der Unterschriftensammlung wies das KVB dieses Merkmal sicher nicht auf. Es war eine punktuelle Aktion. Die kirchlichen Basisbewegungen trugen den Bewegungscharakter, nicht das KVB, und sie haben sehr wesentlich zum Erfolg des KVB beigetragen. In der Zwischenzeit hat die Plattform „Wir sind Kirche" durch Vernetzung und Aktivitäten doch bereits sehr viel an Kontinuität erreicht und dadurch mehr an bewegungshaften Elementen. Die Plattform hat sich als Verein konstituiert, hat ein regelmäßiges Informationsblatt, ist Teil eines internationalen Netzwerkes und hat österreichweit eine Kirchenvolksversammlung und die Erstellung von zwei Herdenbriefen (über Sexualität bereits fertig, über geschwisterliche Kirche in Arbeit) organisiert.

Definitionselement innere Organisation: Eine soziale Bewegung kann nicht die Struktur einer Organisation haben, weder gibt es eine eindeutige Definition der Mitgliedschaft noch eindeutig definierte Rollen. Nullmeier und Raschke unterscheiden nur drei Typen der Zugehörigkeit: Aktive, Teil-Aktive und Sympathisant/inn/en (1988, KE 1, 37). Bei den meisten Bewegungen wird sich aber auch innerhalb ein Stück Organisation herausbilden. Am Anfang war dies beim KVB sicher nicht so der Fall; es gab ja nur die Personen, welche die Plattform bildeten, die auch jetzt noch im Vordergrund stehen, und eine Vielzahl von freiwilligen Helfer/inne/n. Aber in der Zwischenzeit scheint sich auch hier eine bewegungsähnliche Struktur herauszubilden.

Definitionselement Bewegung als kollektiver Akteur: Gibt es so etwas wie eine symbolische Integration und kollektive Identität? Die kirchlichen Basisbewegungen, vor allem diejenigen, welche als Protest gegen bestimmte Bischofsernennungen entstanden sind, haben sicher dieses Element. Am Anfang hatte das KVB dieses Element sicherlich nicht, weil auch die Kontinuität und das klare Ziel fehlten (außer mehr als 100.000 Unterschriften zu erreichen). Was jetzt das Ziel ist, ist auch noch nicht so ganz klar. Eine Reform kirchlicher Organisations- und Denkmuster ist wahrscheinlich zu wenig griffig, als daß sich darum eine kollektive Identität bilden könnte.

Das hat auch mit einem sehr unklaren Punkt in dieser Bewegung zu tun: Wie ist das Verhältnis von Bewegung zur Institution? – also auch die Frage des angestrebten strukturellen Wandels. In welchem Verhältnis stehen die

Unterstützer/innen des KVB zur Kirche, wie sollte sich Kirche dadurch verändern? Spricht dieses Verhältnis für einen Bewegungscharakter oder dagegen? Die Aktivist/inn/en der Bewegung sind zum grossen Teil innerhalb der Kirche aktiv, es besteht aber eine kritische Distanz aus der Tatsache heraus, daß sie mit Manchem, möglicherweise mit Vielem in der Kirche nicht übereinstimmen. Reformen werden aber vorzugsweise als gemeinsamer Prozeß von Papst, Bischöfen und Laien gesehen. Für eine soziale Bewegung müssen wohl die Ziele und auch die Strategien, bzw. auch die Konsequenzen für den Fall, daß sich nichts ändert, noch klarer formuliert werden. Die Herdenbriefe können sicherlich ein Weg dazu sein. Aber die doch sehr große Loyalität der Institution gegenüber, und die Tatsache, daß man Reformen gemeinsam mit den Vertretern der Institution anstrebt, wobei der angesprochene Partner diese Reform eigentlich gar nicht will, wird die Bildung einer kollektiven Identität schwer machen. Eine soziale Bewegung wird sich aus dem KVB nur dann entwickeln, wenn sich die Aktivitäten der Reformorientierten nicht auf das Unterzeichnen des KVB und nun des Wartens auf die Reformbereitschaft der Bischöfe und vielleicht des Papstes beschränken bzw. darauf, daß der derzeitige Papst einen ähnlichen Traum hat wie Innozenz III., durch den die franziskanische Reformbewegung vom Vatikan akzeptiert wurde.

Das KVB hatte am Anfang wahrscheinlich sehr wenige Züge einer sozialen Bewegung, weil es zu punktuell war. In Form der Protest- bzw. Basisbewegungen war dieses Element in der österreichischen Kirche jedoch schon vorhanden. Die Entwicklung der Plattform „Wir sind Kirche“ in den zwei letzten Jahren zeigt immer mehr bewegungshafte Elemente, aber es fehlt sicher noch einiges, um von einer sozialen Bewegung sprechen zu können.

Literatur

Denz H., Zulehner P. (1995): Begleituntersuchung zum Kirchenvolksbegehren, in: Zulehner P. (Hrsg.): Kirchenvolksbegehren und Weizer Pfingstvision - Kirche auf Reformkurs, Innsbruck, Düsseldorf

Hoffmann P. (1994): Studien zur Frühgeschichte der Jesusbewegung, Stuttgart

Kaspar P.P. (1996): Das Schweigen des Kardinals, Thaur

Mayer-Tasch P.C. (1976): Die Bürgerinitiativbewegung, Reinbek

Nullmeier F., Raschke J. (1988): Soziale Bewegungen, Hagen (Skriptum 3208 der Fern-Universität Hagen, 3 Kurseinheiten)

Herausgeber und Autoren

Bätz Ulrich, Dr., Forschungsleiter am Institut für Pädagogik, Universität Fribourg

Denz Hermann, Dr., Universitätsdozent, Sozial- und Wirtschaftswissenschaftliche Fakultät, Universität Innsbruck

Ebertz Michael N., Dr., Professor für Soziologie, Katholische Fachhochschule Freiburg i.Br.

Gabriel Karl, Dr. Dr., Professor für Christliche Sozialwissenschaften, Universität Münster

Gebhardt Winfried, Dr., Professor für Soziologie, Universität Koblenz-Landau

Geser Hans, Dr., Professor für Soziologie, Universität Zürich

Hochschild Michael, Dr., Lehrbeauftragter an der Phil.-Theol. Hochschule St. Georgen/Frankfurt a. M. und an der Universität Flensburg

Höhmann Peter, Dr., Soziologe, Kirchenverwaltung der Evangelischen Kirche Hessen-Nassau, Darmstadt

Kaufmann Franz-Xaver, Dr., Professor em. für Soziologie, Universität Bielefeld

Krüggeler Michael, Dr., Projektleiter, Schweizerisches Pastoralsoziologisches Institut (SPI), St. Gallen

Lipp Wolfgang, Dr., Professor für Soziologie, Universität Würzburg

Stolz Jörg, Dr., Assistent am Soziologischen Seminar, Universität Zürich

Walf Knut, Dr., Professor für Kirchenrecht, Universität Nijmwegen